TRANZLATY

La lingua è per tutti

Bahasa adalah untuk semua orang

Il richiamo della foresta

Panggilan Alam Liar

Jack London

Italiano / Bahasa Melayu

Nel primitivo
Menjadi Primitif

Buck non leggeva i giornali.
Buck tidak membaca surat khabar.
Se avesse letto i giornali avrebbe saputo che i guai si stavano avvicinando.
Sekiranya dia membaca surat khabar, dia akan tahu masalah sedang berlaku.
Non erano guai solo per lui, ma per tutti i cani da caccia.
Terdapat masalah bukan sahaja untuk dirinya sendiri, tetapi untuk setiap anjing air pasang.
Ogni cane con muscoli forti e pelo lungo e caldo sarebbe stato nei guai.
Setiap anjing yang kuat otot dan dengan rambut yang hangat dan panjang akan menghadapi masalah.
Da Puget Bay a San Diego nessun cane poteva sfuggire a ciò che stava per accadere.
Dari Puget Bay ke San Diego tiada anjing dapat melarikan diri dari apa yang akan datang.
Gli uomini, brancolando nell'oscurità artica, avevano trovato un metallo giallo.
Lelaki, meraba-raba dalam kegelapan Artik, telah menemui logam kuning.
Le compagnie di navigazione a vapore e di trasporto erano alla ricerca della scoperta.
Syarikat kapal wap dan pengangkutan mengejar penemuan itu.
Migliaia di uomini si riversarono nel Nord.
Beribu-ribu lelaki bergegas ke Northland.
Questi uomini volevano dei cani, e i cani che volevano erano cani pesanti.
Lelaki ini mahukan anjing, dan anjing yang mereka inginkan adalah anjing berat.
Cani dotati di muscoli forti per lavorare duro.
Anjing dengan otot yang kuat untuk bekerja keras.
Cani con il pelo folto che li protegge dal gelo.

Anjing dengan bulu berbulu untuk melindungi mereka daripada fros.

Buck viveva in una grande casa nella soleggiata Santa Clara Valley.
Buck tinggal di sebuah rumah besar di Lembah Santa Clara yang dicium matahari.
La casa del giudice Miller era chiamata così.
Di tempat Hakim Miller, rumahnya dipanggil.
La sua casa era nascosta tra gli alberi, lontana dalla strada.
Rumahnya berdiri di belakang dari jalan, separuh tersembunyi di antara pokok.
Si poteva intravedere l'ampia veranda che circondava la casa.
Seseorang boleh melihat sekilas beranda luas yang berjalan di sekeliling rumah.
Si accedeva alla casa tramite vialetti ghiaiosi.
Rumah itu dihampiri oleh jalan masuk berbatu.
I sentieri si snodavano attraverso ampi prati.
Laluan itu meliuk-liuk melalui rumput yang terbentang luas.
In alto si intrecciavano i rami degli alti pioppi.
Di atas kepala adalah dahan jalinan poplar tinggi.
Nella parte posteriore della casa le cose erano ancora più spaziose.
Di bahagian belakang rumah, keadaan lebih luas.
C'erano grandi scuderie, dove una dozzina di stallieri chiacchieravano
Terdapat kandang kuda yang besar, di mana sedozen pengantin lelaki sedang berbual
C'erano file di cottage per i servi ricoperti di vite
Terdapat deretan pondok pelayan berpakaian anggur
E c'era una serie infinita e ordinata di latrine
Dan terdapat susunan rumah luar yang tidak berkesudahan dan teratur
Lunghi pergolati d'uva, pascoli verdi, frutteti e campi di bacche.
Arbors anggur panjang, padang rumput hijau, dusun, dan tompok beri.

Poi c'era l'impianto di pompaggio per il pozzo artesiano.
Kemudian terdapat loji pengepaman untuk perigi artesis.
E c'era la grande cisterna di cemento piena d'acqua.
Dan terdapat tangki simen besar yang dipenuhi air.
Qui i ragazzi del giudice Miller hanno fatto il loro tuffo mattutino.
Di sini anak lelaki Hakim Miller mengambil risiko pagi mereka.
E lì si rinfrescavano anche nel caldo pomeriggio.
Dan mereka menyejukkan di sana pada waktu petang yang panas juga.
E su questo grande dominio, Buck era colui che lo governava tutto.
Dan atas domain yang hebat ini, Buck adalah orang yang memerintah semua itu.
Buck nacque su questa terra e visse qui tutti i suoi quattro anni.
Buck dilahirkan di tanah ini dan tinggal di sini selama empat tahun.
C'erano effettivamente altri cani, ma non avevano molta importanza.
Memang ada anjing lain, tetapi mereka tidak begitu penting.
In un posto vasto come questo ci si aspettava la presenza di altri cani.
Anjing lain dijangka berada di tempat yang seluas ini.
Questi cani andavano e venivano oppure vivevano nei canili affollati.
Anjing-anjing ini datang dan pergi, atau tinggal di dalam kandang yang sibuk.
Alcuni cani vivevano nascosti in casa, come Toots e Ysabel.
Beberapa anjing tinggal tersembunyi di dalam rumah, seperti yang dilakukan oleh Toots dan Ysabel.
Toots era un carlino giapponese, Ysabel una cagnolina messicana senza pelo.
Toots ialah anjing Jepun, Ysabel anjing Mexico yang tidak berbulu.
Queste strane creature raramente uscivano di casa.

Makhluk aneh ini jarang melangkah keluar rumah.

Non toccarono terra né annusarono l'aria esterna.

Mereka tidak menyentuh tanah, atau menghidu udara terbuka di luar.

C'erano anche i fox terrier, almeno una ventina.

Terdapat juga terrier musang, sekurang-kurangnya dua puluh jumlahnya.

Questi terrier abbaiavano ferocemente a Toots e Ysabel in casa.

Terrier ini menyalak dengan ganas ke arah Toots dan Ysabel di dalam rumah.

Toots e Ysabel rimasero dietro le finestre, al sicuro da ogni pericolo.

Toots dan Ysabel tinggal di belakang tingkap, selamat daripada bahaya.

Erano sorvegliati da domestiche armate di scope e stracci.

Mereka dikawal oleh pembantu rumah dengan penyapu dan mop.

Ma Buck non era un cane da casa e nemmeno da canile.

Tetapi Buck bukan anjing rumah, dan dia juga bukan anjing kennel.

L'intera proprietà apparteneva a Buck come suo legittimo regno.

Keseluruhan harta itu adalah milik Buck sebagai kerajaan yang sah.

Buck nuotava nella vasca o andava a caccia con i figli del giudice.

Buck berenang di dalam tangki atau pergi memburu dengan anak-anak Hakim.

Camminava con Mollie e Alice nelle prime ore del mattino o tardi.

Dia berjalan bersama Mollie dan Alice pada waktu awal atau lewat.

Nelle notti fredde si sdraiava davanti al fuoco della biblioteca insieme al giudice.

Pada malam-malam yang dingin dia berbaring di hadapan kebakaran perpustakaan bersama Hakim.

Buck accompagnava i nipoti del giudice sulla sua robusta schiena.
Buck memberi tumpangan kepada cucu Hakim di punggungnya yang kuat.
Si rotolava nell'erba insieme ai ragazzi, sorvegliandoli da vicino.
Dia berguling-guling di rumput bersama budak-budak itu, menjaga mereka dengan ketat.
Si avventurarono fino alla fontana e addirittura oltre i campi di bacche.
Mereka menjelajah ke air pancut dan juga melepasi ladang beri.
Tra i fox terrier, Buck camminava sempre con orgoglio regale.
Di antara terrier musang, Buck sentiasa berjalan dengan bangga diraja.
Ignorò Toots e Ysabel, trattandoli come se fossero aria.
Dia tidak mengendahkan Toots dan Ysabel, melayan mereka seperti udara.
Buck governava tutte le creature viventi sulla terra del giudice Miller.
Buck memerintah semua makhluk hidup di tanah Hakim Miller.
Dominava gli animali, gli insetti, gli uccelli e perfino gli esseri umani.
Dia memerintah haiwan, serangga, burung, dan juga manusia.
Il padre di Buck, Elmo, era un enorme e fedele San Bernardo.
Bapa Buck, Elmo, adalah seorang St. Bernard yang besar dan setia.
Elmo non si allontanò mai dal Giudice e lo servì fedelmente.
Elmo tidak pernah meninggalkan pihak Hakim, dan melayaninya dengan setia.
Buck sembrava pronto a seguire il nobile esempio del padre.
Buck nampaknya bersedia untuk mengikuti teladan murni bapanya.
Buck non era altrettanto grande: pesava sessanta chili.

Buck tidak begitu besar, seberat seratus empat puluh paun.

Sua madre, Shep, era una splendida cagnolina da pastore scozzese.

Ibunya, Shep, adalah anjing gembala Scotch yang baik.

Ma nonostante il suo peso, Buck camminava con una presenza regale.

Tetapi walaupun pada berat itu, Buck berjalan dengan kehadiran agung.

Ciò derivava dal buon cibo e dal rispetto che riceveva sempre.

Ini datang dari makanan yang enak dan penghormatan yang selalu diterimanya.

Per quattro anni Buck aveva vissuto come un nobile viziato.

Selama empat tahun, Buck telah hidup seperti seorang bangsawan yang manja.

Era orgoglioso di sé stesso e perfino un po' egocentrico.

Dia bangga dengan dirinya sendiri, malah sedikit ego.

Quel tipo di orgoglio era comune tra i signori delle campagne remote.

Kebanggaan seperti itu adalah perkara biasa di kalangan tuan-tuan negara terpencil.

Ma Buck si salvò dal diventare un cane domestico viziato.

Tetapi Buck menyelamatkan dirinya daripada menjadi anjing rumah yang dimanjakan.

Rimase snello e forte grazie alla caccia e all'esercizio fisico.

Dia kekal kurus dan kuat melalui pemburuan dan senaman.

Amava profondamente l'acqua, come chi si bagna nei laghi freddi.

Dia sangat menyukai air, seperti orang yang mandi di tasik yang sejuk.

Questo amore per l'acqua mantenne Buck forte e molto sano.

Kecintaan terhadap air ini membuatkan Buck kuat, dan sangat sihat.

Questo era il cane che Buck era diventato nell'autunno del 1897.

Ini adalah anjing yang Buck telah menjadi pada musim luruh tahun 1897.

Quando lo sciopero del Klondike spinse gli uomini verso il gelido Nord.

Apabila serangan Klondike menarik lelaki ke Utara beku.

Da ogni parte del mondo la gente accorse in massa verso la fredda terra.

Orang ramai bergegas dari seluruh dunia ke tanah yang sejuk.

Buck, tuttavia, non leggeva i giornali e non capiva le notizie.

Buck, bagaimanapun, tidak membaca kertas itu, atau memahami berita.

Non sapeva che Manuel fosse una persona cattiva con cui stare.

Dia tidak tahu Manuel adalah seorang yang jahat untuk berada di sekelilingnya.

Manuel, che aiutava in giardino, aveva un grosso problema.

Manuel, yang membantu di taman, mempunyai masalah yang mendalam.

Manuel era dipendente dal gioco d'azzardo alla lotteria cinese.

Manuel ketagih berjudi dalam loteri Cina.

Credeva fermamente anche in un sistema fisso per vincere.

Dia juga sangat percaya pada sistem tetap untuk menang.

Questa convinzione rese il suo fallimento certo e inevitabile.

Kepercayaan itu menjadikan kegagalannya pasti dan tidak dapat dielakkan.

Per giocare con un sistema erano necessari soldi, soldi che a Manuel mancavano.

Memainkan sistem memerlukan wang, yang kekurangan Manuel.

Il suo stipendio bastava a malapena a sostenere la moglie e i numerosi figli.

Gajinya hampir tidak dapat menampung isteri dan ramai anak.

La notte in cui Manuel tradì Buck, tutto era normale.

Pada malam Manuel mengkhianati Buck, keadaan adalah normal.

Il giudice si trovava a una riunione dell'Associazione dei coltivatori di uva passa.

Hakim berada di mesyuarat Persatuan Penanam Kismis.

A quel tempo i figli del giudice erano impegnati a fondare un club sportivo.

Anak-anak Hakim sedang sibuk membentuk kelab olahraga ketika itu.

Nessuno vide Manuel e Buck uscire dal frutteto.

Tiada siapa yang melihat Manuel dan Buck pergi melalui kebun.

Buck pensava che questa fosse solo una semplice passeggiata notturna.

Buck menganggap berjalan kaki ini hanyalah berjalan-jalan pada waktu malam.

Incontrarono un solo uomo alla stazione della bandiera, a College Park.

Mereka hanya bertemu seorang lelaki di stesen bendera, di College Park.

Quell'uomo parlò con Manuel e si scambiarono i soldi.

Lelaki itu bercakap dengan Manuel, dan mereka bertukar wang.

"Imballa la merce prima di consegnarla", suggerì.

"Balut barang sebelum anda menghantarnya," dia mencadangkan.

La voce dell'uomo era roca e impaziente mentre parlava.

Suara lelaki itu kasar dan tidak sabar semasa dia bercakap.

Manuel legò con cura una corda spessa attorno al collo di Buck.

Manuel dengan berhati-hati mengikat tali tebal di leher Buck.

"Se giri la corda, lo strangolerai di brutto"

"Pusingkan tali, dan anda akan tercekik dia"

Lo straniero emise un grugnito, dimostrando di aver capito bene.

Orang asing itu merengus, menunjukkan dia faham.

Quel giorno Buck accettò la corda con calma e silenziosa dignità.

Buck menerima tali itu dengan tenang dan bermaruah pada hari itu.

Era un atto insolito, ma Buck si fidava degli uomini che conosceva.

Ia adalah satu tindakan yang luar biasa, tetapi Buck mempercayai lelaki yang dia kenali.

Credeva che la loro saggezza andasse ben oltre il suo pensiero.

Dia percaya kebijaksanaan mereka melampaui pemikirannya sendiri.

Ma poi la corda venne consegnata nelle mani dello straniero.

Tetapi kemudian tali itu diserahkan kepada tangan orang yang tidak dikenali itu.

Buck emise un ringhio basso che suonava come un avvertimento e una minaccia silenziosa.

Buck memberikan geraman rendah yang memberi amaran dengan ancaman senyap.

Era orgoglioso e autoritario e intendeva mostrare il suo disappunto.

Dia bangga dan memerintah, dan bermaksud untuk menunjukkan rasa tidak senangnya.

Buck credeva che il suo avvertimento sarebbe stato interpretato come un ordine.

Buck percaya amarannya akan difahami sebagai perintah.

Con suo grande stupore, la corda si strinse rapidamente attorno al suo grosso collo.

Terkejut, tali itu diketatkan pantas di leher tebalnya.

Gli mancò l'aria e cominciò a lottare in preda a una rabbia improvvisa.

Udaranya terputus dan dia mula melawan secara tiba-tiba.

Si lanciò verso l'uomo, che si lanciò rapidamente contro Buck a mezz'aria.

Dia melompat ke arah lelaki itu, yang segera bertemu Buck di udara.

L'uomo afferrò Buck per la gola e lo fece ruotare abilmente in aria.

Lelaki itu menangkap kerongkong Buck dan dengan mahir memulasnya ke udara.

Buck venne scaraventato a terra con violenza, atterrando sulla schiena.
Buck dilemparkan ke bawah dengan kuat, mendarat di belakangnya.
La corda ora lo strangolava crudelmente mentre lui scalciava selvaggiamente.
Tali itu kini mencekiknya dengan kejam manakala dia menendang liar.
La sua lingua cadde fuori, il suo petto si sollevò, ma non riprese fiato.
Lidahnya terkeluar, dadanya berombak, tetapi tidak bernafas.
Non era mai stato trattato con tanta violenza in vita sua.
Dia tidak pernah dilayan dengan keganasan sebegitu seumur hidupnya.
Non era mai stato così profondamente invaso da una rabbia così profonda.
Dia juga tidak pernah dipenuhi dengan kemarahan yang begitu mendalam sebelum ini.
Ma il potere di Buck svanì e i suoi occhi diventarono vitrei.
Tetapi kuasa Buck pudar, dan matanya bertukar berkaca.
Svenne proprio mentre un treno veniva fermato lì vicino.
Dia pengsan ketika kereta api dipandu berhampiran.
Poi i due uomini lo caricarono velocemente nel vagone bagagli.
Kemudian dua lelaki itu mencampakkannya ke dalam kereta bagasi dengan pantas.
La cosa successiva che Buck sentì fu dolore alla lingua gonfia.
Perkara seterusnya yang Buck rasakan ialah sakit pada lidahnya yang bengkak.
Si muoveva su un carro traballante, solo vagamente cosciente.
Dia bergerak dalam kereta yang bergoncang, hanya dalam keadaan samar-samar.
Il fischio acuto di un treno rivelò a Buck la sua posizione.
Jeritan tajam wisel kereta memberitahu Buck lokasinya.

Aveva spesso cavalcato con il Giudice e conosceva quella sensazione.

Dia sering menumpang dengan Hakim dan tahu perasaan itu.

Fu un'esperienza unica viaggiare di nuovo in un vagone bagagli.

Ia adalah kejutan yang unik untuk mengembara dengan kereta bagasi sekali lagi.

Buck aprì gli occhi e il suo sguardo ardeva di rabbia.

Buck membuka matanya, dan pandangannya terbakar dengan kemarahan.

Questa era l'ira di un re orgoglioso detronizzato.

Ini adalah kemarahan seorang raja yang sombong yang diambil dari takhtanya.

Un uomo allungò la mano per afferrarlo, ma Buck colpì per primo.

Seorang lelaki mencapainya untuk menangkapnya, tetapi Buck lebih dahulu menyerangnya.

Affondò i denti nella mano dell'uomo e la strinse forte.

Dia membenamkan giginya ke dalam tangan lelaki itu dan memegang erat.

Non mi lasciò andare finché non svenne per la seconda volta.

Dia tidak melepaskan sehingga dia pingsan untuk kali kedua.

"Sì, ha degli attacchi", borbottò l'uomo al facchino.

"Ya, sudah muat," lelaki itu bergumam kepada penjaga bagasi.

Il facchino aveva sentito la colluttazione e si era avvicinato.

Pengangkut barang telah mendengar pergelutan dan mendekat.

"Lo porto a Frisco per conto del capo", spiegò l'uomo.

"Saya akan membawanya ke 'Frisco untuk bos," jelas lelaki itu.

"C'è un bravo dottore per cani che dice di poterli curare."

"Ada doktor anjing yang baik di sana yang mengatakan dia boleh menyembuhkan mereka."

Più tardi quella notte l'uomo raccontò la sua versione completa.

Kemudian malam itu lelaki itu memberikan akaun penuhnya sendiri.

Parlava da un capannone dietro un saloon sul molo.

Dia bercakap dari bangsal di belakang saloon di dok.

"Mi hanno dato solo cinquanta dollari", si lamentò con il gestore del saloon.

"Apa yang saya berikan hanyalah lima puluh dolar," dia mengadu kepada lelaki saloon itu.

"Non lo rifarei, nemmeno per mille dollari in contanti."

"Saya tidak akan melakukannya lagi, walaupun untuk seribu wang tunai sejuk."

La sua mano destra era strettamente avvolta in un panno insanguinato.

Tangan kanannya dibalut kemas dengan kain berdarah.

La gamba dei suoi pantaloni era completamente strappata dal ginocchio al piede.

Kaki seluarnya terkoyak luas dari lutut ke kaki.

"Quanto è stato pagato l'altro tizio?" chiese il gestore del saloon.

"Berapa bayaran mug yang lain itu?" tanya lelaki saloon itu.

«Cento», rispose l'uomo, «non ne accetterebbe uno in meno».

"Seratus," lelaki itu menjawab, "dia tidak akan mengambil kurang satu sen pun."

"Questo fa centocinquanta", disse il gestore del saloon.

"Itu sampai seratus lima puluh," kata lelaki saloon itu.

"E lui li merita tutti, altrimenti non sono meglio di uno stupido."

"Dan dia berbaloi dengan semua itu, atau saya tidak lebih baik daripada orang bodoh."

L'uomo aprì gli involucri per esaminarsi la mano.

Lelaki itu membuka pembalut untuk memeriksa tangannya.

La mano era gravemente graffiata e ricoperta di croste di sangue secco.

Tangan itu koyak teruk dan berkerak darah kering.

"Se non mi viene l'idrofobia..." cominciò a dire.

"Jika saya tidak mengalami hidrofobia…" dia mula berkata.

"Sarà perché sei nato per impiccarti", giunse una risata.

"Ia adalah kerana anda dilahirkan untuk menggantung," terdengar ketawa.

"Aiutami prima di partire", gli chiesero.

"Mari bantu saya sebelum anda pergi," dia diminta.

Buck era stordito dal dolore alla lingua e alla gola.

Buck terpinga-pinga kerana sakit di lidah dan tekaknya.

Era mezzo strangolato e riusciva a malapena a stare in piedi.

Dia separuh tercekik, dan hampir tidak dapat berdiri tegak.

Ciononostante, Buck cercò di affrontare gli uomini che lo avevano ferito così duramente.

Namun, Buck cuba berdepan dengan lelaki yang telah menyakitinya begitu.

Ma lo gettarono a terra e lo strangolarono ancora una volta.

Tetapi mereka melemparkannya dan mencekiknya sekali lagi.

Solo allora riuscirono a segargli il pesante collare di ottone.

Hanya selepas itu mereka boleh melihat kolar loyangnya yang berat.

Tolsero la corda e lo spinsero in una cassa.

Mereka mengeluarkan tali dan menolaknya ke dalam peti.

La cassa era piccola e aveva la forma di una gabbia di ferro grezza.

Peti itu kecil dan berbentuk seperti sangkar besi yang kasar.

Buck rimase lì per tutta la notte, pieno di rabbia e di orgoglio ferito.

Buck berbaring di sana sepanjang malam, dipenuhi dengan kemarahan dan kebanggaan yang terluka.

Non riusciva nemmeno a capire cosa gli stesse succedendo.

Dia tidak dapat mula memahami apa yang berlaku kepadanya.

Perché quegli strani uomini lo tenevano in quella piccola cassa?

Mengapa lelaki pelik ini menyimpannya di dalam peti kecil ini?

Cosa volevano da lui e perché questa crudele prigionia?

Apa yang mereka mahu dengannya, dan mengapa penahanan yang kejam ini?

Sentì una pressione oscura e la sensazione che il disastro si avvicinasse.

Dia merasakan tekanan gelap; rasa bencana semakin dekat.

Era una paura vaga, ma si impadronì pesantemente del suo spirito.

Ia adalah ketakutan yang samar-samar, tetapi ia sangat kuat pada semangatnya.

Diverse volte sobbalzò quando la porta del capanno sbatteva.

Beberapa kali dia melompat apabila pintu bangsal bergegar.

Si aspettava che il giudice o i ragazzi apparissero e lo salvassero.

Dia mengharapkan Hakim atau budak lelaki itu muncul dan menyelamatkannya.

Ma ogni volta solo la faccia grassa del gestore del saloon faceva capolino all'interno.

Tetapi hanya muka gemuk penjaga saloon yang mengintip ke dalam setiap kali.

Il volto dell'uomo era illuminato dalla debole luce di una candela di sego.

Wajah lelaki itu terpancar cahaya samar-samar lilin.

Ogni volta, il latrato gioioso di Buck si trasformava in un ringhio basso e arrabbiato.

Setiap kali, kulit kayu Buck yang riang berubah menjadi geraman yang rendah dan marah.

Il gestore del saloon lo ha lasciato solo per la notte nella cassa

Penjaga saloon meninggalkannya sendirian untuk bermalam di dalam peti

Ma quando si svegliò la mattina seguente, altri uomini stavano arrivando.

Tetapi apabila dia bangun pada waktu pagi lebih ramai lelaki datang.

Arrivarono quattro uomini e, con cautela, sollevarono la cassa senza dire una parola.

Empat lelaki datang dan dengan berhati-hati mengambil peti itu tanpa sebarang kata.

Buck capì subito in quale situazione si trovava.

Buck segera tahu situasi yang dihadapinya.

Erano ulteriori tormentatori che doveva combattere e temere.

Mereka adalah penyiksa selanjutnya yang harus dia lawan dan takuti.

Questi uomini apparivano malvagi, trasandati e molto mal curati.

Lelaki-lelaki ini kelihatan jahat, compang-camping, dan sangat teruk berpakaian.

Buck ringhiò e si lanciò contro di loro con furia attraverso le sbarre.

Buck menggeram dan menerjang mereka dengan kuat melalui palang.

Si limitarono a ridere e a colpirlo con lunghi bastoni di legno.

Mereka hanya ketawa dan mencucuk batang kayu panjang kepadanya.

Buck morse i bastoncini, poi capì che era quello che gli piaceva.

Buck menggigit kayu, kemudian menyedari bahawa itulah yang mereka suka.

Così si sdraiò in silenzio, imbronciato e acceso da una rabbia silenziosa.

Jadi dia berbaring dengan tenang, merajuk dan terbakar dengan kemarahan yang tenang.

Caricarono la cassa su un carro e se ne andarono con lui.

Mereka mengangkat peti itu ke dalam gerabak dan memandu pergi bersamanya.

La cassa, con Buck chiuso dentro, cambiò spesso proprietario.

Peti itu, dengan Buck terkunci di dalam, sering bertukar tangan.

Gli impiegati dell'ufficio espresso presero in mano la situazione e si occuparono di lui per un breve periodo.

Kerani pejabat ekspres mengambil alih dan mengendalikannya secara ringkas.

Poi un altro carro trasportò Buck attraverso la rumorosa città.

Kemudian gerabak lain membawa Buck melintasi bandar yang bising itu.

Un camion lo portò con sé scatole e pacchi su un traghetto.

Sebuah trak membawanya dengan kotak dan bungkusan ke atas bot feri.

Dopo l'attraversamento, il camion lo scaricò presso un deposito ferroviario.

Selepas menyeberang, trak itu memunggahnya di depoh kereta api.

Alla fine Buck venne fatto salire a bordo di un vagone espresso in attesa.

Akhirnya, Buck diletakkan di dalam kereta ekspres yang menunggu.

Per due giorni e due notti i treni trascinarono via il vagone espresso.

Selama dua hari dan malam, kereta api menarik kereta ekspres itu.

Buck non mangiò né bevve durante tutto il doloroso viaggio.

Buck tidak makan atau minum sepanjang perjalanan yang menyakitkan itu.

Quando i messaggeri cercarono di avvicinarlo, lui ringhiò.

Apabila utusan ekspres cuba mendekatinya, dia geram.

Risposero prendendolo in giro e prendendolo in giro crudelmente.

Mereka membalas dengan mengejeknya dan mengusiknya dengan kejam.

Buck si gettò contro le sbarre, schiumando e tremando

Buck melemparkan dirinya ke bar, berbuih dan berjabat

risero sonoramente e lo presero in giro come i bulli della scuola.

mereka ketawa dengan kuat, dan mengejeknya seperti pembuli sekolah.

Abbaiavano come cani finti e agitavano le braccia.

Mereka menyalak seperti anjing palsu dan mengepakkan tangan mereka.

Arrivarono persino a cantare come galli, solo per farlo arrabbiare ancora di più.

Malah mereka berkokok seperti ayam jantan semata-mata untuk lebih menyusahkannya.

Era un comportamento sciocco e Buck sapeva che era ridicolo.
Ia adalah tingkah laku yang bodoh, dan Buck tahu ia tidak masuk akal.
Ma questo non fece altro che accrescere il suo senso di indignazione e vergogna.
Tetapi itu hanya menambah rasa marah dan malunya.
Durante il viaggio la fame non lo disturbò molto.
Dia tidak terlalu terganggu dengan kelaparan sepanjang perjalanan itu.
Ma la sete portava con sé dolori acuti e sofferenze insopportabili.
Tetapi kehausan membawa kesakitan yang tajam dan penderitaan yang tidak tertanggung.
La sua gola secca e infiammata e la lingua bruciavano per il calore.
Tekak dan lidahnya yang kering dan meradang terbakar oleh haba.
Questo dolore alimentava la febbre che cresceva nel suo corpo orgoglioso.
Kesakitan ini menyuburkan demam yang meningkat dalam tubuhnya yang bangga.
Durante questa prova Buck fu grato per una sola cosa.
Buck bersyukur untuk satu perkara semasa percubaan ini.
Gli avevano tolto la corda dal grosso collo.
Tali telah ditanggalkan dari leher tebalnya.
La corda aveva dato a quegli uomini un vantaggio ingiusto e crudele.
Tali itu telah memberi orang-orang itu kelebihan yang tidak adil dan kejam.
Ora la corda non c'era più e Buck giurò che non sarebbe mai più tornata.
Sekarang tali itu telah hilang, dan Buck bersumpah ia tidak akan kembali.
Decise che nessuna corda gli sarebbe mai più passata intorno al collo.

Dia memutuskan bahawa tidak ada tali yang akan melilit lehernya lagi.

Per due lunghi giorni e due lunghe notti soffrì senza cibo.

Selama dua hari dan malam yang panjang, dia menderita tanpa makanan.

E in quelle ore, accumulò dentro di sé una rabbia enorme.

Dan pada jam-jam itu, dia membina kemarahan yang sangat besar di dalam.

I suoi occhi diventarono iniettati di sangue e selvaggi per la rabbia costante.

Matanya bertukar merah dan liar kerana kemarahan yang berterusan.

Non era più Buck, ma un demone con le fauci che schioccavano.

Dia bukan lagi Buck, tetapi syaitan dengan rahang patah.

Nemmeno il Giudice avrebbe potuto riconoscere questa folle creatura.

Hakim pun tidak akan mengenali makhluk gila ini.

I messaggeri espressi tirarono un sospiro di sollievo quando giunsero a Seattle

Para utusan ekspres menghela nafas lega apabila mereka tiba di Seattle

Quattro uomini sollevarono la cassa e la portarono in un cortile sul retro.

Empat lelaki mengangkat peti dan membawanya ke halaman belakang.

Il cortile era piccolo, circondato da mura alte e solide.

Halaman itu kecil, dikelilingi oleh dinding yang tinggi dan kukuh.

Un uomo corpulento uscì dalla stanza con una scollatura larga e una camicia rossa.

Seorang lelaki berbadan besar melangkah keluar dengan baju sweater merah yang kendur.

Firmò il registro delle consegne con una calligrafia spessa e decisa.

Dia menandatangani buku hantaran dengan tangan yang tebal dan berani.

Buck intuì subito che quell'uomo era il suo prossimo aguzzino.

Buck langsung merasakan bahawa lelaki ini adalah penyeksanya yang seterusnya.

Si lanciò violentemente contro le sbarre, con gli occhi rossi di rabbia.

Dia menerjang dengan ganas di palang, matanya merah menahan marah.

L'uomo si limitò a sorridere amaramente e andò a prendere un'ascia.

Lelaki itu hanya tersenyum gelap dan pergi mengambil kapak.

Teneva anche una mazza nella sua grossa e forte mano destra.

Dia juga membawa kayu di tangan kanannya yang tebal dan kuat.

"Lo porterai fuori adesso?" chiese l'autista preoccupato.

"Awak nak bawa dia keluar sekarang?" tanya pemandu itu, prihatin.

"Certo", disse l'uomo, infilando l'ascia nella cassa come se fosse una leva.

"Tentu," kata lelaki itu, menyekat kapak ke dalam peti sebagai tuas.

I quattro uomini si dileguarono all'istante, saltando sul muro del cortile.

Empat lelaki itu bersurai serta-merta, melompat ke atas dinding halaman.

Dai loro punti sicuri in alto, aspettavano di ammirare lo spettacolo.

Dari tempat selamat mereka di atas, mereka menunggu untuk menonton tontonan itu.

Buck si lanciò contro il legno scheggiato, mordendolo e scuotendolo violentemente.

Buck menerkam kayu yang serpihan itu, menggigit dan menggoncang dengan kuat.

Ogni volta che l'ascia colpiva la gabbia, Buck era lì pronto ad attaccarla.

Setiap kali kapak terkena sangkar), Buck berada di sana untuk menyerangnya.

Ringhiò e schioccò le dita in preda a una rabbia selvaggia, desideroso di essere liberato.

Dia menggeram dan membentak dengan kemarahan liar, tidak sabar-sabar untuk dibebaskan.

L'uomo all'esterno era calmo e fermo, concentrato sul suo compito.

Lelaki di luar itu tenang dan mantap, bersungguh-sungguh dalam tugasnya.

"Bene allora, diavolo dagli occhi rossi", disse quando il buco fu grande.

"Maka, kamu syaitan bermata merah," katanya apabila lubang itu besar.

Lasciò cadere l'ascia e prese la mazza nella mano destra.

Dia menjatuhkan kapak dan mengambil kayu di tangan kanannya.

Buck sembrava davvero un diavolo: aveva gli occhi iniettati di sangue e fiammeggianti.

Buck benar-benar kelihatan seperti syaitan; mata merah dan berkobar-kobar.

Il suo pelo si rizzò, la schiuma gli salì alla bocca e gli occhi brillarono.

Kotnya berbulu, buih berbuih di mulutnya, matanya berkilauan.

Lui tese i muscoli e si lanciò dritto verso il maglione rosso.

Dia mengikat ototnya dan melompat terus ke arah baju sejuk merah itu.

Centoquaranta libbre di furia si riversarono sull'uomo calmo.

Seratus empat puluh paun kemarahan terbang ke arah lelaki yang tenang itu.

Un attimo prima che le sue fauci si chiudessero, un colpo terribile lo colpì.

Sejurus sebelum rahangnya terkatup rapat, satu tamparan hebat melanda dirinya.

I suoi denti si schioccarono insieme solo sull'aria

Giginya patah hanya pada udara
una scossa di dolore gli risuonò nel corpo
sentakan kesakitan bergema di seluruh tubuhnya
Si capovolse a mezz'aria e cadde sulla schiena e su un fianco.
Dia membelok ke udara dan terhempas di belakang dan sisi.
Non aveva mai sentito prima un colpo di mazza e non riusciva a sostenerlo.
Dia tidak pernah merasakan pukulan kayu sebelum ini dan tidak dapat memahaminya.
Con un ringhio acuto, in parte abbaio, in parte urlo, saltò di nuovo.
Dengan jeritan yang menjerit, sebahagian kulit kayu, sebahagian menjerit, dia melompat semula.
Un altro colpo violento lo colpì e lo scaraventò a terra.
Satu lagi serangan kejam memukulnya dan menghempasnya ke tanah.
Questa volta Buck capì: era la pesante clava dell'uomo.
Kali ini Buck faham—ia adalah kelab berat lelaki itu.
Ma la rabbia lo accecò e non pensò minimamente di ritirarsi.
Tetapi kemarahan membutakan dia, dan dia tidak terfikir untuk berundur.
Dodici volte si lanciò e dodici volte cadde.
Dua belas kali dia melancarkan dirinya, dan dua belas kali dia jatuh.
La mazza di legno lo colpiva ogni volta con una forza spietata e schiacciante.
Kayu kayu itu menghempasnya setiap kali dengan kekerasan yang kejam dan menghancurkan.
Dopo un colpo violento, si rialzò barcollando, stordito e lento.
Selepas satu pukulan yang kuat, dia terhuyung-huyung berdiri, terpinga-pinga dan perlahan.
Il sangue gli colava dalla bocca, dal naso e perfino dalle orecchie.
Darah mengalir dari mulut, hidung, dan juga telinganya.
Il suo mantello, un tempo bellissimo, era imbrattato di schiuma insanguinata.

Kotnya yang dulu cantik dilumuri buih berdarah.

Poi l'uomo si fece avanti e gli sferrò un violento colpo al naso.

Kemudian lelaki itu melangkah dan membuat pukulan jahat ke hidung.

L'agonia fu più acuta di qualsiasi cosa Buck avesse mai provato.

Kesakitan itu lebih tajam daripada apa yang Buck pernah rasa.

Con un ruggito più da bestia che da cane, balzò di nuovo all'attacco.

Dengan mengaum lebih banyak daripada anjing, dia melompat sekali lagi untuk menyerang.

Ma l'uomo gli afferrò la mascella inferiore e la torse all'indietro.

Tetapi lelaki itu menangkap rahang bawahnya dan memusingkannya ke belakang.

Buck si girò a testa in giù e cadde di nuovo violentemente al suolo.

Buck menoleh ke belakang, terhempas kuat sekali lagi.

Un'ultima volta, Buck si lanciò verso di lui, ormai a malapena in grado di reggersi in piedi.

Pada kali terakhir, Buck menyerangnya, kini hampir tidak dapat berdiri.

L'uomo colpì con sapiente tempismo, sferrando il colpo finale.

Lelaki itu menyerang dengan pemasaan yang pakar, memberikan pukulan terakhir.

Buck crollò a terra, privo di sensi e immobile.

Buck rebah dalam timbunan, tidak sedarkan diri dan tidak bergerak.

"Non è uno stupido ad addestrare i cani, ecco cosa dico io", urlò un uomo.

"Dia tidak lengah dalam memecahkan anjing, itulah yang saya katakan," jerit seorang lelaki.

"Druther può spezzare la volontà di un segugio in qualsiasi giorno della settimana."

"Druther boleh mematahkan keinginan anjing pada bila-bila hari dalam seminggu."

"E due volte di domenica!" aggiunse l'autista.

"Dan dua kali pada hari Ahad!" tambah pemandu itu.

Salì sul carro e tirò le redini per partire.

Dia naik ke dalam gerabak dan memecahkan kekang untuk pergi.

Buck riprese lentamente il controllo della sua coscienza

Buck perlahan-lahan mengawal kesedarannya

ma il suo corpo era ancora troppo debole e rotto per muoversi.

tetapi badannya masih terlalu lemah dan patah untuk bergerak.

Rimase lì dove era caduto, osservando l'uomo con il maglione rosso.

Dia berbaring di tempat dia terjatuh sambil memerhatikan lelaki berbaju merah itu.

"Risponde al nome di Buck", disse l'uomo, leggendo ad alta voce.

"Dia menjawab nama Buck," kata lelaki itu sambil membaca dengan kuat.

Citò la nota inviata con la cassa di Buck e i dettagli.

Dia memetik daripada nota yang dihantar bersama peti dan butiran Buck.

"Bene, Buck, ragazzo mio", continuò l'uomo con tono amichevole,

"Baiklah, Buck, anakku," lelaki itu menyambung dengan nada ramah,

"Abbiamo avuto il nostro piccolo litigio, e ora tra noi è finita."

"Kami telah bergaduh kecil, dan kini sudah berakhir antara kami."

"Tu hai imparato qual è il tuo posto, e io ho imparato qual è il mio", ha aggiunto.

"Anda telah belajar tempat anda, dan saya telah belajar tempat saya," tambahnya.

"Sii buono e tutto andrà bene e la vita sarà piacevole."

"Jadilah baik, maka semuanya akan berjalan lancar, dan hidup akan menyenangkan."

"Ma se sei cattivo, ti spaccherò a morte, capito?"

"Tetapi jadi buruk, dan saya akan mengalahkan pemadat daripada anda, faham?"

Mentre parlava, allungò la mano e accarezzò la testa dolorante di Buck.

Sambil bercakap, dia menghulurkan tangan dan menepuk kepala Buck yang sakit.

I capelli di Buck si rizzarono al tocco dell'uomo, ma lui non oppose resistenza.

Rambut Buck naik apabila disentuh lelaki itu, tetapi dia tidak melawan.

L'uomo gli portò dell'acqua e Buck la bevve a grandi sorsi.

Lelaki itu membawanya air, yang Buck minum dalam tegukan besar.

Poi arrivò la carne cruda, che Buck divorò pezzo per pezzo.

Kemudian datang daging mentah, yang Buck memakan ketul demi ketul.

Sapeva di essere stato sconfitto, ma sapeva anche di non essere distrutto.

Dia tahu dia dipukul, tetapi dia juga tahu dia tidak patah.

Non aveva alcuna possibilità contro un uomo armato di manganello.

Dia tidak mempunyai peluang menentang lelaki yang bersenjatakan kayu.

Aveva imparato la verità e non dimenticò mai quella lezione.

Dia telah mempelajari kebenaran, dan dia tidak pernah melupakan pelajaran itu.

Quell'arma segnò l'inizio della legge nel nuovo mondo di Buck.

Senjata itu adalah permulaan undang-undang di dunia baru Buck.

Fu l'inizio di un ordine duro e primitivo che non poteva negare.

Ia adalah permulaan perintah yang keras dan primitif yang tidak dapat dia nafikan.

Accettò la verità: i suoi istinti selvaggi erano ormai risvegliati.
Dia menerima kebenaran; naluri liarnya kini terjaga.

Il mondo era diventato più duro, ma Buck lo affrontò coraggiosamente.
Dunia telah menjadi lebih keras, tetapi Buck menghadapinya dengan berani.

Affrontò la vita con una nuova cautela, astuzia e una forza silenziosa.
Dia menghadapi kehidupan dengan berhati-hati, licik, dan kekuatan yang tenang.

Arrivarono altri cani, legati con corde o gabbie, come era successo a Buck.
Lebih banyak anjing tiba, diikat dalam tali atau peti seperti Buck.

Alcuni cani procedevano con calma, altri si infuriavano e combattevano come bestie feroci.
Beberapa anjing datang dengan tenang, yang lain mengamuk dan bertarung seperti binatang buas.

Tutti loro furono sottoposti al dominio dell'uomo con il maglione rosso.
Kesemua mereka dibawa ke bawah pemerintahan lelaki berbaju merah itu.

Ogni volta Buck osservava e vedeva svolgersi la stessa lezione.
Setiap kali, Buck memerhati dan melihat pelajaran yang sama berlaku.

L'uomo con la clava era la legge: un padrone a cui obbedire.
Lelaki dengan kelab itu adalah undang-undang; seorang tuan yang harus dipatuhi.

Non era necessario che gli piacesse, ma che gli si obbedisse.
Dia tidak perlu disenangi, tetapi dia harus dipatuhi.

Buck non si è mai mostrato adulatore o scodinzolante come facevano i cani più deboli.
Buck tidak pernah menjilat atau menggoyang-goyang seperti yang dilakukan oleh anjing yang lebih lemah.

Vide dei cani che erano stati picchiati e che continuavano a leccare la mano dell'uomo.
Dia melihat anjing yang dipukul dan masih menjilat tangan lelaki itu.

Vide un cane che non obbediva né si sottometteva affatto.
Dia melihat seekor anjing yang tidak akan patuh atau tunduk sama sekali.

Quel cane ha combattuto fino alla morte nella battaglia per il controllo.
Anjing itu melawan sehingga dia terbunuh dalam pertempuran untuk mengawal.

A volte degli sconosciuti venivano a trovare l'uomo con il maglione rosso.
Orang asing kadang-kadang datang untuk melihat lelaki berbaju merah itu.

Parlavano con toni strani, supplicando, contrattando e ridendo.
Mereka bercakap dalam nada pelik, merayu, tawar-menawar, dan ketawa.

Dopo aver scambiato i soldi, se ne andavano con uno o più cani.
Apabila wang ditukar, mereka pergi dengan satu atau lebih anjing.

Buck si chiese dove andassero questi cani, perché nessuno faceva mai ritorno.
Buck tertanya-tanya ke mana anjing-anjing ini pergi, kerana tidak ada yang pernah kembali.

la paura dell'ignoto riempiva Buck ogni volta che un uomo sconosciuto si avvicinava
ketakutan Buck yang tidak diketahui diisi setiap kali lelaki aneh datang

era contento ogni volta che veniva preso un altro cane, al posto suo.
dia gembira setiap kali anjing lain diambil, bukannya dirinya sendiri.

Ma alla fine arrivò il turno di Buck con l'arrivo di uno strano uomo.

Tetapi akhirnya, giliran Buck datang dengan kedatangan seorang lelaki pelik.

Era piccolo, nervoso e parlava un inglese stentato e imprecava.

Dia kecil, kekar, dan bercakap dalam bahasa Inggeris yang rosak dan kutukan.

"Sacredam!" urlò quando vide il corpo di Buck.

"Sacredam!" dia menjerit apabila dia meletakkan mata pada bingkai Buck.

"Che cane maledetto e prepotente! Eh? Quanto costa?" chiese ad alta voce.

"Itu seekor anjing pembuli! Eh? Berapa harganya?" dia bertanya dengan kuat.

"Trecento, ed è un regalo a quel prezzo",

"Tiga ratus, dan dia adalah hadiah pada harga itu,"

"Dato che sono soldi del governo, non dovresti lamentarti, Perrault."

"Memandangkan ia adalah wang kerajaan, anda tidak sepatutnya merungut, Perrault."

Perrault sorrise pensando all'accordo che aveva appena concluso con quell'uomo.

Perrault tersengih melihat perjanjian yang baru dibuatnya dengan lelaki itu.

Il prezzo dei cani è salito alle stelle a causa della domanda improvvisa.

Harga anjing telah melambung tinggi kerana permintaan yang mendadak.

Trecento dollari non erano ingiusti per una bestia così bella.

Tiga ratus dolar tidak adil untuk binatang yang begitu baik.

Il governo canadese non perderebbe nulla dall'accordo

Kerajaan Kanada tidak akan kehilangan apa-apa dalam perjanjian itu

Né i loro comunicati ufficiali avrebbero subito ritardi nel trasporto.

Penghantaran rasmi mereka juga tidak akan ditangguhkan dalam transit.

Perrault conosceva bene i cani e capì che Buck era una rarità.

Perrault mengenali anjing dengan baik, dan dapat melihat
Buck adalah sesuatu yang jarang berlaku.

**"Uno su dieci diecimila", pensò, mentre studiava la
corporatura di Buck.**

"Satu dalam sepuluh sepuluh ribu," fikirnya, sambil mengkaji
binaan Buck.

**Buck vide il denaro cambiare di mano, ma non mostrò
alcuna sorpresa.**

Buck melihat wang bertukar tangan, tetapi tidak
menunjukkan kejutan.

**Poco dopo lui e Curly, un gentile Terranova, furono portati
via.**

Tidak lama kemudian dia dan Kerinting, Newfoundland yang
lembut, dibawa pergi.

**Seguirono l'omino dal cortile della casa con il maglione
rosso.**

Mereka mengikut lelaki kecil itu dari halaman baju sejuk
merah itu.

**Quella fu l'ultima volta che Buck vide l'uomo con la mazza
di legno.**

Itulah yang terakhir Buck pernah melihat lelaki dengan kayu
kayu itu.

Dal ponte del Narwhal guardò Seattle svanire in lontananza.

Dari dek Narwhal dia melihat Seattle memudar ke kejauhan.

Fu anche l'ultima volta che vide le calde terre del Sud.

Ia juga kali terakhir dia melihat Southland yang hangat.

Perrault li portò sottocoperta e li lasciò con François.

Perrault membawa mereka ke bawah dek, dan meninggalkan
mereka bersama François.

**François era un gigante con la faccia nera e le mani ruvide e
callose.**

François ialah gergasi berwajah hitam dengan tangan yang
kasar dan kapalan.

**Era un uomo dalla carnagione scura e dalla carnagione scura,
un meticcio franco-canadese.**

Dia gelap dan berkulit gelap; keturunan Perancis-Kanada.

Per Buck, quegli uomini erano come non li aveva mai visti prima.

Bagi Buck, lelaki ini adalah sejenis yang tidak pernah dilihatnya sebelum ini.

Nei giorni a venire avrebbe avuto modo di conoscere molti di questi uomini.

Dia akan mengenali ramai lelaki seperti itu pada hari-hari mendatang.

Non cominciò ad affezionarsi a loro, ma finì per rispettarli.

Dia tidak menyukai mereka, tetapi dia menghormati mereka.

Erano giusti e saggi e non si lasciavano ingannare facilmente da nessun cane.

Mereka adil dan bijak, dan tidak mudah tertipu oleh mana-mana anjing.

Giudicavano i cani con calma e punivano solo quando meritavano.

Mereka menilai anjing dengan tenang, dan menghukum hanya apabila patut.

Sul ponte inferiore del Narwhal, Buck e Curly incontrarono due cani.

Di dek bawah Narwhal, Buck dan Kerinting bertemu dua ekor anjing.

Uno era un grosso cane bianco proveniente dalle lontane e gelide isole Spitzbergen.

Salah satunya ialah seekor anjing putih besar dari Spitzbergen berais yang jauh.

In passato aveva navigato su una baleniera e si era unito a un gruppo di ricerca.

Dia pernah belayar dengan pemburu paus dan menyertai kumpulan tinjauan.

Era amichevole, ma astuto, subdolo e subdolo.

Dia mesra dengan cara yang licik, curang dan licik.

Al loro primo pasto, rubò un pezzo di carne dalla padella di Buck.

Pada hidangan pertama mereka, dia mencuri sekeping daging dari kuali Buck.

Buck saltò per punirlo, ma la frusta di François colpì per prima.

Buck melompat untuk menghukumnya, tetapi cambuk François melanda terlebih dahulu.

Il ladro bianco urlò e Buck reclamò l'osso rubato.

Pencuri putih menjerit, dan Buck menuntut semula tulang yang dicuri.

Questa correttezza colpì Buck e François si guadagnò il suo rispetto.

Keadilan itu mengagumkan Buck, dan François mendapat penghormatannya.

L'altro cane non lo salutò e non volle nessuno in cambio.

Anjing yang lain tidak memberi salam, dan tidak mahu membalas.

Non rubava il cibo, né annusava con interesse i nuovi arrivati.

Dia tidak mencuri makanan, atau menghidu orang baru dengan penuh minat.

Questo cane era cupo e silenzioso, cupo e lento nei movimenti.

Anjing ini suram dan pendiam, muram dan bergerak perlahan.

Avvertì Curly di stargli lontano semplicemente lanciandole un'occhiata fulminante.

Dia memberi amaran kepada Kerinting supaya menjauhkan diri dengan hanya menjeling ke arahnya.

Il suo messaggio era chiaro: lasciatemi in pace o saranno guai.

Mesejnya jelas; biarkan saya sendiri atau akan ada masalah.

Si chiamava Dave e non faceva quasi caso a ciò che lo circondava.

Dia dipanggil Dave, dan dia hampir tidak menyedari persekitarannya.

Dormiva spesso, mangiava tranquillamente e sbadigliava di tanto in tanto.

Dia sering tidur, makan dengan tenang, dan menguap sekali-kali.

La nave ronzava costantemente con il rumore dell'elica sottostante.

Kapal itu berdengung sentiasa dengan kipas yang dipukul di bawah.

I giorni passarono senza grandi cambiamenti, ma il clima si fece più freddo.

Hari berlalu dengan sedikit perubahan, tetapi cuaca semakin sejuk.

Buck se lo sentiva nelle ossa e notò che anche gli altri lo sentivano.

Buck dapat merasakannya dalam tulangnya, dan perasan yang lain juga.

Poi una mattina l'elica si fermò e tutto rimase immobile.

Kemudian pada suatu pagi, kipas itu berhenti dan semuanya diam.

Un'energia percorse la nave: qualcosa era cambiato.

Tenaga menyapu melalui kapal; sesuatu telah berubah.

François scese, li mise al guinzaglio e li portò su.

François turun, mengikatnya pada tali, dan membawanya ke atas.

Buck uscì e trovò il terreno morbido, bianco e freddo.

Buck melangkah keluar dan mendapati tanah itu lembut, putih, dan sejuk.

Lui fece un balzo indietro allarmato e sbuffò in preda alla confusione più totale.

Dia melompat ke belakang dalam ketakutan dan mendengus dalam kekeliruan.

Una strana sostanza bianca cadeva dal cielo grigio.

Benda putih pelik jatuh dari langit kelabu.

Si scosse, ma i fiocchi bianchi continuavano a cadergli addosso.

Dia menggoncang dirinya sendiri, tetapi kepingan putih itu terus mendarat di atasnya.

Annusò attentamente la sostanza bianca e ne leccò alcuni pezzetti ghiacciati.

Dia menghidu barang putih itu dengan berhati-hati dan menjilat beberapa ketulan berais.

La polvere bruciò come il fuoco e poi svanì subito dalla sua lingua.

Serbuk itu terbakar seperti api, kemudian hilang terus dari lidahnya.

Buck ci riprovò, sconcertato dallo strano freddo che svaniva.

Buck mencuba lagi, hairan dengan kesejukan yang hilang.

Gli uomini intorno a lui risero e Buck si sentì in imbarazzo.

Lelaki di sekelilingnya ketawa, dan Buck berasa malu.

Non sapeva perché, ma si vergognava della sua reazione.

Dia tidak tahu kenapa, tetapi dia malu dengan reaksinya.

Era la sua prima esperienza con la neve e la cosa lo confuse.

Ia adalah pengalaman pertamanya dengan salji, dan ia mengelirukan dia.

La legge del bastone e della zanna
Undang-undang Kelab dan Fang

Il primo giorno di Buck sulla spiaggia di Dyea è stato un terribile incubo.

Hari pertama Buck di pantai Dyea terasa seperti mimpi ngeri yang dahsyat.

Ogni ora portava con sé nuovi shock e cambiamenti inaspettati per Buck.

Setiap jam membawa kejutan baru dan perubahan yang tidak dijangka untuk Buck.

Era stato strappato alla civiltà e gettato nel caos più totale.

Dia telah ditarik dari tamadun dan dilemparkan ke dalam keadaan huru-hara.

Questa non era una vita soleggiata e pigra, fatta di noia e riposo.

Ini bukan kehidupan yang cerah dan malas dengan kebosanan dan rehat.

Non c'era pace, né riposo, né momento senza pericolo.

Tiada kedamaian, tiada rehat, dan tiada saat tanpa bahaya.

La confusione regnava su tutto e il pericolo era sempre vicino.

Kekeliruan menguasai segala-galanya, dan bahaya sentiasa dekat.

Buck doveva stare attento perché quegli uomini e quei cani erano diversi.

Buck terpaksa berjaga-jaga kerana lelaki dan anjing ini berbeza.

Non provenivano da città; erano selvaggi e spietati.

Mereka bukan dari bandar; mereka liar dan tanpa belas kasihan.

Questi uomini e questi cani conoscevano solo la legge del bastone e della zanna.

Lelaki dan anjing ini hanya tahu undang-undang kelab dan taring.

Buck non aveva mai visto dei cani combattere come questi feroci husky.

Buck tidak pernah melihat anjing bergaduh seperti serak ganas ini.

La sua prima esperienza gli insegnò una lezione che non avrebbe mai dimenticato.

Pengalaman pertamanya mengajarnya satu pengajaran yang tidak akan dapat dilupakannya.

Fu una fortuna che non fosse lui, altrimenti sarebbe morto anche lui.

Dia bernasib baik itu bukan dia, atau dia akan mati juga.

Curly era quello che soffriva, mentre Buck osservava e imparava.

Kerinting adalah orang yang menderita semasa Buck menonton dan belajar.

Si erano accampati vicino a un deposito costruito con tronchi.

Mereka telah membuat perkhemahan berhampiran sebuah kedai yang dibina daripada kayu balak.

Curly cercò di essere amichevole con un grosso husky simile a un lupo.

Kerinting cuba mesra dengan seekor serak yang besar seperti serigala.

L'husky era più piccolo di Curly, ma aveva un aspetto selvaggio e cattivo.

Husky itu lebih kecil daripada Kerinting, tetapi kelihatan liar dan jahat.

Senza preavviso, lui saltò su e le tagliò il viso.

Tanpa amaran, dia melompat dan menetak mukanya.

Con un solo movimento i suoi denti le tagliarono l'occhio fino alla mascella.

Giginya dipotong dari matanya hingga ke rahang dalam satu gerakan.

Ecco come combattevano i lupi: colpivano velocemente e saltavano via.

Beginilah cara serigala bertarung—memukul dengan pantas dan melompat pergi.

Ma c'era molto di più da imparare da quell'unico attacco.

Tetapi banyak lagi yang perlu dipelajari daripada serangan itu.

Decine di husky si precipitarono dentro e formarono un cerchio silenzioso.

Berpuluh-puluh huskies meluru masuk dan membuat bulatan senyap.

Osservavano attentamente e si leccavano le labbra per la fame.

Mereka memerhati dengan teliti dan menjilat bibir kerana kelaparan.

Buck non capiva il loro silenzio né i loro occhi ansiosi.

Buck tidak memahami kesunyian mereka atau mata mereka yang bersemangat.

Curly si lanciò ad attaccare l'husky una seconda volta.

Kerinting meluru menyerang husky buat kali kedua.

Usò il suo petto per buttarla a terra con un movimento violento.

Dia menggunakan dadanya untuk menjatuhkannya dengan gerakan yang kuat.

Cadde su un fianco e non riuscì più a rialzarsi.

Dia jatuh terlentang dan tidak dapat bangun semula.

Era proprio quello che gli altri aspettavano da tempo.

Itulah yang ditunggu-tunggu oleh yang lain selama ini.

Gli husky le saltarono addosso, guaindo e ringhiando freneticamente.

Huskies melompat ke atasnya, menjerit dan menggeram dalam kegilaan.

Lei urlò mentre la seppellivano sotto una pila di cani.

Dia menjerit ketika mereka menanamnya di bawah timbunan anjing.

L'attacco fu così rapido che Buck rimase immobile per lo shock.

Serangan itu begitu pantas sehingga Buck terkaku di tempatnya kerana terkejut.

Vide Spitz tirare fuori la lingua in un modo che sembrava una risata.

Dia melihat Spitz menjelirkan lidahnya dengan cara yang kelihatan seperti ketawa.

François afferrò un'ascia e corse dritto verso il gruppo di cani.

François mengambil kapak dan berlari terus ke dalam kumpulan anjing itu.

Altri tre uomini hanno usato dei manganelli per allontanare gli husky.

Tiga lelaki lain menggunakan kayu untuk membantu mengalahkan huskies itu.

In soli due minuti la lotta finì e i cani se ne andarono.

Hanya dalam masa dua minit, pergaduhan telah berakhir dan anjing-anjing itu telah hilang.

Curly giaceva morta nella neve rossa calpestata, con il corpo fatto a pezzi.

Kerinting terbaring mati di dalam salji merah yang dipijak, badannya terkoyak.

Un uomo dalla pelle scura era in piedi davanti a lei, maledicendo la scena brutale.

Seorang lelaki berkulit gelap berdiri di atasnya, mengutuk adegan kejam itu.

Il ricordo rimase con Buck e ossessionò i suoi sogni notturni.

Kenangan itu kekal bersama Buck dan menghantui mimpinya pada waktu malam.

Ecco come funzionava: niente equità, niente seconda possibilità.

Itulah caranya di sini; tiada keadilan, tiada peluang kedua.

Una volta caduto un cane, gli altri lo uccidevano senza pietà.

Apabila seekor anjing jatuh, yang lain akan membunuh tanpa belas kasihan.

Buck decise allora che non si sarebbe mai lasciato cadere.

Buck memutuskan bahawa dia tidak akan membiarkan dirinya jatuh.

Spitz tirò fuori di nuovo la lingua e rise guardando il sangue.

Spitz menjelirkan lidahnya lagi dan ketawa melihat darah itu.

Da quel momento in poi, Buck odiò Spitz con tutto il cuore.

Sejak saat itu, Buck membenci Spitz sepenuh hati.

Prima che Buck potesse riprendersi dalla morte di Curly, accadde qualcosa di nuovo.
Sebelum Buck pulih daripada kematian Kerinting, sesuatu yang baru berlaku.

François si avvicinò e legò qualcosa attorno al corpo di Buck.
François datang dan mengikat sesuatu pada badan Buck.

Era un'imbracatura simile a quelle usate per i cavalli al ranch.
Ia adalah abah-abah seperti yang digunakan pada kuda di ladang.

Così come Buck aveva visto lavorare i cavalli, ora era costretto a lavorare anche lui.
Memandangkan Buck telah melihat kuda berfungsi, kini dia juga terpaksa bekerja.

Dovette trascinare François su una slitta nella foresta vicina.
Dia terpaksa menarik François menaiki kereta luncur ke dalam hutan berhampiran.

Poi dovette trascinare indietro un pesante carico di legna da ardere.
Kemudian dia terpaksa menarik balik muatan kayu api yang berat.

Buck era orgoglioso e gli faceva male essere trattato come un animale da lavoro.
Buck bangga, jadi ia menyakitkan dia untuk dilayan seperti haiwan kerja.

Ma era saggio e non cercò di combattere la nuova situazione.
Tetapi dia bijak dan tidak cuba melawan keadaan baru.

Accettò la sua nuova vita e diede il massimo in ogni compito.
Dia menerima kehidupan barunya dan memberikan yang terbaik dalam setiap tugas.

Tutto di quel lavoro gli risultava strano e sconosciuto.
Segala-galanya tentang kerja itu pelik dan tidak dikenalinya.

François era severo e pretendeva obbedienza senza indugio.

François tegas dan menuntut ketaatan tanpa berlengah-lengah.

La sua frusta garantiva che ogni comando venisse eseguito immediatamente.

Pecutnya memastikan setiap arahan dituruti sekali gus.

Dave era il timoniere, il cane più vicino alla slitta dietro Buck.

Dave adalah pemandu roda, anjing yang paling hampir dengan kereta luncur di belakang Buck.

Se commetteva un errore, Dave mordeva Buck sulle zampe posteriori.

Dave menggigit kaki belakang Buck jika dia membuat kesilapan.

Spitz era il cane guida, abile ed esperto nel ruolo.

Spitz ialah anjing utama, mahir dan berpengalaman dalam peranan itu.

Spitz non riusciva a raggiungere Buck facilmente, ma lo corresse comunque.

Spitz tidak dapat menghubungi Buck dengan mudah, tetapi masih membetulkannya.

Ringhiava aspramente o tirava la slitta in modi che insegnavano a Buck.

Dia menggeram dengan kasar atau menarik kereta luncur dengan cara yang mengajar Buck.

Grazie a questo addestramento, Buck imparò più velocemente di quanto tutti si aspettassero.

Di bawah latihan ini, Buck belajar lebih cepat daripada yang mereka jangkakan.

Lavorò duramente e imparò sia da François che dagli altri cani.

Dia bekerja keras dan belajar daripada François dan anjing lain.

Quando tornarono, Buck conosceva già i comandi chiave.

Pada masa mereka kembali, Buck sudah tahu arahan utama.

Imparò a fermarsi al suono della parola "oh" di François.

Dia belajar untuk berhenti pada bunyi "ho" dari François.

Imparò quando era il momento di tirare la slitta e correre.

Dia belajar apabila dia terpaksa menarik kereta luncur dan berlari.

Imparò a svoltare senza problemi nelle curve del sentiero.

Dia belajar membelok lebar di selekoh di denai tanpa masalah.

Imparò anche a evitare Dave quando la slitta scendeva velocemente.

Dia juga belajar untuk mengelakkan Dave apabila kereta luncur itu menuruni bukit dengan pantas.

"Sono cani molto buoni", disse orgoglioso François a Perrault.

"Mereka anjing yang sangat baik," François dengan bangga memberitahu Perrault.

"Quel Buck tira come un dannato, glielo insegno subito."

"Buck itu menarik seperti neraka-saya mengajarnya secepat mungkin."

Più tardi quel giorno, Perrault tornò con altri due husky.

Kemudian pada hari itu, Perrault kembali dengan dua lagi anjing serak.

Si chiamavano Billee e Joe ed erano fratelli.

Nama mereka ialah Billee dan Joe, dan mereka adalah adik beradik.

Provenivano dalla stessa madre, ma non erano affatto simili.

Mereka berasal dari ibu yang sama, tetapi tidak serupa sama sekali.

Billee era un tipo dolce e molto amichevole con tutti.

Billee seorang yang manis dan terlalu mesra dengan semua orang.

Joe era l'opposto: silenzioso, arrabbiato e sempre ringhiante.

Joe adalah sebaliknya—pendiam, marah, dan sentiasa merengus.

Buck li salutò amichevolmente e si mantenne calmo con entrambi.

Buck menyambut mereka dengan mesra dan tenang dengan kedua-duanya.

Dave non prestò loro attenzione e rimase in silenzio come al solito.

Dave tidak menghiraukan mereka dan diam seperti biasa.

Spitz attaccò prima Billee, poi Joe, per dimostrare la sua superiorità.

Spitz menyerang Billee pertama, kemudian Joe, untuk menunjukkan penguasaannya.

Billee scodinzolava e cercava di essere amichevole con Spitz.

Billee mengibas-ngibaskan ekornya dan cuba bersikap mesra dengan Spitz.

Quando questo non funzionò, cercò di scappare.

Apabila itu tidak berjaya, dia cuba melarikan diri sebaliknya.

Pianse tristemente quando Spitz lo morse forte sul fianco.

Dia menangis sedih apabila Spitz menggigitnya kuat di sebelah.

Ma Joe era molto diverso e si rifiutava di farsi prendere in giro.

Tetapi Joe sangat berbeza dan enggan dibuli.

Ogni volta che Spitz si avvicinava, Joe si girava velocemente per affrontarlo.

Setiap kali Spitz mendekat, Joe berpusing menghadapnya dengan pantas.

La sua pelliccia si drizzò, le sue labbra si arricciarono e i suoi denti schioccarono selvaggiamente.

Bulunya berbulu, bibirnya melengkung, dan giginya berketap liar.

Gli occhi di Joe brillavano di paura e rabbia, sfidando Spitz a colpire.

Mata Joe bersinar-sinar dengan ketakutan dan kemarahan, berani Spitz untuk menyerang.

Spitz abbandonò la lotta e si voltò, umiliato e arrabbiato.

Spitz berputus asa dan berpaling, terhina dan marah.

Sfogò la sua frustrazione sul povero Billee e lo cacciò via.

Dia meluahkan kekecewaannya pada Billee yang malang dan menghalaunya.

Quella sera Perrault aggiunse un altro cane alla squadra.

Petang itu, Perrault menambah satu lagi anjing kepada pasukan itu.

Questo cane era vecchio, magro e coperto di cicatrici di battaglia.

Anjing ini sudah tua, kurus, dan dipenuhi parut pertempuran.

Gli mancava un occhio, ma l'altro brillava di potere.

Sebelah matanya hilang, tetapi sebelah lagi berkelip dengan kuasa.

Il nome del nuovo cane era Solleks, che significa "l'Arrabbiato".

Nama anjing baru itu ialah Solleks, yang bermaksud Si Marah.

Come Dave, Solleks non chiedeva nulla agli altri e non dava nulla in cambio.

Seperti Dave, Solleks tidak meminta apa-apa daripada orang lain, dan tidak membalas apa-apa.

Quando Solleks entrò lentamente nell'accampamento, persino Spitz rimase lontano.

Apabila Solleks berjalan perlahan-lahan ke kem, malah Spitz menjauhkan diri.

Aveva una strana abitudine che Buck ebbe la sfortuna di scoprire.

Dia mempunyai tabiat aneh yang Buck tidak bernasib baik untuk menemuinya.

Solleks detestava essere avvicinato dal lato in cui era cieco.

Solleks benci didekati di sebelah dia buta.

Buck non lo sapeva e commise quell'errore per sbaglio.

Buck tidak tahu ini dan membuat kesilapan itu secara tidak sengaja.

Solleks si voltò di scatto e colpì la spalla di Buck in modo profondo e rapido.

Solleks berpusing dan menetak bahu Buck dalam dan pantas.

Da quel momento in poi, Buck non si avvicinò mai più al lato cieco di Solleks.

Sejak saat itu, Buck tidak pernah mendekati sisi buta Solleks.

Non ebbero mai più problemi per il resto del tempo che trascorsero insieme.

Mereka tidak pernah mengalami masalah lagi sepanjang masa mereka bersama.

Solleks voleva solo essere lasciato solo, come il tranquillo Dave.

Solleks hanya mahu ditinggalkan sendirian, seperti Dave yang pendiam.

Ma Buck avrebbe scoperto in seguito che ognuno di loro aveva un altro obiettivo segreto.

Tetapi Buck kemudiannya akan mengetahui bahawa mereka masing-masing mempunyai matlamat rahsia yang lain.

Quella notte Buck si trovò ad affrontare una nuova e preoccupante sfida: come dormire.

Malam itu Buck menghadapi cabaran baru dan merisaukan — cara tidur.

La tenda era illuminata caldamente dalla luce delle candele nel campo innevato.

Khemah itu bercahaya mesra dengan cahaya lilin di padang bersalji.

Buck entrò, pensando che lì avrebbe potuto riposare come prima.

Buck masuk ke dalam, memikirkan dia boleh berehat di sana seperti sebelum ini.

Ma Perrault e François gli urlarono contro e gli tirarono delle padelle.

Tetapi Perrault dan François menjerit kepadanya dan membaling kuali.

Sconvolto e confuso, Buck corse fuori nel freddo gelido.

Terkejut dan keliru, Buck berlari keluar ke dalam kesejukan yang membeku.

Un vento gelido gli pungeva la spalla ferita e gli congelava le zampe.

Angin pahit menyengat bahunya yang cedera dan membekukan kakinya.

Si sdraiò sulla neve e cercò di dormire all'aperto.

Dia berbaring di salji dan cuba tidur di tempat terbuka.

Ma il freddo lo costrinse presto a rialzarsi, tremando forte.

Tetapi kesejukan tidak lama kemudian memaksanya untuk bangun semula, menggigil teruk.

Vagò per l'accampamento, cercando di trovare un posto più caldo.

Dia bersiar-siar di kem, cuba mencari tempat yang lebih hangat.

Ma ogni angolo era freddo come quello precedente.

Tetapi setiap sudut adalah sama sejuk seperti yang sebelum ini.

A volte dei cani feroci gli saltavano addosso dall'oscurità.

Kadang-kadang anjing buas melompat ke arahnya dari kegelapan.

Buck drizzò il pelo, scoprì i denti e ringhiò in tono ammonitore.

Buck berbulu bulunya, menampakkan giginya, dan menggeram dengan amaran.

Lui stava imparando in fretta e gli altri cani si sono subito tirati indietro.

Dia belajar dengan cepat, dan anjing lain berundur dengan cepat.

Tuttavia, non aveva un posto dove dormire e non aveva idea di cosa fare.

Namun, dia tidak mempunyai tempat untuk tidur, dan tidak tahu apa yang perlu dilakukan.

Alla fine gli venne in mente un pensiero: andare a dare un'occhiata ai suoi compagni di squadra.

Akhirnya, terlintas di fikirannya—periksa rakan sepasukannya.

Ritornò nella loro zona e rimase sorpreso nel constatare che non c'erano più.

Dia kembali ke kawasan mereka dan terkejut apabila mendapati mereka sudah tiada.

Cercò di nuovo nell'accampamento, ma ancora non riuscì a trovarli.

Sekali lagi dia mencari kem itu, tetapi masih tidak menjumpai mereka.

Sapeva che loro non potevano stare nella tenda, altrimenti ci sarebbe stato anche lui.

Dia tahu mereka tidak boleh berada di dalam khemah, atau
dia akan turut.

**E allora, dove erano finiti tutti i cani in quell'accampamento
ghiacciato?**

Jadi ke mana perginya semua anjing di kem beku ini?

**Buck, infreddolito e infelice, girò lentamente intorno alla
tenda.**

Buck, sejuk dan sengsara, perlahan-lahan mengelilingi
khemah.

**All'improvviso, le sue zampe anteriori sprofondarono nella
neve soffice e lo spaventarono.**

Tiba-tiba, kaki depannya tenggelam ke dalam salji lembut dan
mengejutkannya.

**Qualcosa si mosse sotto i suoi piedi e lui fece un salto
indietro per la paura.**

Sesuatu menggeliat di bawah kakinya, dan dia melompat ke
belakang kerana ketakutan.

**Ringhiava e ringhiava, non sapendo cosa si nascondesse
sotto la neve.**

Dia menggeram dan menggeram, tidak tahu apa yang ada di
bawah salji.

Poi udì un piccolo abbaio amichevole che placò la sua paura.

Kemudian dia mendengar kulit kayu kecil yang mesra yang
meredakan ketakutannya.

Annusò l'aria e si avvicinò per vedere cosa fosse nascosto.

Dia menghidu udara dan mendekat untuk melihat apa yang
tersembunyi.

**Sotto la neve, rannicchiata in una calda palla, c'era la piccola
Billee.**

Di bawah salji, melengkung menjadi bola hangat, adalah Billee
kecil.

Billee scodinzolò e leccò il muso di Buck per salutarlo.

Billee mengibaskan ekornya dan menjilat muka Buck untuk
menyambutnya.

**Buck vide come Billee si era costruito un posto per dormire
nella neve.**

Buck melihat bagaimana Billee telah membuat tempat tidur di dalam salji.

Aveva scavato e sfruttato il suo calore per scaldarsi.

Dia telah menggali dan menggunakan habanya sendiri untuk kekal hangat.

Buck aveva imparato un'altra lezione: ecco come dormivano i cani.

Buck telah belajar satu lagi pelajaran—beginilah anjing-anjing itu tidur.

Scelse un posto e cominciò a scavare la sua buca nella neve.

Dia memilih tempat dan mula menggali lubang sendiri di salji.

All'inizio si muoveva troppo e sprecava energie.

Pada mulanya, dia terlalu banyak bergerak dan membuang tenaga.

Ma ben presto il suo corpo riscaldò lo spazio e si sentì al sicuro.

Tetapi tidak lama kemudian badannya menghangatkan ruang, dan dia berasa selamat.

Si rannicchiò forte e poco dopo si addormentò profondamente.

Dia meringkuk rapat, dan tidak lama kemudian dia tertidur.

La giornata era stata lunga e dura e Buck era esausto.

Hari yang panjang dan sukar, dan Buck telah letih.

Dormì profondamente e comodamente, anche se fece sogni selvaggi.

Dia tidur dengan nyenyak dan selesa, walaupun mimpinya liar.

Ringhiava e abbaiava nel sonno, contorcendosi mentre sognava.

Dia menggeram dan menyalak dalam tidurnya, berpusing sambil bermimpi.

Buck non si svegliò finché l'accampamento non cominciò a prendere vita.

Buck tidak bangun sehingga kem itu sudah mula hidup.

All'inizio non sapeva dove si trovasse o cosa fosse successo.

Pada mulanya, dia tidak tahu di mana dia berada atau apa yang telah berlaku.

La neve era caduta durante la notte e aveva seppellito completamente il suo corpo.

Salji telah turun semalaman dan membenamkan tubuhnya sepenuhnya.

La neve lo circondava, fitta su tutti i lati.

Salji menyelubunginya, ketat di semua sisi.

All'improvviso un'ondata di paura percorse tutto il corpo di Buck.

Tiba-tiba gelombang ketakutan menyerbu seluruh tubuh Buck.

Era la paura di rimanere intrappolati, una paura che proveniva da istinti profondi.

Ia adalah ketakutan untuk terperangkap, ketakutan dari naluri yang mendalam.

Sebbene non avesse mai visto una trappola, la paura era viva dentro di lui.

Walaupun dia tidak pernah melihat perangkap, ketakutan itu hidup dalam dirinya.

Era un cane addomesticato, ma ora i suoi vecchi istinti selvaggi si stavano risvegliando.

Dia adalah seekor anjing yang jinak, tetapi kini naluri liarnya yang lama terjaga.

I muscoli di Buck si irrigidirono e il pelo gli si rizzò su tutta la schiena.

Otot Buck menjadi tegang, dan bulunya berdiri di seluruh punggungnya.

Ringhiò furiosamente e balzò in piedi nella neve.

Dia menggeram dengan kuat dan melompat terus ke atas melalui salji.

La neve volava in ogni direzione mentre lui irrompeva nella luce del giorno.

Salji berterbangan ke setiap arah ketika dia mencecah cahaya matahari.

Ancora prima di atterrare, Buck vide l'accampamento disteso davanti a lui.

Malah sebelum mendarat, Buck melihat kem itu tersebar di hadapannya.

Ricordò tutto del giorno prima, tutto in una volta.

Dia mengingati segala-galanya dari hari sebelumnya, sekaligus.

Ricordava di aver passeggiato con Manuel e di essere finito in quel posto.

Dia teringat berjalan-jalan dengan Manuel dan berakhir di tempat ini.

Ricordava di aver scavato la buca e di essersi addormentato al freddo.

Dia ingat menggali lubang dan tertidur dalam kesejukan.

Ora era sveglio e il mondo selvaggio intorno a lui era limpido.

Sekarang dia terjaga, dan dunia liar di sekelilingnya jelas.

Un grido di François annunciò l'improvvisa apparizione di Buck.

Jeritan dari François memuji kemunculan Buck secara tiba-tiba.

"Cosa ho detto?" gridò a gran voce il conducente del cane a Perrault.

"Apa yang saya cakap?" pemandu anjing itu menangis dengan kuat kepada Perrault.

"Quel Buck impara sicuramente in fretta", ha aggiunto François.

"Buck itu pastinya belajar dengan pantas," tambah François.

Perrault annuì gravemente, visibilmente soddisfatto del risultato.

Perrault mengangguk serius, jelas gembira dengan hasilnya.

In qualità di corriere del governo canadese, trasportava dispacci.

Sebagai kurier untuk Kerajaan Kanada, dia membawa kiriman.

Era ansioso di trovare i cani migliori per la sua importante missione.

Dia tidak sabar-sabar untuk mencari anjing terbaik untuk misi pentingnya.

Ora si sentiva particolarmente contento che Buck facesse parte della squadra.

Dia berasa sangat gembira sekarang bahawa Buck adalah sebahagian daripada pasukan.

Nel giro di un'ora, alla squadra furono aggiunti altri tre husky.

Tiga lagi huskie telah ditambah kepada pasukan dalam masa sejam.

Ciò ha portato il numero totale dei cani della squadra a nove.

Itu menjadikan jumlah anjing dalam pasukan kepada sembilan.

Nel giro di quindici minuti tutti i cani erano imbracati.

Dalam masa lima belas minit semua anjing berada dalam abah-abah mereka.

La squadra di slitte stava risalendo il sentiero verso Dyea Cañon.

Pasukan kereta luncur sedang menghayun laluan ke arah Dyea Cañon.

Buck era contento di andarsene, anche se il lavoro che lo attendeva era duro.

Buck berasa gembira untuk pergi, walaupun kerja di hadapan adalah sukar.

Scoprì di non disprezzare particolarmente né il lavoro né il freddo.

Dia mendapati dia tidak begitu menghina buruh atau kesejukan.

Fu sorpreso dall'entusiasmo che pervadeva tutta la squadra.

Dia terkejut dengan keghairahan yang memenuhi seluruh pasukan.

Ancora più sorprendente fu il cambiamento avvenuto in Dave e Solleks.

Lebih memeranjatkan ialah perubahan yang berlaku pada Dave dan Solleks.

Questi due cani erano completamente diversi quando venivano imbrigliati.

Kedua-dua anjing ini sama sekali berbeza apabila mereka dimanfaatkan.

La loro passività e la loro disattenzione erano completamente scomparse.

Sikap pasif dan kurang prihatin mereka telah hilang sepenuhnya.

Erano attenti e attivi, desiderosi di svolgere bene il loro lavoro.

Mereka berjaga-jaga dan aktif, dan bersemangat untuk melakukan kerja mereka dengan baik.

Si irritavano ferocemente per qualsiasi cosa provocasse ritardi o confusione.

Mereka menjadi sangat jengkel pada apa-apa yang menyebabkan kelewatan atau kekeliruan.

Il duro lavoro sulle redini era il centro del loro intero essere.

Kerja keras di tampuk adalah pusat seluruh makhluk mereka.

Sembrava che l'unica cosa che gli piacesse davvero fosse tirare la slitta.

Menarik kereta luncur nampaknya satu-satunya perkara yang benar-benar mereka gemari.

Dave era in fondo al gruppo, il più vicino alla slitta.

Dave berada di belakang kumpulan itu, paling hampir dengan kereta luncur itu sendiri.

Buck fu messo davanti a Dave e Solleks superò Buck.

Buck diletakkan di hadapan Dave, dan Solleks mendahului Buck.

Il resto dei cani era disposto in fila indiana davanti a loro.

Anjing-anjing yang lain digantung di hadapan dalam satu fail.

La posizione di testa in prima linea era occupata da Spitz.

Kedudukan utama di hadapan diisi oleh Spitz.

Buck era stato messo tra Dave e Solleks per essere istruito.

Buck telah diletakkan di antara Dave dan Solleks untuk arahan.

Lui imparava in fretta e gli insegnanti erano risoluti e capaci.

Dia seorang yang cepat belajar, dan mereka adalah guru yang tegas dan berkebolehan.

Non permisero mai a Buck di restare a lungo nell'errore.

Mereka tidak pernah membenarkan Buck kekal dalam kesilapan lama.

Quando necessario, impartivano le lezioni con denti affilati.
Mereka mengajar pelajaran mereka dengan gigi yang tajam
apabila diperlukan.

Dave era giusto e dimostrava una saggezza pacata e seria.
Dave bersikap adil dan menunjukkan kebijaksanaan yang
tenang dan serius.

Non mordeva mai Buck senza una buona ragione.
Dia tidak pernah menggigit Buck tanpa alasan yang kukuh
untuk berbuat demikian.

**Ma non mancava mai di mordere quando Buck aveva
bisogno di essere corretto.**
Tetapi dia tidak pernah gagal untuk menggigit apabila Buck
memerlukan pembetulan.

**La frusta di François era sempre pronta e sosteneva la loro
autorità.**
Cambuk François sentiasa bersedia dan menyokong kuasa
mereka.

Buck scoprì presto che era meglio obbedire che reagire.
Buck tidak lama kemudian mendapati ia adalah lebih baik
untuk mematuhi daripada melawan.

**Una volta, durante un breve riposo, Buck rimase impigliato
nelle redini.**
Suatu ketika, semasa berehat sebentar, Buck tersangkut di
kekang.

Ritardò la partenza e confuse i movimenti della squadra.
Dia menangguhkan permulaan dan mengelirukan pergerakan
pasukan.

**Dave e Solleks si avventarono su di lui e lo picchiarono
duramente.**
Dave dan Solleks terbang ke arahnya dan memukulnya
dengan kasar.

**La situazione peggiorò ulteriormente, ma Buck imparò bene
la lezione.**
Kekusutan semakin teruk, tetapi Buck belajar pelajarannya
dengan baik.

**Da quel momento in poi tenne le redini tese e lavorò con
attenzione.**

Sejak itu, dia mengekalkan tali kekang, dan bekerja dengan berhati-hati.

Prima che la giornata finisse, Buck aveva portato a termine gran parte del suo compito.

Sebelum hari itu berakhir, Buck telah menguasai banyak tugasnya.

I suoi compagni di squadra quasi smisero di correggerlo o di morderlo.

Rakan sepasukannya hampir berhenti membetulkan atau menggigitnya.

La frusta di François schioccava nell'aria sempre meno spesso.

Pukulan François semakin jarang retak di udara.

Perrault sollevò addirittura i piedi di Buck ed esaminò attentamente ogni zampa.

Perrault juga mengangkat kaki Buck dan memeriksa setiap cakar dengan teliti.

Era stata una giornata di corsa dura, lunga ed estenuante per tutti loro.

Ia adalah larian hari yang sukar, panjang dan meletihkan bagi mereka semua.

Risalirono il Cañon, attraversarono Sheep Camp e superarono le Scales.

Mereka mengembara ke atas Cañon, melalui Kem Biri-biri, dan melepasi Scales.

Superarono il limite della vegetazione arborea, poi ghiacciai e cumuli di neve alti diversi metri.

Mereka melintasi garisan kayu, kemudian glasier dan hanyut salji sedalam beberapa kaki.

Scalarono il grande e freddo Chilkoot Divide.

Mereka mendaki sejuk yang hebat dan melarang Chilkoot Divide.

Quella cresta elevata si ergeva tra l'acqua salata e l'interno ghiacciato.

Permatang tinggi itu berdiri di antara air masin dan pedalaman beku.

Le montagne custodivano il triste e solitario Nord con ghiaccio e ripide salite.

Pergunungan menjaga Utara yang sedih dan sunyi dengan ais dan pendakian yang curam.

Scesero rapidamente lungo una lunga catena di laghi sotto la dorsale.

Mereka membuat masa yang baik menyusuri rantaian tasik yang panjang di bawah jurang.

Questi laghi riempivano gli antichi crateri di vulcani spenti.

Tasik tersebut memenuhi kawah purba gunung berapi yang telah pupus.

Quella notte tardi raggiunsero un grande accampamento presso il lago Bennett.

Lewat malam itu, mereka tiba di sebuah kem besar di Tasik Bennett.

Migliaia di cercatori d'oro erano lì, intenti a costruire barche per la primavera.

Beribu-ribu pencari emas berada di sana, membina bot untuk musim bunga.

Il ghiaccio si sarebbe presto rotto e dovevano essere pronti.

Ais akan pecah tidak lama lagi, dan mereka perlu bersedia.

Buck scavò la sua buca nella neve e cadde in un sonno profondo.

Buck menggali lubangnya di salji dan tertidur dengan nyenyak.

Dormiva come un lavoratore, esausto dopo una dura giornata di lavoro.

Dia tidur seperti orang yang bekerja, keletihan dari hari kerja yang keras.

Ma venne strappato al sonno troppo presto, nell'oscurità.

Tetapi terlalu awal dalam kegelapan, dia diseret dari tidur.

Fu nuovamente imbrigliato insieme ai suoi compagni e attaccato alla slitta.

Dia diikat dengan rakan-rakannya sekali lagi dan diikat pada kereta luncur.

Quel giorno percorsero quaranta miglia, perché la neve era ben calpestata.

Pada hari itu mereka berjalan sejauh empat puluh batu, kerana salji telah dipijak dengan baik.

Il giorno dopo, e per molti giorni a seguire, la neve era soffice.

Keesokan harinya, dan selama beberapa hari selepas itu, salji lembut.

Dovettero farsi strada da soli, lavorando di più e muovendosi più lentamente.

Mereka terpaksa membuat jalan itu sendiri, bekerja lebih keras dan bergerak lebih perlahan.

Di solito, Perrault camminava davanti alla squadra con le ciaspole palmate.

Biasanya, Perrault berjalan mendahului pasukan dengan kasut salji berselaput.

I suoi passi compattavano la neve, facilitando lo spostamento della slitta.

Langkahnya memenuhi salji, memudahkan kereta luncur itu bergerak.

François, che era al timone della barca a vela, a volte prendeva il comando.

François, yang mengemudi dari tiang gee, kadang-kadang mengambil alih.

Ma era raro che François prendesse l'iniziativa

Tetapi jarang sekali François mendahului

perché Perrault aveva fretta di consegnare le lettere e i pacchi.

kerana Perrault tergesa-gesa menghantar surat dan bungkusan.

Perrault era orgoglioso della sua conoscenza della neve, e in particolare del ghiaccio.

Perrault berbangga dengan pengetahuannya tentang salji, dan terutamanya ais.

Questa conoscenza era essenziale perché il ghiaccio autunnale era pericolosamente sottile.

Pengetahuan itu penting, kerana ais musim gugur sangat nipis.

Dove l'acqua scorreva rapidamente sotto la superficie non c'era affatto ghiaccio.
Di mana air mengalir deras di bawah permukaan, tiada ais langsung.

Giorno dopo giorno, la stessa routine si ripeteva senza fine.
Hari demi hari, rutin yang sama berulang tanpa kesudahan.
Buck lavorava senza sosta con le redini, dall'alba alla sera.
Buck bekerja keras tanpa henti di tampuk dari subuh hingga malam.
Lasciarono l'accampamento al buio, molto prima che sorgesse il sole.
Mereka meninggalkan perkhemahan dalam kegelapan, jauh sebelum matahari terbit.
Quando spuntò l'alba, avevano già percorso molti chilometri.
Pada waktu siang tiba, banyak batu sudah berada di belakang mereka.
Si accamparono dopo il tramonto, mangiando pesce e scavando buche nella neve.
Mereka berkhemah selepas gelap, makan ikan dan menggali salji.
Buck era sempre affamato e non era mai veramente soddisfatto della sua razione.
Buck sentiasa lapar dan tidak pernah benar-benar puas dengan catuannya.
Riceveva ogni giorno mezzo chilo di salmone essiccato.
Dia menerima setengah paun salmon kering setiap hari.
Ma il cibo sembrò svanire dentro di lui, lasciandogli solo la fame.
Tetapi makanan itu seolah-olah lenyap di dalam dirinya, meninggalkan rasa lapar.
Soffriva di continui morsi della fame e sognava di avere più cibo.
Dia mengalami rasa lapar yang berterusan, dan mengimpikan lebih banyak makanan.

Gli altri cani hanno ricevuto solo mezzo chilo di cibo, ma sono rimasti forti.

Anjing-anjing lain hanya mendapat satu paun makanan, tetapi mereka tetap kuat.

Erano più piccoli ed erano nati in una società nordica.

Mereka lebih kecil, dan telah dilahirkan dalam kehidupan utara.

Perse rapidamente la pignoleria che aveva caratterizzato la sua vecchia vita.

Dia dengan cepat kehilangan ketekunan yang telah menandakan kehidupan lamanya.

Fino a quel momento era stato un mangiatore prelibato, ma ora non gli era più possibile.

Dia adalah seorang pemakan manis, tetapi sekarang itu tidak lagi mungkin.

I suoi compagni arrivarono primi e gli rubarono la razione rimasta.

Rakan-rakannya selesai dahulu dan merampas makanannya yang belum selesai.

Una volta cominciati, non c'era più modo di difendere il cibo da loro.

Sebaik sahaja mereka mula tidak ada cara untuk mempertahankan makanannya daripada mereka.

Mentre lui lottava contro due o tre cani, gli altri rubarono il resto.

Semasa dia melawan dua atau tiga anjing, yang lain mencuri yang lain.

Per risolvere il problema, cominciò a mangiare velocemente come mangiavano gli altri.

Untuk membetulkannya, dia mula makan secepat yang lain makan.

La fame lo spingeva così forte che arrivò persino a prendere del cibo non suo.

Kelaparan mendorongnya dengan kuat sehingga dia mengambil makanan yang bukan miliknya.

Osservò gli altri e imparò rapidamente dalle loro azioni.

Dia memerhati yang lain dan belajar dengan cepat daripada tindakan mereka.

Vide Pike, un nuovo cane, rubare una fetta di pancetta a Perrault.

Dia melihat Pike, seekor anjing baru, mencuri sepotong daging dari Perrault.

Pike aveva aspettato che Perrault gli voltasse le spalle per rubare la pagnotta.

Pike telah menunggu sehingga punggung Perrault dipusingkan untuk mencuri daging.

Il giorno dopo, Buck copiò Pike e rubò l'intero pezzo.

Keesokan harinya, Buck menyalin Pike dan mencuri keseluruhan bahagian.

Seguì un gran tumulto, ma Buck non fu sospettato.

Kegemparan hebat diikuti, tetapi Buck tidak disyaki.

Al suo posto venne punito Dub, un cane goffo che veniva sempre beccato.

Dub, anjing kekok yang selalu ditangkap, sebaliknya dihukum.

Quel primo furto fece di Buck un cane adatto a sopravvivere al Nord.

Kecurian pertama itu menandakan Buck sebagai anjing yang sesuai untuk bertahan di Utara.

Ha dimostrato di sapersi adattare alle nuove condizioni e di saper imparare rapidamente.

Dia menunjukkan dia boleh menyesuaikan diri dengan keadaan baru dan belajar dengan cepat.

Senza tale adattabilità, sarebbe morto rapidamente e gravemente.

Tanpa kebolehsuaian sedemikian, dia akan mati dengan pantas dan teruk.

Segnò anche il crollo della sua natura morale e dei suoi valori passati.

Ia juga menandakan kerosakan sifat moral dan nilai masa lalunya.

Nel Southland aveva vissuto secondo la legge dell'amore e della gentilezza.

Di Southland, dia telah hidup di bawah undang-undang cinta dan kebaikan.

Lì aveva senso rispettare la proprietà e i sentimenti degli altri cani.

Di sana masuk akal untuk menghormati harta benda dan perasaan anjing lain.

Ma i Northland seguivano la legge del bastone e la legge della zanna.

Tetapi Northland mengikut undang-undang kelab dan undang-undang taring.

Chiunque rispettasse i vecchi valori era uno sciocco e avrebbe fallito.

Sesiapa yang menghormati nilai lama di sini adalah bodoh dan akan gagal.

Buck non rifletté su tutto questo nella sua mente.

Buck tidak memikirkan semua ini dalam fikirannya.

Era in forma e quindi si adattò senza pensarci due volte.

Dia cergas, jadi dia menyesuaikan diri tanpa perlu berfikir.

In tutta la sua vita non era mai fuggito da una rissa.

Sepanjang hidupnya, dia tidak pernah lari dari pergaduhan.

Ma la mazza di legno dell'uomo con il maglione rosso cambiò la regola.

Tetapi kayu kayu lelaki berbaju sweater merah itu mengubah peraturan itu.

Ora seguiva un codice più profondo e antico, inscritto nel suo essere.

Kini dia mengikuti kod yang lebih dalam dan lebih lama yang ditulis ke dalam dirinya.

Non rubava per piacere, ma per il dolore della fame.

Dia tidak mencuri kerana keseronokan, tetapi dari kesakitan kelaparan.

Non rubava mai apertamente, ma rubava con astuzia e attenzione.

Dia tidak pernah merompak secara terbuka, tetapi mencuri dengan licik dan berhati-hati.

Agì per rispetto verso la clava di legno e per paura delle zanne.

Dia bertindak kerana menghormati kayu kayu dan takut kepada taring.

In breve, ha fatto ciò che era più facile e sicuro che non farlo.

Pendek kata, dia melakukan apa yang lebih mudah dan lebih selamat daripada tidak melakukannya.

Il suo sviluppo, o forse il suo ritorno ai vecchi istinti, fu rapido.

Perkembangannya-atau mungkin kembalinya kepada naluri lama-cepat.

I suoi muscoli si indurirono fino a diventare forti come il ferro.

Ototnya mengeras sehingga terasa sekuat besi.

Non gli importava più del dolore, a meno che non fosse grave.

Dia tidak lagi mempedulikan kesakitan, melainkan ia serius.

Divenne efficiente dentro e fuori, senza sprecare nulla.

Dia menjadi cekap luar dan dalam, tidak membazir langsung.

Poteva mangiare cose disgustose, marce o difficili da digerire.

Dia boleh makan benda yang keji, busuk, atau sukar dihadam.

Qualunque cosa mangiasse, il suo stomaco ne sfruttava ogni singolo pezzetto di valore.

Apa sahaja yang dia makan, perutnya menggunakan setiap nilai terakhir.

Il suo sangue trasportava i nutrienti in tutto il suo potente corpo.

Darahnya membawa nutrien jauh melalui tubuhnya yang kuat.

Ciò gli ha permesso di sviluppare tessuti forti che gli hanno conferito un'incredibile resistenza.

Ini membina tisu yang kuat yang memberikannya ketahanan yang luar biasa.

La sua vista e il suo olfatto diventarono molto più sensibili di prima.

Penglihatan dan baunya menjadi lebih sensitif daripada sebelumnya.

Il suo udito diventò così acuto che riusciva a percepire anche i suoni più deboli durante il sonno.

Pendengarannya semakin tajam sehingga dapat mengesan bunyi samar dalam tidur.

Nei sogni sapeva se quei suoni significavano sicurezza o pericolo.

Dia tahu dalam mimpinya sama ada bunyi itu bermaksud keselamatan atau bahaya.

Imparò a mordere con i denti il ghiaccio tra le dita dei piedi.

Dia belajar menggigit ais di antara jari kakinya dengan giginya.

Se una pozza d'acqua si ghiacciava, lui rompeva il ghiaccio con le gambe.

Jika lubang air membeku, dia akan memecahkan ais dengan kakinya.

Si impennò e colpì duramente il ghiaccio con gli arti anteriori rigidi.

Dia bangun dan memukul ais dengan kuat dengan anggota hadapan yang kaku.

La sua abilità più sorprendente era quella di prevedere i cambiamenti del vento durante la notte.

Keupayaannya yang paling menarik ialah meramalkan perubahan angin dalam sekelip mata.

Anche quando l'aria era immobile, sceglieva luoghi riparati dal vento.

Walaupun udara sunyi, dia memilih tempat yang terlindung dari angin.

Ovunque scavasse il nido, il vento del giorno dopo lo superava.

Di mana sahaja dia menggali sarangnya, angin keesokan harinya melewatinya.

Alla fine si ritrovava sempre al sicuro e protetto, al riparo dal vento.

Dia sentiasa selesa dan dilindungi, ke angin sepoi-sepoi.

Buck non solo imparò dall'esperienza: anche il suo istinto tornò.

Buck bukan sahaja belajar melalui pengalaman—nalurinya
juga kembali.

**Le abitudini delle generazioni addomesticate cominciarono
a scomparire.**

Tabiat generasi yang dijinakkan mula hilang.

Ricordava vagamente i tempi antichi della sua razza.

Dengan cara yang tidak jelas, dia teringat zaman purba
bakanya.

**Ripensò a quando i cani selvatici correvano in branco nelle
foreste.**

Dia teringat kembali apabila anjing liar berlari beramai-ramai
melalui hutan.

**Avevano inseguito e ucciso la loro preda mentre la
inseguivano.**

Mereka telah mengejar dan membunuh mangsa mereka
sambil berlari ke bawah.

Per Buck fu facile imparare a combattere con forza e velocità.

Mudah untuk Buck belajar cara bertarung dengan gigi dan
laju.

Come i suoi antenati, usava tagli, squarci e schiocchi rapidi.

Dia menggunakan luka, tebasan dan sentakan cepat seperti
nenek moyangnya.

**Quegli antenati si risvegliarono in lui e risvegliarono la sua
natura selvaggia.**

Nenek moyang itu bergerak dalam dirinya dan
membangunkan sifat liarnya.

**Le loro vecchie abilità gli erano state trasmesse attraverso la
linea di sangue.**

Kemahiran lama mereka telah diturunkan kepadanya melalui
garis keturunan.

**Ora i loro trucchi erano suoi, senza bisogno di pratica o
sforzo.**

Helah mereka adalah miliknya sekarang, tanpa perlu latihan
atau usaha.

**Nelle notti fredde e tranquille, Buck sollevava il naso e
ululò.**

Pada malam yang sejuk, Buck mengangkat hidungnya dan melolong.

Ululò a lungo e profondamente, come facevano i lupi tanto tempo fa.

Dia melolong panjang dan dalam, seperti yang dilakukan serigala dahulu.

Attraverso di lui, i suoi antenati defunti puntarono il naso e ulularono.

Melalui dia, nenek moyangnya yang sudah mati menunjukkan hidung mereka dan melolong.

Hanno ululato attraverso i secoli con la sua voce e la sua forma.

Mereka melolong selama berabad-abad dalam suara dan bentuknya.

Le sue cadenze erano le loro, vecchi gridi che parlavano di dolore e di freddo.

Iramanya adalah milik mereka, tangisan lama yang menceritakan tentang kesedihan dan kesejukan.

Cantavano dell'oscurità, della fame e del significato dell'inverno.

Mereka menyanyikan tentang kegelapan, kelaparan, dan makna musim sejuk.

Buck ha dimostrato come la vita sia plasmata da forze che vanno oltre noi stessi,

Buck membuktikan bagaimana kehidupan dibentuk oleh kuasa di luar diri sendiri,

l'antico canto risuonò nelle vene di Buck e si impadronì della sua anima.

lagu purba naik melalui Buck dan memegang jiwanya.

Ritrovò se stesso perché gli uomini avevano trovato l'oro nel Nord.

Dia mendapati dirinya kerana lelaki telah menemui emas di Utara.

E lo trovò perché Manuel, l'aiutante giardiniere, aveva bisogno di soldi.

Dan dia mendapati dirinya kerana Manuel, pembantu tukang kebun, memerlukan wang.

La Bestia Primordiale Dominante
Binatang Primordial yang Dominan

La bestia primordiale dominante era più forte che mai in Buck.
Binatang purba yang dominan adalah sekuat biasa di Buck.
Ma la bestia primordiale dominante era rimasta dormiente in lui.
Tetapi binatang primordial yang dominan telah tertidur dalam dirinya.
La vita sui sentieri era dura, ma rafforzava la bestia che era in Buck.
Kehidupan jejak adalah keras, tetapi ia menguatkan binatang di dalam Buck.
Segretamente la bestia diventava sempre più forte ogni giorno.
Diam-diam binatang itu bertambah kuat dan lebih kuat setiap hari.
Ma quella crescita interiore è rimasta nascosta al mondo esterno.
Tetapi pertumbuhan dalaman itu tetap tersembunyi kepada dunia luar.
Una forza primordiale calma e silenziosa si stava formando dentro Buck.
Satu kuasa primordial yang tenang dan tenang sedang membina di dalam Buck.
Una nuova astuzia diede a Buck equilibrio, calma e compostezza.
Kelicikan baru memberikan Buck keseimbangan, kawalan tenang, dan ketenangan.
Buck si concentrò molto sull'adattamento, senza mai sentirsi completamente rilassato.
Buck memberi tumpuan keras untuk menyesuaikan diri, tidak pernah berasa tenang sepenuhnya.
Evitava i conflitti, non iniziava mai litigi e non cercava mai guai.

Dia mengelakkan konflik, tidak pernah memulakan pergaduhan, atau mencari masalah.

Ogni mossa di Buck era scandita da una riflessione lenta e costante.

Perhatian yang perlahan dan mantap membentuk setiap pergerakan Buck.

Evitava scelte avventate e decisioni improvvise e sconsiderate.

Dia mengelakkan pilihan yang terburu-buru dan keputusan yang tiba-tiba dan melulu.

Sebbene Buck odiasse profondamente Spitz, non gli mostrò alcuna aggressività.

Walaupun Buck sangat membenci Spitz, dia tidak menunjukkan pencerobohan kepadanya.

Buck non provocò mai Spitz e mantenne le sue azioni moderate.

Buck tidak pernah memprovokasi Spitz, dan mengekalkan tindakannya dihalang.

Spitz, d'altro canto, percepì il pericolo crescente in Buck.

Spitz, sebaliknya, merasakan bahaya yang semakin meningkat dalam Buck.

Vedeva Buck come una minaccia e una seria sfida al suo potere.

Dia melihat Buck sebagai ancaman dan cabaran serius terhadap kuasanya.

Coglieva ogni occasione per ringhiare e mostrare i suoi denti aguzzi.

Dia menggunakan setiap peluang untuk menggerutu dan menunjukkan giginya yang tajam.

Stava cercando di dare inizio allo scontro mortale che sarebbe dovuto avvenire.

Dia cuba memulakan pergaduhan maut yang akan datang.

All'inizio del viaggio, tra loro scoppiò quasi una lite.

Pada awal perjalanan, pergaduhan hampir tercetus antara mereka.

Ma un incidente inaspettato impedì che il combattimento avesse luogo.

Tetapi kemalangan yang tidak dijangka menghalang pergaduhan daripada berlaku.

Quella sera si accamparono sul gelido lago Le Barge.

Petang itu mereka berkhemah di Tasik Le Barge yang sangat sejuk.

La neve cadeva fitta e il vento era tagliente come una lama.

Salji turun dengan kuat, dan angin memotong seperti pisau.

La notte era scesa troppo in fretta e l'oscurità li aveva avvolti.

Malam telah datang terlalu cepat, dan kegelapan mengelilingi mereka.

Difficilmente avrebbero potuto scegliere un posto peggiore per riposare.

Mereka hampir tidak boleh memilih tempat yang lebih buruk untuk berehat.

I cani cercavano disperatamente un posto dove sdraiarsi.

Anjing-anjing itu mencari-cari tempat untuk berbaring.

Dietro il piccolo gruppo si ergeva un'alta parete rocciosa.

Tembok batu tinggi naik curam di belakang kumpulan kecil itu.

Per alleggerire il carico, la tenda era stata lasciata a Dyea.

Khemah telah ditinggalkan di Dyea untuk meringankan beban.

Non avevano altra scelta che accendere il fuoco direttamente sul ghiaccio.

Mereka tiada pilihan selain membuat api di atas ais itu sendiri.

Stendevano i loro accappatoi direttamente sul lago ghiacciato.

Mereka membentangkan jubah tidur mereka terus di atas tasik beku.

Qualche pezzo di legno galleggiante dava loro un po' di fuoco.

Beberapa batang kayu hanyut memberi mereka sedikit api.

Ma il fuoco è stato acceso sul ghiaccio e attraverso di esso si è scongelato.

Tetapi api itu dibina di atas ais, dan dicairkan melaluinya.

Alla fine cenarono al buio.

Akhirnya mereka makan malam dalam kegelapan.

Buck si rannicchiò accanto alla roccia, al riparo dal vento freddo.

Buck meringkuk di sebelah batu, terlindung dari angin sejuk.

Il posto era così caldo e sicuro che Buck non voleva andarsene.

Tempat itu begitu hangat dan selamat sehinggakan Buck tidak suka berpindah.

Ma François aveva scaldato il pesce e stava distribuendo le razioni.

Tetapi François telah memanaskan ikan dan sedang mengedarkan makanan.

Buck finì di mangiare in fretta e tornò a letto.

Buck selesai makan dengan cepat, dan kembali ke katilnya.

Ma Spitz ora giaceva dove Buck aveva preparato il suo letto.

Tetapi Spitz kini berbaring di mana Buck telah mengemas katilnya.

Un ringhio basso avvertì Buck che Spitz si rifiutava di muoversi.

Tengkingan rendah memberi amaran kepada Buck bahawa Spitz enggan bergerak.

Finora Buck aveva evitato lo scontro con Spitz.

Sehingga kini, Buck telah mengelak pergaduhan dengan Spitz ini.

Ma nel profondo di Buck la bestia alla fine si liberò.

Tetapi jauh di dalam Buck binatang itu akhirnya terlepas.

Il furto del suo posto letto era troppo da tollerare.

Kecurian tempat tidurnya terlalu banyak untuk diterima.

Buck si lanciò contro Spitz, pieno di rabbia e furore.

Buck melancarkan dirinya di Spitz, penuh kemarahan dan kemarahan.

Fino a quel momento Spitz aveva pensato che Buck fosse solo un grosso cane.

Sehingga tidak Spitz menyangka Buck hanyalah seekor anjing besar.

Non pensava che Buck fosse sopravvissuto grazie al suo spirito.

Dia tidak menyangka Buck telah terselamat melalui rohnya.
Si aspettava paura e codardia, non furia e vendetta.
Dia mengharapkan ketakutan dan pengecut, bukan kemarahan dan dendam.
François rimase a guardare mentre entrambi i cani schizzavano fuori dal nido in rovina.
François merenung apabila kedua-dua anjing itu keluar dari sarang yang musnah.
Capì subito cosa aveva scatenato quella violenta lotta.
Dia segera memahami apa yang telah memulakan perjuangan liar.
"Aa-ah!" gridò François in sostegno del cane marrone.
"Aa-ah!" François menjerit menyokong anjing coklat itu.
"Dategli una bella lezione! Per Dio, punite quel ladro furbo!"
"Beri dia pukul! Demi Tuhan, hukum pencuri licik itu!"
Spitz dimostrò altrettanta prontezza e fervore nel combattere.
Spitz menunjukkan kesediaan yang sama dan keinginan liar untuk bertarung.
Gridò di rabbia mentre girava velocemente in tondo, cercando un varco.
Dia menjerit marah sambil berputar laju, mencari celah.
Buck mostrò la stessa fame di combattere e la stessa cautela.
Buck menunjukkan rasa lapar yang sama untuk melawan, dan berhati-hati yang sama.
Anche lui girò intorno al suo avversario, cercando di avere la meglio nella battaglia.
Dia mengelilingi lawannya juga, cuba untuk mendapatkan kelebihan dalam pertempuran.
Poi accadde qualcosa di inaspettato e cambiò tutto.
Kemudian sesuatu yang tidak dijangka berlaku dan mengubah segala-galanya.
Quel momento ritardò l'eventuale lotta per la leadership.
Detik itu melambatkan perjuangan akhirnya untuk kepimpinan.
Ci sarebbero ancora molti chilometri di sentiero e di lotta da percorrere prima della fine.

Banyak batu jejak dan perjuangan masih menunggu sebelum akhirnya.

Perrault urlò un'imprecazione mentre una mazza colpiva l'osso.

Perrault menjerit sumpah apabila sebatang kayu terhantuk ke tulang.

Seguì un acuto grido di dolore, poi il caos esplose tutt'intorno.

Jeritan kesakitan diikuti, kemudian huru-hara meletup di sekeliling.

Forme scure si muovevano nell'accampamento: husky selvatici, affamati e feroci.

Bentuk gelap bergerak di kem; husky liar, kelaparan dan garang.

Quattro o cinque dozzine di husky avevano fiutato l'accampamento da molto lontano.

Empat atau lima dozen huskies telah menghidu kem dari jauh.

Si erano introdotti furtivamente mentre i due cani litigavano lì vicino.

Mereka telah merayap masuk secara senyap-senyap manakala kedua-dua anjing itu bergaduh berhampiran.

François e Perrault si lanciarono all'attacco, colpendo con i manganelli gli invasori.

François dan Perrault menyerang, menghayunkan kayu ke arah penceroboh.

Gli husky affamati mostrarono i denti e si dibatterono freneticamente.

Huskie yang kelaparan menunjukkan gigi dan melawan dalam kegilaan.

L'odore della carne e del pane li aveva fatti superare ogni paura.

Bau daging dan roti telah mendorong mereka melepasi semua ketakutan.

Perrault picchiò un cane che aveva nascosto la testa nella buca delle vivande.

Perrault mengalahkan seekor anjing yang telah membenamkan kepalanya di dalam kotak grub.

Il colpo fu violento e la scatola si ribaltò, facendo fuoriuscire il cibo.

Pukulan itu terkena dengan kuat, dan kotak itu terbalik, makanan tertumpah keluar.

Nel giro di pochi secondi, una ventina di bestie feroci si avventarono sul pane e sulla carne.

Dalam beberapa saat, sebilangan besar binatang liar mengoyak roti dan daging.

I bastoni degli uomini sferrarono un colpo dopo l'altro, ma nessun cane si allontanò.

Kelab lelaki mendarat pukulan demi pukulan, tetapi tiada anjing berpaling.

Urlavano di dolore, ma continuarono a lottare finché non rimase più cibo.

Mereka meraung kesakitan, tetapi bertempur sehingga tiada makanan yang tinggal.

Nel frattempo i cani da slitta erano saltati giù dalle loro culle innevate.

Sementara itu, anjing kereta luncur telah melompat dari katil bersalji mereka.

Furono immediatamente attaccati dai feroci e affamati husky.

Mereka serta-merta diserang oleh huskie lapar yang ganas.

Buck non aveva mai visto prima creature così selvagge e affamate.

Buck tidak pernah melihat makhluk liar dan kelaparan seperti itu sebelum ini.

La loro pelle pendeva flaccida, nascondendo a malapena lo scheletro.

Kulit mereka tergantung longgar, hampir tidak menyembunyikan rangka mereka.

C'era un fuoco nei loro occhi, per fame e follia

Terdapat api di mata mereka, kerana kelaparan dan kegilaan

Non c'era modo di fermarli, di resistere al loro assalto selvaggio.

Tidak ada yang menghalang mereka; tidak menahan tergesa-gesa ganas mereka.

I cani da slitta vennero spinti indietro e premuti contro la parete della scogliera.

Anjing kereta luncur ditolak ke belakang, ditekan ke dinding tebing.

Tre husky attaccarono Buck contemporaneamente, lacerandogli la carne.

Tiga ekor serak menyerang Buck sekaligus, mengoyakkan dagingnya.

Il sangue gli colava dalla testa e dalle spalle, dove era stato tagliato.

Darah mengalir dari kepala dan bahunya, di mana dia telah dipotong.

Il rumore riempì l'accampamento: ringhi, guaiti e grida di dolore.

Bunyi bising memenuhi kem; geram, jeritan, dan tangisan kesakitan.

Billee pianse forte, come al solito, presa dal panico e dalla mischia.

Billee menangis dengan kuat, seperti biasa, terperangkap dalam pergaduhan dan panik.

Dave e Solleks rimasero fianco a fianco, sanguinanti ma con aria di sfida.

Dave dan Solleks berdiri sebelah menyebelah, berdarah tetapi menentang.

Joe lottava come un demonio, mordendo tutto ciò che gli si avvicinava.

Joe bertarung seperti syaitan, menggigit apa sahaja yang dekat.

Con un violento schiocco di mascelle schiacciò la zampa di un husky.

Dia meremukkan kaki seekor husky dengan satu patah kejam rahangnya.

Pike saltò sull'husky ferito e gli ruppe il collo all'istante.

Pike melompat ke atas husky yang cedera dan mematahkan lehernya serta-merta.

Buck afferrò un husky per la gola e gli strappò la vena.
Buck menangkap serak di kerongkong dan merobek urat.

Il sangue schizzò e il sapore caldo mandò Buck in delirio.
Darah menyembur, dan rasa hangat mendorong Buck menjadi kegilaan.

Si lanciò contro un altro aggressore senza esitazione.
Dia melemparkan dirinya kepada penyerang lain tanpa teragak-agak.

Nello stesso momento, denti aguzzi si conficcarono nella gola di Buck.
Pada masa yang sama, gigi tajam digali ke dalam kerongkong Buck sendiri.

Spitz aveva colpito di lato, attaccando senza preavviso.
Spitz telah menyerang dari sisi, menyerang tanpa amaran.

Perrault e François avevano sconfitto i cani rubando il cibo.
Perrault dan François telah mengalahkan anjing yang mencuri makanan.

Ora si precipitarono ad aiutare i loro cani a respingere gii aggressori.
Kini mereka bergegas membantu anjing mereka melawan penyerang.

I cani affamati si ritirarono mentre gli uomini roteavano i loro manganelli.
Anjing-anjing yang kelaparan berundur ketika lelaki itu menghayunkan kayu mereka.

Buck riuscì a liberarsi dall'attacco, ma la fuga fu breve.
Buck melepaskan diri dari serangan, tetapi melarikan diri adalah singkat.

Gli uomini corsero a salvare i loro cani e gli husky tornarono ad attaccarli.
Lelaki itu berlari untuk menyelamatkan anjing mereka, dan huskies mengerumuni lagi.

Billee, spaventato e coraggioso, si lanciò nel branco di cani.
Billee, ketakutan menjadi berani, melompat ke dalam kumpulan anjing.

Ma poi fuggì attraverso il ghiaccio, in preda al terrore e al panico.

Tetapi kemudian dia melarikan diri melintasi ais, dalam ketakutan dan panik.

Pike e Dub li seguirono da vicino, correndo per salvarsi la vita.

Pike dan Dub mengikuti dari belakang, berlari menyelamatkan nyawa mereka.

Il resto della squadra si disperse e li inseguì.

Selebihnya pasukan pecah dan bertaburan, mengikuti mereka.

Buck raccolse le forze per correre, ma poi vide un lampo.

Buck mengumpul kekuatannya untuk berlari, tetapi kemudian melihat kilat.

Spitz si lanciò verso Buck, cercando di buttarlo a terra.

Spitz menerjang ke sisi Buck, cuba menjatuhkannya ke tanah.

Sotto quella banda di husky, Buck non avrebbe avuto scampo.

Di bawah gerombolan huskies itu, Buck tidak akan dapat melarikan diri.

Ma Buck rimase fermo e si preparò al colpo di Spitz.

Tetapi Buck berdiri teguh dan bersedia untuk tamparan daripada Spitz.

Poi si voltò e corse sul ghiaccio con la squadra in fuga.

Kemudian dia berpaling dan berlari keluar ke atas ais bersama pasukan yang melarikan diri.

Più tardi i nove cani da slitta si radunarono al riparo del bosco.

Kemudian, sembilan anjing kereta luncur itu berkumpul di tempat perlindungan hutan.

Nessuno li inseguiva più, ma erano malconci e feriti.

Tiada siapa yang mengejar mereka lagi, tetapi mereka dipukul dan cedera.

Ogni cane presentava delle ferite: quattro o cinque tagli profondi su ogni corpo.

Setiap anjing mempunyai luka; empat atau lima luka dalam pada setiap badan.

Dub aveva una zampa posteriore ferita e ora faceva fatica a camminare.

Dub mengalami kecederaan kaki belakang dan sukar untuk berjalan sekarang.

Dolly, l'ultimo cane arrivato da Dyea, aveva la gola tagliata.

Dolly, anjing terbaharu dari Dyea, mengalami kerongkong.

Joe aveva perso un occhio e l'orecchio di Billee era stato tagliato a pezzi

Joe telah kehilangan mata, dan telinga Billee dipotong

Tutti i cani piansero per il dolore e la sconfitta durante la notte.

Semua anjing menangis kesakitan dan kekalahan sepanjang malam.

All'alba tornarono lentamente all'accampamento, doloranti e distrutti.

Pada waktu subuh mereka merangkak kembali ke kem, sakit dan patah.

Gli husky erano scomparsi, ma il danno era fatto.

Huskies telah hilang, tetapi kerosakan telah dilakukan.

Perrault e François erano di pessimo umore e osservavano le rovine.

Perrault dan François berdiri dalam mood busuk di atas kehancuran itu.

Metà del cibo era sparito, rubato dai ladri affamati.

Separuh daripada makanan telah hilang, diragut oleh pencuri yang kelaparan.

Gli husky avevano strappato le corde e la tela della slitta.

Huskies telah terkoyak melalui ikatan kereta luncur dan kanvas.

Tutto ciò che aveva odore di cibo era stato divorato completamente.

Apa-apa sahaja yang berbau makanan telah dimakan sepenuhnya.

Mangiarono un paio di stivali da viaggio in pelle di alce di Perrault.

Mereka makan sepasang but perjalanan kulit rusa utara Perrault.

Hanno masticato le pelli e rovinato i cinturini rendendoli inutilizzabili.

Mereka mengunyah reis kulit dan tali yang rosak tidak dapat digunakan.

François smise di fissare la frusta strappata per controllare i cani.

François berhenti merenung sebatan yang terkoyak untuk memeriksa anjing-anjing itu.

«Ah, amici miei», disse con voce bassa e preoccupata.

"Ah, kawan-kawan saya," katanya, suaranya rendah dan penuh dengan kebimbangan.

"Forse tutti questi morsi vi trasformeranno in bestie pazze."

"Mungkin semua gigitan ini akan mengubah kamu menjadi binatang gila."

"Forse tutti cani rabbiosi, sacredam! Che ne pensi, Perrault?"

"Mungkin semua anjing gila, sacredam! Apa pendapat awak, Perrault?"

Perrault scosse la testa, con gli occhi scuri per la preoccupazione e la paura.

Perrault menggelengkan kepalanya, matanya gelap dengan kebimbangan dan ketakutan.

C'erano ancora quattrocento miglia tra loro e Dawson.

Empat ratus batu masih terletak di antara mereka dan Dawson.

La follia dei cani potrebbe ormai distruggere ogni possibilità di sopravvivenza.

Kegilaan anjing kini boleh memusnahkan sebarang peluang untuk terus hidup.

Hanno passato due ore a imprecare e a cercare di riparare l'attrezzatura.

Mereka menghabiskan dua jam bersumpah dan cuba membetulkan gear.

La squadra ferita alla fine lasciò l'accampamento, distrutta e sconfitta.

Pasukan yang cedera akhirnya meninggalkan kem, rosak dan kalah.

Questo è stato il sentiero più duro finora e ogni passo è stato doloroso.

Ini adalah laluan yang paling sukar, dan setiap langkah adalah menyakitkan.

Il fiume Thirty Mile non era ghiacciato e scorreva impetuoso.

Sungai Thirty Mile tidak membeku, dan mengalir deras.

Soltanto nei punti calmi e nei vortici il ghiaccio riusciva a resistere.

Hanya di tempat yang tenang dan pusaran yang berpusar barulah ais berjaya ditahan.

Trascorsero sei giorni di duro lavoro per percorrere le trenta miglia.

Enam hari kerja keras berlalu sehingga tiga puluh batu selesai.

Ogni miglio del sentiero porta con sé pericoli e minacce di morte.

Setiap batu dari laluan itu membawa bahaya dan ancaman kematian.

Uomini e cani rischiavano la vita a ogni passo doloroso.

Lelaki dan anjing itu mempertaruhkan nyawa mereka dengan setiap langkah yang menyakitkan.

Perrault riuscì a superare i sottili ponti di ghiaccio una dozzina di volte.

Perrault menerobos jambatan ais nipis beberapa kali berbeza.

Prese un palo e lo lasciò cadere nel buco creato dal suo corpo.

Dia memikul sebatang tiang dan membiarkannya jatuh di atas lubang yang dibuat badannya.

Quel palo salvò Perrault più di una volta dall'annegamento.

Lebih daripada sekali tiang itu menyelamatkan Perrault daripada lemas.

L'ondata di freddo persisteva, la temperatura era di cinquanta gradi sotto zero.

Rasa sejuk itu dipegang teguh, udara lima puluh darjah di bawah sifar.

Ogni volta che cadeva, Perrault era costretto ad accendere un fuoco per sopravvivere.

Setiap kali dia terjatuh, Perrault terpaksa menyalakan api untuk terus hidup.

Gli abiti bagnati si congelavano rapidamente, perciò li faceva asciugare vicino al calore cocente.

Pakaian basah membeku dengan cepat, jadi dia mengeringkannya berhampiran panas terik.

Perrault non provava mai paura, e questo faceva di lui un corriere.

Tiada rasa takut pernah menyentuh Perrault, dan itu menjadikannya seorang kurier.

Fu scelto per affrontare il pericolo e lo affrontò con silenziosa determinazione.

Dia dipilih untuk bahaya, dan dia menghadapinya dengan tekad yang tenang.

Si spinse in avanti controvento, con il viso raggrinzito e congelato.

Dia menekan ke hadapan ke arah angin, mukanya yang keriput beku.

Perrault li guidò in avanti dall'alba al tramonto.

Dari subuh yang redup hingga malam, Perrault membawa mereka ke hadapan.

Camminava sul ghiaccio sottile che scricchiolava a ogni passo.

Dia berjalan di atas ais sempit yang retak setiap langkah.

Non osavano fermarsi: ogni pausa rischiava di provocare un crollo mortale.

Mereka tidak berani berhenti-setiap jeda berisiko mengalami keruntuhan maut.

Una volta la slitta si ruppe, trascinando dentro Dave e Buck.

Suatu ketika kereta luncur itu menceroboh, menarik Dave dan Buck masuk.

Quando furono liberati, entrambi erano quasi congelati.

Pada masa mereka diseret bebas, kedua-duanya hampir beku.

Gli uomini accesero rapidamente un fuoco per salvare Buck e Dave.

Lelaki itu membakar api dengan cepat untuk memastikan Buck dan Dave terus hidup.

I cani erano ricoperti di ghiaccio dal naso alla coda, rigidi come legno intagliato.

Anjing-anjing itu disalut dengan ais dari hidung ke ekor, kaku seperti kayu berukir.

Gli uomini li fecero correre in cerchio vicino al fuoco per scongelarne i corpi.

Lelaki itu berlari mereka dalam bulatan berhampiran api untuk mencairkan badan mereka.

Si avvicinarono così tanto alle fiamme che la loro pelliccia rimase bruciacchiata.

Mereka datang begitu dekat dengan api sehingga bulu mereka hangus.

Spitz ruppe poi il ghiaccio, trascinando dietro di sé la squadra.

Spitz menerobos ais seterusnya, menyeret pasukan di belakangnya.

La frenata arrivava fino al punto in cui Buck stava tirando.

Masa rehat itu sampai ke tempat Buck menarik.

Buck si appoggiò bruscamente allo schienale, con le zampe che scivolavano e tremavano sul bordo.

Buck bersandar kuat, kaki tergelincir dan menggeletar di tepi.

Anche Dave si sforzò all'indietro, proprio dietro Buck sulla linea.

Dave juga tegang ke belakang, tepat di belakang Buck di barisan.

François tirava la slitta e i suoi muscoli scricchiolavano per lo sforzo.

François menarik kereta luncur, ototnya retak dengan usaha.

Un'altra volta, il ghiaccio del bordo si è crepato davanti e dietro la slitta.

Lain kali, rim ais retak sebelum dan belakang kereta luncur.

Non avevano altra via d'uscita se non quella di arrampicarsi su una parete ghiacciata.

Mereka tidak mempunyai jalan keluar kecuali memanjat dinding tebing beku.

In qualche modo Perrault riuscì a scalare il muro: un miracolo lo tenne in vita.

Perrault entah bagaimana memanjat dinding; satu keajaiban membuatkan dia hidup.

François rimase sottocoperta, pregando che gli capitasse la stessa fortuna.

François tinggal di bawah, berdoa untuk nasib yang sama.

Legarono ogni cinghia, legatura e tirante in un'unica lunga corda.

Mereka mengikat setiap tali, sebatan, dan kesan ke dalam satu tali panjang.

Gli uomini trascinarono i cani uno alla volta fino in cima.

Lelaki itu menarik setiap anjing ke atas, satu demi satu ke atas.

François salì per ultimo, dopo la slitta e tutto il carico.

François mendaki terakhir, selepas kereta luncur dan keseluruhan muatan.

Poi iniziò una lunga ricerca di un sentiero che scendesse dalle scogliere.

Kemudian bermula pencarian panjang untuk laluan turun dari tebing.

Alla fine scesero utilizzando la stessa corda che avevano costruito.

Mereka akhirnya turun menggunakan tali yang sama yang mereka buat.

Scese la notte mentre tornavano al letto del fiume, esausti e doloranti.

Malam tiba ketika mereka kembali ke dasar sungai, letih dan sakit.

Avevano impiegato un giorno intero per percorrere solo un quarto di miglio.

Mereka telah mengambil masa sehari penuh untuk menempuh hanya seperempat batu.

Quando giunsero all'Hootalinqua, Buck era sfinito.

Pada masa mereka sampai ke Hootalinqua, Buck sudah haus.

Anche gli altri cani soffrivano le stesse condizioni del sentiero.

Anjing-anjing lain menderita sama teruk akibat keadaan laluan.

Ma Perrault aveva bisogno di recuperare tempo e li spingeva avanti giorno dopo giorno.

Tetapi Perrault perlu memulihkan masa, dan menolaknya setiap hari.

Il primo giorno percorsero trenta miglia fino a Big Salmon.

Hari pertama mereka mengembara tiga puluh batu ke Big Salmon.

Il giorno dopo percorsero trentacinque miglia fino a Little Salmon.

Keesokan harinya mereka mengembara tiga puluh lima batu ke Little Salmon.

Il terzo giorno percorsero quaranta miglia ghiacciate.

Pada hari ketiga mereka menempuh empat puluh batu beku yang panjang.

A quel punto si stavano avvicinando all'insediamento di Five Fingers.

Ketika itu, mereka sedang menghampiri penempatan Five Fingers.

I piedi di Buck erano più morbidi di quelli duri degli husky autoctoni.

Kaki Buck lebih lembut daripada kaki keras huskies asli.

Le sue zampe erano diventate tenere nel corso di molte generazioni civilizzate.

Cakarnya telah menjadi lembut selama beberapa generasi bertamadun.

Molto tempo fa, i suoi antenati erano stati addomesticati dagli uomini del fiume o dai cacciatori.

Dahulu, nenek moyangnya telah dijinakkan oleh lelaki sungai atau pemburu.

Ogni giorno Buck zoppicava per il dolore, camminando con le zampe screpolate e doloranti.

Setiap hari Buck terkial-kial dalam kesakitan, berjalan di atas kaki yang mentah dan sakit.

Giunto all'accampamento, Buck cadde come un corpo senza vita sulla neve.

Di kem, Buck jatuh seperti bentuk tidak bermaya di atas salji.

Sebbene fosse affamato, Buck non si alzò per consumare il pasto serale.

Walaupun kelaparan, Buck tidak bangun untuk makan malamnya.

François portò la sua razione a Buck, mettendogli del pesce vicino al muso.

François membawa Buck makanannya, meletakkan ikan di dekat muncungnya.

Ogni notte l'autista massaggiava i piedi di Buck per mezz'ora.

Setiap malam pemandu itu menggosok kaki Buck selama setengah jam.

François arrivò persino a tagliare i suoi mocassini per farne delle calzature per cani.

Françoi juga memotong moccasinnya sendiri untuk membuat kasut anjing.

Quattro scarpe calde diedero a Buck un grande e gradito sollievo.

Empat kasut hangat memberi Buck kelegaan yang hebat dan dialu-alukan.

Una mattina François dimenticò le scarpe e Buck si rifiutò di alzarsi.

Suatu pagi, François terlupa kasut itu, dan Buck enggan bangun.

Buck giaceva sulla schiena, con i piedi in aria, e li agitava in modo pietoso.

Buck berbaring di belakangnya, kaki di udara, melambai-lambai dengan menyedihkan.

Persino Perrault sorrise alla vista dell'appello drammatico di Buck.

Malah Perrault tersengih melihat rayuan dramatik Buck.

Ben presto i piedi di Buck diventarono duri e le scarpe poterono essere tolte.

Tidak lama kemudian kaki Buck menjadi keras, dan kasut itu boleh dibuang.

A Pelly, durante il periodo in cui veniva imbrigliata, Dolly emise un ululato terribile.

Di Pelly, semasa masa abah-abah, Dolly mengeluarkan lolongan yang mengerikan.

Il grido era lungo e pieno di follia, e fece tremare tutti i cani.
Tangisan itu panjang dan penuh dengan kegilaan, menggegarkan setiap anjing.
Ogni cane si rizzava per la paura, senza capirne il motivo.
Setiap anjing berbulu ketakutan tanpa mengetahui sebabnya.
Dolly era impazzita e si era scagliata contro Buck.
Dolly telah menjadi gila dan melemparkan dirinya terus ke arah Buck.
Buck non aveva mai visto la follia, ma l'orrore gli riempì il cuore.
Buck tidak pernah melihat kegilaan, tetapi seram memenuhi hatinya.
Senza pensarci due volte, si voltò e fuggì in preda al panico più assoluto.
Tanpa berfikir panjang, dia berpaling dan melarikan diri dalam keadaan panik.
Dolly lo inseguì, con gli occhi selvaggi e la saliva che le colava dalle fauci.
Dolly mengejarnya, matanya liar, air liur berterbangan dari rahangnya.
Si tenne sempre dietro a Buck, senza mai guadagnare terreno e senza mai indietreggiare.
Dia terus berada di belakang Buck, tidak pernah mendapat dan tidak pernah mundur.
Buck corse attraverso i boschi, giù per l'isola, sul ghiaccio frastagliato.
Buck berlari melalui hutan, menyusuri pulau, melintasi ais bergerigi.
Attraversò un'isola, poi un'altra, per poi tornare indietro verso il fiume.
Dia menyeberang ke sebuah pulau, kemudian yang lain, berputar kembali ke sungai.
Dolly continuava a inseguirlo, ringhiando sempre più forte a ogni passo.
Dolly masih mengejarnya, geramnya dekat di belakang pada setiap langkah.

Buck poteva sentire il suo respiro e la sua rabbia, anche se non osava voltarsi indietro.

Buck boleh mendengar nafas dan kemarahannya, walaupun dia tidak berani menoleh ke belakang.

François gridò da lontano e Buck si voltò verso la voce.

François menjerit dari jauh, dan Buck menoleh ke arah suara itu.

Ancora senza fiato, Buck corse oltre, riponendo ogni speranza in François.

Masih tercungap-cungap, Buck berlari melepasi, meletakkan semua harapan pada François.

Il conducente del cane sollevò un'ascia e aspettò che Buck gli passasse accanto.

Pemandu anjing itu mengangkat kapak dan menunggu Buck terbang lalu.

L'ascia calò rapidamente e colpì la testa di Dolly con forza mortale.

Kapak itu turun dengan pantas dan menghentak kepala Dolly dengan kekuatan maut.

Buck crollò vicino alla slitta, ansimando e incapace di muoversi.

Buck rebah berhampiran kereta luncur, semput dan tidak dapat bergerak.

Quel momento diede a Spitz la possibilità di colpire un nemico esausto.

Detik itu memberi peluang kepada Spitz untuk menyerang musuh yang keletihan.

Morse Buck due volte, strappandogli la carne fino all'osso bianco.

Dua kali dia menggigit Buck, mengoyakkan daging hingga ke tulang putih.

La frusta di François schioccò, colpendo Spitz con tutta la sua forza, con furia.

Cambuk François retak, memukul Spitz dengan kekuatan penuh dan marah.

Buck guardò con gioia Spitz mentre riceveva il pestaggio più duro fino a quel momento.

Buck memerhati dengan gembira apabila Spitz menerima pukulan paling kerasnya.

«È un diavolo, quello Spitz», borbottò Perrault tra sé e sé.

"Dia syaitan, Spitz itu," gumam Perrault dalam hati.

"Un giorno o l'altro, quel cane maledetto ucciderà Buck, lo giuro."

"Suatu hari nanti, anjing terkutuk itu akan membunuh Buck-saya bersumpah."

«Quel Buck ha due diavoli dentro di sé», rispose François annuendo.

"Buck itu mempunyai dua syaitan dalam dirinya," jawab François sambil mengangguk.

"Quando osservo Buck, so che dentro di lui si cela qualcosa di feroce."

"Apabila saya menonton Buck, saya tahu sesuatu yang sengit menantinya."

"Un giorno, si infurierà come il fuoco e farà a pezzi Spitz."

"Suatu hari nanti, dia akan marah seperti api dan mengoyakkan Spitz."

"Masticherà quel cane e lo sputerà sulla neve ghiacciata."

"Dia akan mengunyah anjing itu dan meludahkannya pada salji beku."

"Certo, lo so fin nel profondo."

"Sebenarnya, saya tahu perkara ini jauh di dalam tulang saya."

Da quel momento in poi, i due cani furono in guerra tra loro.

Sejak saat itu, kedua-dua anjing itu dikunci dalam peperangan.

Spitz guidava la squadra e deteneva il potere, ma Buck lo sfidava.

Spitz mengetuai pasukan dan memegang kuasa, tetapi Buck mencabarnya.

Spitz si rese conto che il suo rango era minacciato da questo strano straniero del Sud.

Spitz melihat pangkatnya terancam oleh orang asing di Southland yang ganjil ini.

Buck era diverso da tutti i cani del sud che Spitz aveva conosciuto fino ad allora.

Buck tidak seperti mana-mana anjing selatan yang pernah diketahui Spitz sebelum ini.

La maggior parte di loro fallì: troppo deboli per sopravvivere al freddo e alla fame.

Kebanyakan mereka gagal—terlalu lemah untuk hidup melalui kesejukan dan kelaparan.

Morirono rapidamente a causa del lavoro, del gelo e del lento bruciare della carestia.

Mereka mati dengan cepat di bawah buruh, fros, dan kelaparan yang perlahan.

Buck si distingueva: ogni giorno più forte, più intelligente e più selvaggio.

Buck berdiri berasingan—lebih kuat, lebih bijak dan lebih ganas setiap hari.

Ha prosperato nonostante le difficoltà, crescendo al pari degli husky del nord.

Dia berkembang maju dalam kesusahan, berkembang untuk menandingi huskie utara.

Buck era dotato di forza, abilità straordinaria e un istinto paziente e letale.

Buck mempunyai kekuatan, kemahiran liar, dan sabar, naluri maut.

L'uomo con la mazza aveva annientato Buck per fargli perdere la temerarietà.

Lelaki dengan kelab itu telah mengalahkan rasa terburu-buru daripada Buck.

La furia cieca se n'era andata, sostituita da un'astuzia silenziosa e dal controllo.

Kemarahan buta telah hilang, digantikan dengan kelicikan dan kawalan yang tenang.

Attese, calmo e primordiale, in attesa del momento giusto.

Dia menunggu, tenang dan prima, memerhatikan masa yang sesuai.

La loro lotta per il comando divenne inevitabile e chiara.

Perjuangan mereka untuk perintah menjadi tidak dapat dielakkan dan jelas.

Buck desiderava la leadership perché il suo spirito la richiedeva.

Buck inginkan kepimpinan kerana semangatnya menuntutnya.

Era spinto da quello strano orgoglio che nasceva dal sentiero e dall'imbracatura.

Dia didorong oleh kebanggaan aneh yang lahir dari jejak dan abah-abah.

Quell'orgoglio faceva sì che i cani tirassero fino a crollare sulla neve.

Kebanggaan itu membuat anjing menarik sehingga mereka rebah di atas salji.

L'orgoglio li spinse a dare tutta la forza che avevano.

Kebanggaan memikat mereka untuk memberikan semua kekuatan yang mereka ada.

L'orgoglio può trascinare un cane da slitta fino al punto di ucciderlo.

Kesombongan boleh memikat anjing kereta luncur hingga ke tahap kematian.

Perdere l'imbracatura rendeva i cani deboli e senza scopo.

Kehilangan abah menyebabkan anjing patah dan tanpa tujuan.

Il cuore di un cane da slitta può essere spezzato dalla vergogna quando va in pensione.

Hati anjing kereta luncur boleh dihancurkan oleh rasa malu apabila mereka bersara.

Dave viveva con questo orgoglio mentre trascinava la slitta da dietro.

Dave hidup dengan kebanggaan itu ketika dia menyeret kereta luncur dari belakang.

Anche Solleks diede il massimo con cupa forza e lealtà.

Solleks juga memberikan segalanya dengan kekuatan dan kesetiaan yang suram.

Ogni mattina l'orgoglio li trasformava da amareggiati a determinati.

Setiap pagi, kesombongan mengubah mereka dari pahit kepada tekad.

Spinsero per tutto il giorno, poi tacquero una volta giunti alla fine dell'accampamento.

Mereka menolak sepanjang hari, kemudian berdiam diri di penghujung kem.

Quell'orgoglio diede a Spitz la forza di mettere in riga i fannulloni.

Kebanggaan itu memberi Spitz kekuatan untuk menewaskan syirik ke dalam barisan.

Spitz temeva Buck perché Buck nutriva lo stesso profondo orgoglio.

Spitz takut Buck kerana Buck membawa kebanggaan mendalam yang sama.

L'orgoglio di Buck ora si agitò contro Spitz, ma lui non si fermò.

Kebanggaan Buck kini dikacau terhadap Spitz, dan dia tidak berhenti.

Buck sfidò il potere di Spitz e gli impedì di punire i cani.

Buck menentang kuasa Spitz dan menghalangnya daripada menghukum anjing.

Quando gli altri fallivano, Buck si frapponeva tra loro e il loro capo.

Apabila yang lain gagal, Buck melangkah di antara mereka dan ketua mereka.

Lo fece con intenzione, rendendo la sua sfida aperta e chiara.

Dia melakukan ini dengan niat, menjadikan cabarannya terbuka dan jelas.

Una notte una forte nevicata coprì il mondo in un profondo silenzio.

Pada suatu malam salji tebal menyelubungi dunia dalam kesunyian yang mendalam.

La mattina dopo, Pike, pigro come sempre, non si alzò per andare al lavoro.

Keesokan paginya, Pike, malas seperti biasa, tidak bangun untuk bekerja.

Rimase nascosto nel suo nido sotto uno spesso strato di neve.

Dia bersembunyi di dalam sarangnya di bawah lapisan salji yang tebal.

François gridò e cercò, ma non riuscì a trovare il cane.

François memanggil dan mencari, tetapi tidak menemui anjing itu.

Spitz si infuriò e si scagliò contro l'accampamento coperto di neve.

Spitz menjadi marah dan menyerbu melalui kem yang dilitupi salji.

Ringhiò e annusò, scavando freneticamente con gli occhi fiammeggianti.

Dia menggeram dan menghidu, menggali gila dengan mata yang menyala.

La sua rabbia era così violenta che Pike tremava sotto la neve per la paura.

Kemarahannya sangat hebat sehingga Pike bergegar di bawah salji kerana ketakutan.

Quando finalmente Pike fu trovato, Spitz si lanciò per punire il cane nascosto.

Apabila Pike akhirnya ditemui, Spitz menerjang untuk menghukum anjing yang bersembunyi.

Ma Buck si scagliò tra loro con una furia pari a quella di Spitz.

Tetapi Buck muncul di antara mereka dengan kemarahan yang sama dengan kemarahan Spitz sendiri.

L'attacco fu così improvviso e astuto che Spitz cadde a terra.

Serangan itu begitu mendadak dan bijak sehingga Spitz jatuh dari kakinya.

Pike, che tremava, trasse coraggio da questa sfida.

Pike, yang telah gemetar, mengambil keberanian daripada penentangan ini.

Seguendo l'audace esempio di Buck, saltò sullo Spitz caduto.

Dia melompat ke atas Spitz yang jatuh, mengikuti contoh berani Buck.

Buck, non più vincolato dall'equità, si unì allo sciopero di Spitz.

Buck, tidak lagi terikat dengan keadilan, menyertai mogok ke atas Spitz.

François, divertito ma fermo nella disciplina, agitò la sua pesante frusta.

François, geli namun tegas dalam disiplin, menghayunkan sebatannya yang berat.

Colpì Buck con tutta la sua forza per interrompere la rissa.

Dia memukul Buck dengan sekuat tenaga untuk meleraikan pergaduhan itu.

Buck si rifiutò di muoversi e rimase in groppa al capo caduto.

Buck enggan bergerak dan kekal di atas ketua yang jatuh.

François allora usò il manico della frusta e colpì Buck con violenza.

François kemudian menggunakan pegangan cemeti, memukul Buck dengan kuat.

Barcollando per il colpo, Buck cadde all'indietro sotto l'assalto.

Terhuyung-huyung akibat pukulan itu, Buck jatuh kembali di bawah serangan itu.

François colpì più volte mentre Spitz puniva Pike.

François menyerang berulang kali manakala Spitz menghukum Pike.

Passarono i giorni e Dawson City si avvicinava sempre di più.

Hari berlalu, dan Bandar Dawson semakin dekat dan dekat.

Buck continuava a intromettersi, infilandosi tra Spitz e gli altri cani.

Buck terus campur tangan, menyelinap di antara Spitz dan anjing lain.

Sceglieva bene i suoi momenti, aspettando sempre che François se ne andasse.

Dia memilih momennya dengan baik, sentiasa menunggu François pergi.

La ribellione silenziosa di Buck si diffuse e il disordine prese piede nella squadra.

Pemberontakan senyap Buck merebak, dan kekacauan berakar dalam pasukan.

Dave e Solleks rimasero leali, ma altri diventarono indisciplinati.

Dave dan Solleks tetap setia, tetapi yang lain menjadi tidak terkawal.

La squadra peggiorò: divenne irrequieta, litigiosa e fuori luogo.

Pasukan itu bertambah teruk—gelisah, bergaduh dan keluar dari barisan.

Ormai niente filava liscio e le liti diventavano all'ordine del giorno.

Tiada apa-apa yang berfungsi dengan lancar lagi, dan pergaduhan menjadi perkara biasa.

Buck rimase sempre al centro dei guai, provocando disordini.

Buck kekal di tengah-tengah masalah, sentiasa mencetuskan kekacauan.

François rimase vigile, temendo la lotta tra Buck e Spitz.

François tetap berjaga-jaga, takut akan pergaduhan antara Buck dan Spitz.

Ogni notte veniva svegliato da zuffe e temeva che finalmente fosse arrivato l'inizio.

Setiap malam, pergelutan menyedarkannya, takut permulaannya akhirnya tiba.

Balzò fuori dalla veste, pronto a interrompere la rissa.

Dia melompat dari jubahnya, bersedia untuk meleraikan pergaduhan.

Ma il momento non arrivò mai e alla fine raggiunsero Dawson.

Tetapi saat itu tidak pernah tiba, dan mereka sampai ke Dawson akhirnya.

La squadra entrò in città in un pomeriggio cupo, teso e silenzioso.

Pasukan itu memasuki bandar pada suatu petang yang suram, tegang dan sunyi.

La grande battaglia per la leadership era ancora sospesa nell'aria gelida.

Pertempuran hebat untuk kepimpinan masih tergantung di udara beku.

Dawson era piena di uomini e cani da slitta, tutti impegnati nel lavoro.

Dawson penuh dengan lelaki dan anjing kereta luncur, semuanya sibuk dengan kerja.

Buck osservava i cani trainare i carichi dalla mattina alla sera.

Buck melihat anjing-anjing itu menarik beban dari pagi hingga malam.

Trasportavano tronchi e legna da ardere e spedivano rifornimenti alle miniere.

Mereka mengangkut kayu balak dan kayu api, mengangkut bekalan ke lombong.

Nel Southland, dove un tempo lavoravano i cavalli, ora lavoravano i cani.

Di mana kuda pernah bekerja di Southland, anjing kini bekerja.

Buck vide alcuni cani provenienti dal Sud, ma la maggior parte erano husky simili a lupi.

Buck melihat beberapa anjing dari Selatan, tetapi kebanyakannya adalah serak seperti serigala.

Di notte, puntuali come un orologio, i cani alzavano la voce e cantavano.

Pada waktu malam, seperti jam, anjing meninggikan suara mereka dalam lagu.

Alle nove, a mezzanotte e di nuovo alle tre, il canto cominciò.

Pada pukul sembilan, pada tengah malam, dan sekali lagi pada pukul tiga, nyanyian bermula.

Buck amava unirsi al loro canto inquietante, selvaggio e antico nel suono.

Buck suka menyertai nyanyian menakutkan mereka, liar dan kuno dalam bunyi.

L'aurora fiammeggiava, le stelle danzavano e la neve
ricopriva la terra.

Aurora menyala, bintang menari, dan salji menyelimuti bumi.

Il canto dei cani si elevava come un grido contro il silenzio e
il freddo pungente.

Lagu anjing meningkat sebagai tangisan menentang
kesunyian dan kesejukan yang pahit.

Ma il loro urlo esprimeva tristezza, non sfida, in ogni lunga
nota.

Tetapi lolongan mereka menahan kesedihan, bukan
pembangkangan, dalam setiap nada yang panjang.

Ogni lamento era pieno di supplica: il peso stesso della vita.

Setiap tangisan ratapan penuh dengan rayuan; beban hidup
itu sendiri.

Quella canzone era vecchia, più vecchia delle città e più
vecchia degli incendi

Lagu itu sudah lama—lebih tua daripada bandar, dan lebih
tua daripada api

Quel canto era più antico perfino delle voci degli uomini.

Lagu itu lebih kuno daripada suara lelaki.

Era una canzone del mondo dei giovani, quando tutte le
canzoni erano tristi.

Ia adalah lagu dari dunia muda, apabila semua lagu sedih.

La canzone porta con sé il dolore di innumerevoli
generazioni di cani.

Lagu itu membawa kesedihan daripada generasi anjing yang
tidak terkira banyaknya.

Buck percepì profondamente la melodia, gemendo per un
dolore radicato nei secoli.

Buck merasakan melodi itu dengan mendalam, mengerang
kesakitan yang berakar pada zaman.

Singhiozzava per un dolore antico quanto il sangue
selvaggio nelle sue vene.

Dia menangis teresak-esak kerana kesedihan yang setua darah
liar dalam uratnya.

Il freddo, l'oscurità e il mistero toccarono l'anima di Buck.

Sejuk, gelap, dan misteri itu menyentuh jiwa Buck.

Quella canzone dimostrava quanto Buck fosse tornato alle sue origini.

Lagu itu membuktikan sejauh mana Buck telah kembali ke asalnya.

Tra la neve e gli ululati aveva trovato l'inizio della sua vita.

Melalui salji dan melolong dia telah menemui permulaan hidupnya sendiri.

Sette giorni dopo l'arrivo a Dawson, ripartirono.

Tujuh hari selepas tiba di Dawson, mereka berangkat sekali lagi.

La squadra si è lanciata dalla caserma fino allo Yukon Trail.

Pasukan itu turun dari Berek turun ke Laluan Yukon.

Iniziarono il viaggio di ritorno verso Dyea e Salt Water.

Mereka memulakan perjalanan pulang ke arah Dyea dan Air Garam.

Perrault trasmise dispacci ancora più urgenti di prima.

Perrault membawa penghantaran yang lebih mendesak daripada sebelumnya.

Era anche preso dall'orgoglio per la corsa e puntava a stabilire un record.

Dia juga dirampas oleh kebanggaan jejak dan bertujuan untuk mencipta rekod.

Questa volta Perrault aveva diversi vantaggi.

Kali ini, beberapa kelebihan berada di pihak Perrault.

I cani avevano riposato per un'intera settimana e avevano ripreso le forze.

Anjing-anjing itu telah berehat selama seminggu penuh dan memulihkan kekuatan mereka.

La pista che avevano tracciato era ora battuta da altri.

Laluan yang telah mereka patahkan kini telah dimasuki oleh orang lain.

In alcuni punti la polizia aveva immagazzinato cibo sia per i cani che per gli uomini.

Di beberapa tempat, polis telah menyimpan makanan untuk anjing dan lelaki.

Perrault viaggiava leggero, si muoveva velocemente e aveva poco a cui aggrapparsi.

Perrault mengembara ringan, bergerak pantas dengan sedikit yang membebankannya.

La prima sera raggiunsero la Sixty-Mile, una corsa lunga 50 miglia.

Mereka mencapai Sixty-Mile, larian lima puluh batu, pada malam pertama.

Il secondo giorno risalirono rapidamente lo Yukon in direzione di Pelly.

Pada hari kedua, mereka bergegas menaiki Yukon ke arah Pelly.

Ma questi grandi progressi comportarono anche molta fatica per François.

Tetapi kemajuan yang begitu baik datang dengan banyak tekanan untuk François.

La ribellione silenziosa di Buck aveva infranto la disciplina della squadra.

Pemberontakan Buck secara senyap telah menghancurkan disiplin pasukan.

Non si univano più come un'unica bestia al comando.

Mereka tidak lagi bersatu seperti satu binatang dalam kekang.

Buck aveva spinto altri alla sfida con il suo coraggioso esempio.

Buck telah menyebabkan orang lain menentang melalui contoh beraninya.

L'ordine di Spitz non veniva più accolto con timore o rispetto.

Arahan Spitz tidak lagi disambut dengan rasa takut atau hormat.

Gli altri persero ogni timore reverenziale nei suoi confronti e osarono opporsi al suo governo.

Yang lain hilang rasa kagum terhadapnya dan berani menentang pemerintahannya.

Una notte, Pike rubò mezzo pesce e lo mangiò sotto gli occhi di Buck.

Pada suatu malam, Pike mencuri separuh ikan dan
memakannya di bawah mata Buck.

**Un'altra notte, Dub e Joe combatterono contro Spitz e
rimasero impuniti.**

Satu malam lagi, Dub dan Joe melawan Spitz dan tidak
dihukum.

**Anche Billee gemette meno dolcemente e mostrò una nuova
acutezza.**

Malah Billee merengek kurang manis dan menunjukkan
ketajaman baru.

Buck ringhiava a Spitz ogni volta che si incrociavano.

Buck menengking Spitz setiap kali mereka bersilang jalan.

**L'atteggiamento di Buck divenne audace e minaccioso, quasi
come quello di un bullo.**

Sikap Buck semakin berani dan mengancam, hampir seperti
pembuli.

**Camminava avanti e indietro davanti a Spitz con
un'andatura spavalda e piena di minaccia beffarda.**

Dia mundar-mandir di hadapan Spitz dengan angkuh, penuh
dengan ancaman mengejek.

Questo crollo dell'ordine si diffuse anche tra i cani da slitta.

Keruntuhan perintah itu juga merebak di kalangan anjing
kereta luncur.

**Litigarono e discussero più che mai, riempiendo
l'accampamento di rumore.**

Mereka bergaduh dan bertengkar lebih daripada sebelumnya,
mengisi kem dengan bunyi bising.

**Ogni notte la vita nel campeggio si trasformava in un caos
selvaggio e ululante.**

Kehidupan perkhemahan bertukar menjadi huru-hara,
melolong setiap malam.

Solo Dave e Solleks rimasero fermi e concentrati.

Hanya Dave dan Solleks yang kekal stabil dan fokus.

**Ma anche loro diventarono irascibili a causa delle continue
risse.**

Tetapi mereka menjadi pemarah kerana pergaduhan yang
berterusan.

François imprecò in lingue strane e batté i piedi per la frustrazione.

François mengutuk dalam bahasa pelik dan menghentak-hentak dalam kekecewaan.

Si strappò i capelli e urlò mentre la neve gli volava sotto i piedi.

Dia mengoyakkan rambutnya dan menjerit semasa salji berterbangan di bawah kaki.

La sua frusta schioccò contro il gruppo, ma a malapena riuscì a tenerli in riga.

Cambuknya menerpa bungkusan itu tetapi hampir-hampir tidak dapat memastikan mereka berada dalam barisan.

Ogni volta che voltava le spalle, la lotta ricominciava.

Setiap kali dia berpaling, pergaduhan berlaku lagi.

François usò la frusta per Spitz, mentre Buck guidava i ribelli.

François menggunakan sebatan untuk Spitz, manakala Buck mengetuai pemberontak.

Ognuno conosceva il ruolo dell'altro, ma Buck evitava di addossare ogni colpa.

Masing-masing tahu peranan masing-masing, tetapi Buck mengelak sebarang kesalahan.

François non ha mai colto Buck mentre iniziava una rissa o si sottraeva al suo lavoro.

François tidak pernah menangkap Buck memulakan pergaduhan atau mengabaikan tugasnya.

Buck lavorava duramente ai finimenti: la fatica ora gli dava entusiasmo.

Buck bekerja keras dalam abah-abah—penat lelah kini menggembirakan semangatnya.

Ma trovava ancora più gioia nel fomentare risse e caos nell'accampamento.

Tetapi dia mendapati lebih banyak kegembiraan dalam mencetuskan pergaduhan dan huru-hara di kem.

Una sera, alla foce del Tahkeena, Dub spaventò un coniglio.

Di mulut Tahkeena pada suatu petang, Dub mengejutkan seekor arnab.

Mancò la presa e il coniglio con la racchetta da neve balzò via.

Dia terlepas tangkapan, dan arnab kasut salji melompat pergi.

Nel giro di pochi secondi, l'intera squadra di slitte si lanciò all'inseguimento, gridando a squarciagola.

Dalam beberapa saat, seluruh pasukan kereta luncur mengejar dengan teriakan liar.

Nelle vicinanze, un accampamento della polizia del nord-ovest ospitava cinquanta cani husky.

Berdekatan, sebuah kem Polis Barat Laut menempatkan lima puluh anjing serak.

Si unirono alla caccia, scendendo insieme il fiume ghiacciato.

Mereka menyertai perburuan, menyusuri sungai beku bersama-sama.

Il coniglio lasciò il fiume e fuggì lungo il letto ghiacciato di un ruscello.

Arnab itu mematikan sungai, melarikan diri ke atas dasar sungai beku.

Il coniglio saltellava leggero sulla neve mentre i cani si facevano strada a fatica.

Arnab itu melompat ringan di atas salji manakala anjing-anjing itu bergelut.

Buck guidava l'enorme branco di sessanta cani attorno a ogni curva tortuosa.

Buck mengetuai kumpulan besar enam puluh anjing mengelilingi setiap selekoh berpusing.

Si spinse in avanti, basso e impaziente, ma non riuscì a guadagnare terreno.

Dia menolak ke hadapan, rendah dan bersemangat, tetapi tidak dapat memperoleh tanah.

Il suo corpo brillava sotto la pallida luna a ogni potente balzo.

Tubuhnya bersinar di bawah bulan pucat dengan setiap lompatan yang kuat.

Davanti a loro, il coniglio si muoveva come un fantasma, silenzioso e troppo veloce per essere catturato.

Di hadapan, arnab itu bergerak seperti hantu, senyap dan terlalu pantas untuk ditangkap.

Tutti quei vecchi istinti, la fame, l'eccitazione, attraversarono Buck.

Semua naluri lama itu-kelaparan, keseronokan-tergesa-gesa melalui Buck.

A volte gli esseri umani avvertono questo istinto e sono spinti a cacciare con armi da fuoco e proiettili.

Manusia merasakan naluri ini kadang-kadang, didorong untuk memburu dengan pistol dan peluru.

Ma Buck provava questa sensazione a un livello più profondo e personale.

Tetapi Buck merasakan perasaan ini pada tahap yang lebih mendalam dan lebih peribadi.

Non riuscivano a percepire la natura selvaggia nel loro sangue come Buck.

Mereka tidak dapat merasakan darah liar mereka seperti yang dapat dirasakan oleh Buck.

Inseguiva la carne viva, pronto a uccidere con i denti e ad assaggiare il sangue.

Dia mengejar daging hidup, bersedia untuk membunuh dengan giginya dan merasakan darah.

Il suo corpo si tendeva per la gioia, desiderando immergersi nel caldo rosso della vita.

Badannya tegang kegembiraan, ingin bermandi kehidupan merah hangat.

Una strana gioia segna il punto più alto che la vita possa mai raggiungere.

Kegembiraan aneh menandakan titik tertinggi yang boleh dicapai oleh kehidupan.

La sensazione di raggiungere un picco in cui i vivi dimenticano di essere vivi.

Perasaan puncak di mana yang hidup lupa bahawa mereka masih hidup.

Questa gioia profonda tocca l'artista immerso in un'ispirazione ardente.

Kegembiraan yang mendalam ini menyentuh artis yang hilang dalam inspirasi yang berkobar-kobar.

Questa gioia afferra il soldato che combatte selvaggiamente e non risparmia alcun nemico.

Kegembiraan ini merampas askar yang bertarung secara liar dan tidak menghindarkan musuh.

Questa gioia ora colpì Buck mentre guidava il branco in preda alla fame primordiale.

Kegembiraan ini kini menuntut Buck ketika dia memimpin kumpulan itu dalam kelaparan.

Ululò con l'antico grido del lupo, emozionato per l'inseguimento.

Dia melolong dengan jeritan serigala purba, teruja dengan pengejaran hidup.

Buck fece appello alla parte più antica di sé, persa nella natura selvaggia.

Buck mengetuk bahagian tertua dirinya, tersesat di alam liar.

Scavò in profondità dentro di sé, oltre la memoria, fino al tempo grezzo e antico.

Dia mencapai jauh di dalam, ingatan lampau, ke masa mentah, kuno.

Un'ondata di vita pura pervase ogni muscolo e tendine.

Gelombang kehidupan murni melonjak melalui setiap otot dan tendon.

Ogni salto gridava che viveva, che attraversava la morte.

Setiap lompatan menjerit bahawa dia hidup, bahawa dia bergerak melalui kematian.

Il suo corpo si librava gioioso su una terra immobile e fredda che non si muoveva mai.

Tubuhnya melonjak riang di atas tanah yang tenang dan sejuk yang tidak pernah bergolak.

Spitz rimase freddo e astuto anche nei suoi momenti più selvaggi.

Spitz tetap dingin dan licik, walaupun dalam momen paling liarnya.

Lasciò il sentiero e attraversò un terreno dove il torrente formava una curva ampia.

Dia meninggalkan denai dan menyeberangi tanah di mana anak sungai itu melengkung luas.

Buck, ignaro di ciò, rimase sul sentiero tortuoso del coniglio.

Buck, tidak menyedari perkara ini, tinggal di laluan berliku arnab.

Poi, mentre Buck svoltava dietro una curva, il coniglio spettrale si trovò davanti a lui.

Kemudian, sebagai Buck bulat selekoh, arnab seperti hantu berada di hadapannya.

Vide una seconda figura balzare dalla riva precedendo la preda.

Dia melihat sosok kedua melompat dari tebing mendahului mangsa.

La figura era Spitz, atterrato proprio sulla traiettoria del coniglio in fuga.

Angka itu ialah Spitz, mendarat betul-betul di laluan arnab yang melarikan diri.

Il coniglio non riuscì a girarsi e incontrò le fauci di Spitz a mezz'aria.

Arnab itu tidak boleh berpusing dan bertemu dengan rahang Spitz di udara.

La spina dorsale del coniglio si spezzò con un grido acuto come il grido di un essere umano morente.

Tulang belakang arnab itu patah dengan jeritan setajam tangisan manusia yang hampir mati.

A quel suono, il passaggio dalla vita alla morte, il branco ululò forte.

Mendengar bunyi itu—kejatuhan daripada kehidupan kepada kematian—sekumpulan itu melolong dengan kuat.

Un coro selvaggio si levò da dietro Buck, pieno di oscura gioia.

Paduan suara buas bangkit dari belakang Buck, penuh kegembiraan gelap.

Buck non emise alcun grido, nessun suono e si lanciò dritto verso Spitz.

Buck tidak menangis, tiada bunyi, dan terus menyerang Spitz.
Mirò alla gola, ma colpì invece la spalla.
Dia membidik kerongkong, tetapi sebaliknya memukul bahu.
Caddero nella neve soffice, i loro corpi erano intrappolati in un combattimento.
Mereka jatuh melalui salji lembut; badan mereka terkunci dalam pertempuran.
Spitz balzò in piedi rapidamente, come se non fosse mai stato atterrato.
Spitz melompat dengan cepat, seolah-olah tidak pernah jatuh sama sekali.
Colpì Buck alla spalla e poi balzò fuori dalla mischia.
Dia menetak bahu Buck, kemudian melompat keluar dari pertarungan.
Per due volte i suoi denti schioccarono come trappole d'acciaio, e le sue labbra si arricciarono e si fecero feroci.
Dua kali giginya patah seperti perangkap keluli, bibir melengkung dan garang.
Arretrò lentamente, cercando un terreno solido sotto i piedi.
Dia berundur perlahan-lahan, mencari tanah yang kukuh di bawah kakinya.
Buck comprese il momento all'istante e pienamente.
Buck memahami masa itu dengan serta-merta dan sepenuhnya.
Il momento era giunto: la lotta sarebbe stata una lotta all'ultimo sangue.
Masanya telah tiba; pergaduhan itu akan menjadi pergaduhan hingga mati.
I due cani giravano in cerchio, ringhiando, con le orecchie piatte e gli occhi socchiusi.
Kedua-dua anjing itu mengelilingi, menggeram, telinga rata, mata mengecil.
Ogni cane aspettava che l'altro mostrasse debolezza o facesse un passo falso.
Setiap anjing menunggu yang lain untuk menunjukkan kelemahan atau salah langkah.

Buck percepiva quella scena come stranamente nota e profondamente ricordata.

Bagi Buck, adegan itu terasa sangat dikenali dan diingati dengan mendalam.

I boschi bianchi, la terra fredda, la battaglia al chiaro di luna.

Hutan putih, bumi yang sejuk, pertempuran di bawah cahaya bulan.

Un silenzio pesante, profondo e innaturale riempiva la terra.

Kesunyian yang mendalam memenuhi bumi, dalam dan tidak wajar.

Nessun vento si alzava, nessuna foglia si muoveva, nessun suono rompeva il silenzio.

Tiada angin bergolak, tiada daun yang bergerak, tiada bunyi yang memecahkan kesunyian.

Il respiro dei cani si levava come fumo nell'aria gelida e silenziosa.

Nafas anjing naik seperti asap di udara beku dan tenang.

Il coniglio era stato dimenticato da tempo dal branco di animali selvatici.

Arnab itu telah lama dilupakan oleh sekumpulan binatang buas.

Questi lupi semiaddomesticati ora stavano fermi in un ampio cerchio.

Serigala yang separuh jinak ini kini berdiri diam dalam bulatan yang luas.

Erano silenziosi, solo i loro occhi luminosi rivelavano la loro fame.

Mereka diam, hanya mata mereka yang bersinar-sinar menunjukkan rasa lapar mereka.

Il loro respiro saliva, mentre osservavano l'inizio dello scontro finale.

Nafas mereka melayang ke atas, menyaksikan pertarungan terakhir bermula.

Per Buck questa battaglia era vecchia e attesa, per niente strana.

Bagi Buck, pertempuran ini sudah lama dan dijangka, tidak pelik sama sekali.

Era come il ricordo di qualcosa che doveva accadere da sempre.

Terasa seperti ingatan tentang sesuatu yang sentiasa dimaksudkan untuk berlaku.

Spitz era un cane da combattimento addestrato, affinato da innumerevoli risse selvagge.

Spitz ialah anjing pejuang terlatih, diasah oleh pergaduhan liar yang tidak terkira banyaknya.

Dallo Spitzbergen al Canada, aveva sconfitto molti nemici.

Dari Spitzbergen ke Kanada, dia telah menguasai banyak musuh.

Era pieno di rabbia, ma non cedette mai il controllo alla rabbia.

Dia dipenuhi dengan kemarahan, tetapi tidak pernah mengawal kemarahan.

La sua passione era acuta, ma sempre temperata dal duro istinto.

Keghairahannya tajam, tetapi sentiasa diganggu oleh naluri yang keras.

Non ha mai attaccato finché non ha avuto la sua difesa pronta.

Dia tidak pernah menyerang sehingga pertahanannya sendiri berada di tempatnya.

Buck provò più volte a raggiungere il collo vulnerabile di Spitz.

Buck cuba lagi dan lagi untuk mencapai leher Spitz yang terdedah.

Ma ogni colpo veniva accolto da un fendente dei denti affilati di Spitz.

Tetapi setiap serangan disambut dengan tetakan dari gigi tajam Spitz.

Le loro zanne si scontrarono ed entrambi i cani sanguinarono dalle labbra lacerate.

Taring mereka bertembung, dan kedua-dua anjing berdarah dari bibir yang koyak.

Nonostante i suoi sforzi, Buck non riusciva a rompere la difesa.

Tidak kira bagaimana Buck menerjang, dia tidak dapat mematahkan pertahanan.

Divenne sempre più furioso e si lanciò verso di lui con violente esplosioni di potenza.

Dia menjadi lebih marah, meluru masuk dengan semburan kuasa yang liar.

Buck colpì ripetutamente la bianca gola di Spitz.

Berkali-kali, Buck menyerang tekak putih Spitz.

Ogni volta Spitz schivava e contrattaccava con un morso tagliente.

Setiap kali Spitz mengelak dan menyerang balik dengan gigitan menghiris.

Poi Buck cambiò tattica, avventandosi di nuovo come se volesse colpirlo alla gola.

Kemudian Buck beralih taktik, bergegas seolah-olah untuk tekak lagi.

Ma a metà attacco si è ritirato, girandosi per colpire di lato.

Tetapi dia menarik balik pertengahan serangan, beralih untuk menyerang dari sisi.

Colpì Spitz con una spallata, con l'intento di buttarlo a terra.

Dia melemparkan bahunya ke Spitz, bertujuan untuk menjatuhkannya.

Ogni volta che ci provava, Spitz lo schivava e rispondeva con un fendente.

Setiap kali dia mencuba, Spitz mengelak dan membalas dengan tebasan.

La spalla di Buck si faceva scorticare mentre Spitz si liberava dopo ogni colpo.

Bahu Buck bertambah mentah apabila Spitz melonjak jelas selepas setiap pukulan.

Spitz non era stato toccato, mentre Buck sanguinava dalle numerose ferite.

Spitz tidak disentuh, manakala Buck berdarah akibat banyak luka.

Il respiro di Buck era affannoso e pesante, il suo corpo era viscido di sangue.

Nafas Buck datang laju dan berat, badannya licin dengan darah.

La lotta diventava più brutale a ogni morso e carica.

Pergaduhan menjadi lebih kejam dengan setiap gigitan dan caj.

Attorno a loro, sessanta cani silenziosi aspettavano che il primo cadesse.

Di sekeliling mereka, enam puluh anjing senyap menunggu yang pertama jatuh.

Se un cane fosse caduto, il branco avrebbe posto fine alla lotta.

Jika seekor anjing jatuh, kumpulan itu akan menamatkan pertarungan.

Spitz vide Buck indebolirsi e cominciò ad attaccare.

Spitz melihat Buck semakin lemah, dan mula menekan serangan itu.

Mantenne Buck sbilanciato, costringendolo a lottare per restare in piedi.

Dia menyimpan Buck hilang keseimbangan, memaksa dia untuk berjuang untuk pijakan.

Una volta Buck inciampò e cadde, e tutti i cani si rialzarono.

Sekali Buck tersandung dan jatuh, dan semua anjing bangkit.

Ma Buck si raddrizzò a metà caduta e tutti ricaddero.

Tetapi Buck membetulkan dirinya pada pertengahan musim gugur, dan semua orang tenggelam kembali.

Buck aveva qualcosa di raro: un'immaginazione nata da un profondo istinto.

Buck mempunyai sesuatu yang jarang berlaku—imaginasi yang lahir daripada naluri yang mendalam.

Combatté per istinto naturale, ma combatté anche con astuzia.

Dia bertarung dengan dorongan semula jadi, tetapi dia juga bertarung dengan licik.

Tornò ad attaccare come se volesse ripetere il trucco dell'attacco alla spalla.

Dia mengecas lagi seolah-olah mengulangi helah serangan bahunya.

Ma all'ultimo secondo si abbassò e passò sotto Spitz.

Tetapi pada saat terakhir, dia jatuh rendah dan menyapu ke bawah Spitz.

I suoi denti si bloccarono sulla zampa anteriore sinistra di Spitz con uno schiocco.

Giginya terkunci pada kaki kiri hadapan Spitz dengan patah.

Spitz ora era instabile e il suo peso gravava solo su tre zampe.

Spitz kini berdiri goyah, beratnya hanya pada tiga kaki.

Buck colpì di nuovo e tentò tre volte di atterrarlo.

Buck menyerang lagi, cuba tiga kali untuk menjatuhkannya.

Al quarto tentativo ha usato la stessa mossa con successo

Pada percubaan keempat dia menggunakan langkah yang sama dengan kejayaan

Questa volta Buck riuscì a mordere la zampa destra di Spitz.

Kali ini Buck berjaya menggigit kaki kanan Spitz.

Spitz, benché storpio e in agonia, continuò a lottare per sopravvivere.

Spitz, walaupun lumpuh dan dalam kesakitan, terus bergelut untuk terus hidup.

Vide il cerchio degli husky stringersi, con le lingue fuori e gli occhi luminosi.

Dia melihat bulatan huskies mengetatkan, lidah keluar, mata bersinar.

Aspettarono di divorarlo, proprio come avevano fatto con gli altri.

Mereka menunggu untuk memakan dia, sama seperti yang telah mereka lakukan kepada orang lain.

Questa volta era lui al centro, sconfitto e condannato.

Kali ini, dia berdiri di tengah; dikalahkan dan ditakdirkan.

Ormai il cane bianco non aveva più alcuna possibilità di fuga.

Tiada pilihan untuk melarikan diri untuk anjing putih itu sekarang.

Buck non mostrò alcuna pietà, perché la pietà non era a posto nella natura selvaggia.

Buck tidak menunjukkan belas kasihan, kerana belas kasihan tidak berada di alam liar.

Buck si mosse con cautela, preparandosi per la carica finale.

Buck bergerak dengan berhati-hati, bersedia untuk pertuduhan terakhir.

Il cerchio degli husky si stringeva; lui sentiva i loro respiri caldi.

Bulatan huskies ditutup; dia merasakan nafas hangat mereka.

Si accovacciarono, pronti a scattare quando fosse giunto il momento.

Mereka membongkok rendah, bersedia untuk musim bunga apabila tiba saatnya.

Spitz tremava nella neve, ringhiando e cambiando posizione.

Spitz bergetar di dalam salji, menggeram dan mengubah pendiriannya.

I suoi occhi brillavano, le labbra si arricciavano, i denti brillavano in un'espressione disperata e minacciosa.

Matanya mencerlung, bibir melengkung, gigi berkelip-kelip tanda terdesak.

Barcollò, cercando ancora di resistere al freddo morso della morte.

Dia terhuyung-hayang, masih cuba menahan dingin gigitan kematian.

Aveva già visto situazioni simili, ma sempre dalla parte dei vincitori.

Dia pernah melihat ini sebelum ini, tetapi sentiasa dari pihak yang menang.

Ora era dalla parte perdente; lo sconfitto; la preda; la morte.

Sekarang dia berada di pihak yang kalah; yang kalah; mangsa; kematian.

Buck si preparò al colpo finale, mentre il cerchio dei cani si faceva sempre più stretto.

Buck berpusing untuk pukulan terakhir, cincin anjing ditekan lebih dekat.

Poteva sentire i loro respiri caldi; erano pronti a uccidere.

Dia dapat merasakan nafas panas mereka; bersedia untuk membunuh.

Calò il silenzio; tutto era al suo posto; il tempo si era fermato.

Keheningan jatuh; semua berada di tempatnya; masa telah berhenti.

Persino l'aria fredda tra loro si congelò per un ultimo istante.

Malah udara sejuk di antara mereka membeku buat saat terakhir.

Soltanto Spitz si mosse, cercando di trattenere la sua fine amara.

Hanya Spitz yang bergerak, cuba menahan kepahitannya.

Il cerchio dei cani si stava stringendo attorno a lui, come era suo destino.

Bulatan anjing mengepungnya, begitu juga nasibnya.

Ora era disperato, sapendo cosa stava per accadere.

Dia terdesak sekarang, tahu apa yang akan berlaku.

Buck balzò dentro e la sua spalla incontrò la sua spalla per l'ultima volta.

Buck melompat masuk, bahu bertemu bahu buat kali terakhir.

I cani si lanciarono in avanti, nascondendo Spitz nell'oscurità della neve.

Anjing-anjing itu melonjak ke hadapan, menutupi Spitz dalam kegelapan bersalji.

Buck osservava, eretto e fiero; il vincitore in un mondo selvaggio.

Buck memerhati, berdiri tegak; pemenang dalam dunia yang ganas.

La bestia primordiale dominante aveva fatto la sua uccisione, e la aveva fatta bene.

Binatang purba yang dominan telah membunuhnya, dan ia bagus.

Colui che ha conquistato la maestria
Dia, Yang Telah Menang untuk Menguasai

"Eh? Cosa ho detto? Dico la verità quando dico che Buck è un diavolo."

"Eh? Apa yang saya katakan? Saya bercakap benar apabila saya mengatakan Buck adalah syaitan."

François raccontò questo la mattina dopo aver scoperto la scomparsa di Spitz.

François berkata demikian pada keesokan harinya selepas mendapati Spitz hilang.

Buck rimase lì, coperto di ferite causate dal violento combattimento.

Buck berdiri di sana, ditutup dengan luka akibat pergaduhan yang kejam.

François tirò Buck vicino al fuoco e indicò le ferite.

François menarik Buck berhampiran api dan menunjuk ke arah kecederaan.

«Quello Spitz ha combattuto come il Devik», disse Perrault, osservando i profondi tagli.

"Spitz itu bertarung seperti Devik," kata Perrault, sambil melihat luka yang dalam.

«E quel Buck si batteva come due diavoli», rispose subito François.

"Dan Buck itu bertarung seperti dua syaitan," jawab François serentak.

"Ora faremo buon passo; niente più Spitz, niente più guai."

"Sekarang kita akan membuat masa yang baik; tiada lagi Spitz, tiada lagi masalah."

Perrault stava preparando l'attrezzatura e caricò la slitta con cura.

Perrault sedang mengemas gear dan memuatkan kereta luncur dengan berhati-hati.

François bardò i cani per prepararli alla corsa della giornata.

François memanfaatkan anjing-anjing itu sebagai persediaan untuk larian hari itu.

Buck trotterellò dritto verso la posizione di testa,
precedentemente occupata da Spitz.
Buck berlari terus ke kedudukan pendahulu yang pernah
dipegang oleh Spitz.
Ma François, senza accorgersene, condusse Solleks in prima
linea.
Tetapi François, tidak perasan, membawa Solleks ke hadapan
ke hadapan.
Secondo François, Solleks era ora il miglior cane da corsa.
Dalam pertimbangan François, Solleks kini adalah anjing
utama yang terbaik.
Buck si scagliò furioso contro Solleks e lo respinse indietro
in segno di protesta.
Buck menyerbu Solleks dalam keadaan marah dan
menghalaunya kembali sebagai protes.
Si fermò dove un tempo si era fermato Spitz, rivendicando la
posizione di comando.
Dia berdiri di tempat Spitz pernah berdiri, menuntut
kedudukan utama.
"Eh? Eh?" esclamò François, dandosi una pacca sulle cosce
divertito.
"Eh? Eh?" jerit François sambil menepuk pehanya kerana geli.
"Guarda Buck: ha ucciso Spitz, ora vuole prendersi il posto!"
"Lihat Buck-dia membunuh Spitz, sekarang dia mahu
mengambil kerja itu!"
"Vattene via, Chook!" urlò, cercando di scacciare Buck.
"Pergi, Chook!" Dia menjerit, cuba menghalau Buck.
Ma Buck si rifiutò di muoversi e rimase immobile nella
neve.
Tetapi Buck enggan bergerak dan berdiri teguh di dalam salji.
François afferrò Buck per la collottola e lo trascinò da parte.
François mencengkam Buck, menyeretnya ke tepi.
Buck ringhiò basso e minaccioso, ma non attaccò.
Buck menggeram rendah dan mengancam tetapi tidak
menyerang.
François rimette Solleks in testa, cercando di risolvere la
disputa

François meletakkan Solleks kembali di hadapan, cuba
menyelesaikan pertikaian itu

Il vecchio cane mostrò paura di Buck e non voleva restare.
Anjing tua itu menunjukkan ketakutan kepada Buck dan tidak
mahu tinggal.

**Quando François gli voltò le spalle, Buck scacciò di nuovo
Solleks.**
Apabila François berpaling ke belakang, Buck menghalau
Solleks keluar semula.

**Solleks non oppose resistenza e si fece di nuovo da parte in
silenzio.**
Solleks tidak melawan dan diam-diam melangkah ke tepi
sekali lagi.

François si arrabbiò e urlò: "Per Dio, ti sistemo!"
François menjadi marah dan menjerit, "Demi Tuhan, saya
memperbaiki kamu!"

Si avvicinò a Buck tenendo in mano una pesante mazza.
Dia datang ke arah Buck memegang kayu berat di tangannya.

Buck ricordava bene l'uomo con il maglione rosso.
Buck mengingati lelaki berbaju sweater merah itu dengan
baik.

**Si ritirò lentamente, osservando François ma ringhiando
profondamente.**
Dia berundur perlahan-lahan, memerhati François, tetapi
menggeram dalam-dalam.

**Non si affrettò a tornare indietro, nemmeno quando Solleks
si mise al suo posto.**
Dia tidak tergesa-gesa kembali, walaupun Solleks berdiri di
tempatnya.

**Buck si girò in cerchio, appena fuori dalla sua portata,
ringhiando furioso e protestando.**
Buck mengelilingi di luar jangkauan, menggeram dalam
kemarahan dan protes.

**Teneva gli occhi fissi sulla mazza, pronto a schivare il colpo
se François l'avesse lanciata.**
Dia terus memandang ke arah kelab, bersedia untuk mengelak
jika François membaling.

Era diventato saggio e cauto nei confronti degli uomini che maneggiavano le armi.

Dia telah menjadi bijak dan berhati-hati dalam cara lelaki dengan senjata.

François si arrese e chiamò di nuovo Buck al suo vecchio posto.

François menyerah dan memanggil Buck ke tempatnya semula.

Ma Buck fece un passo indietro con cautela, rifiutandosi di obbedire all'ordine.

Tetapi Buck berundur dengan berhati-hati, enggan mematuhi perintah itu.

François lo seguì, ma Buck indietreggiò solo di pochi passi.

François mengikut, tetapi Buck hanya berundur beberapa langkah lagi.

Dopo un po' François gettò a terra l'arma, frustrato.

Selepas beberapa lama, François melemparkan senjata itu kerana kecewa.

Pensava che Buck avesse paura di essere picchiato e che avrebbe fatto lo stesso senza far rumore.

Dia fikir Buck takut dipukul dan akan datang secara senyap-senyap.

Ma Buck non stava evitando la punizione: stava lottando per ottenere un rango.

Tetapi Buck tidak mengelak daripada hukuman-dia berjuang untuk pangkat.

Si era guadagnato il posto di capobranco combattendo fino alla morte

Dia telah mendapat tempat anjing utama melalui pertarungan hingga mati

non si sarebbe accontentato di niente di meno che di essere il leader.

dia tidak akan berpuas hati dengan apa-apa yang kurang daripada menjadi ketua.

Perrault si unì all'inseguimento per aiutare a catturare il ribelle Buck.

Perrault mengambil tangan dalam mengejar untuk membantu menangkap Buck yang memberontak.

Insieme lo portarono in giro per l'accampamento per quasi un'ora.

Bersama-sama, mereka berlari dia mengelilingi kem selama hampir sejam.

Gli scagliarono contro dei bastoni, ma Buck li schivò abilmente uno per uno.

Mereka membaling kayu ke arahnya, tetapi Buck mengelak setiap satunya dengan mahir.

Maledissero lui, i suoi antenati, i suoi discendenti e ogni suo capello.

Mereka mengutuk dia, nenek moyangnya, keturunannya, dan setiap rambut yang ada padanya.

Ma Buck si limitò a ringhiare e a restare appena fuori dalla loro portata.

Tetapi Buck hanya merengus dan tinggal di luar jangkauan mereka.

Non cercò mai di scappare, ma continuò a girare intorno all'accampamento deliberatamente.

Dia tidak pernah cuba melarikan diri tetapi mengelilingi kem dengan sengaja.

Disse chiaramente che avrebbe obbedito una volta ottenuto ciò che voleva.

Dia menjelaskan dia akan patuh sebaik sahaja mereka memberikan apa yang dia mahu.

Alla fine François si sedette e si grattò la testa, frustrato.

François akhirnya duduk dan menggaru kepalanya kerana kecewa.

Perrault controllò l'orologio, imprecò e borbottò qualcosa sul tempo perso.

Perrault memeriksa jam tangannya, bersumpah, dan bergumam tentang masa yang hilang.

Era già trascorsa un'ora, mentre avrebbero dovuto essere sulle tracce.

Sejam sudah berlalu ketika mereka sepatutnya berada di laluan itu.

François alzò le spalle timidamente, guardando il corriere, che sospirò sconfitto.
François mengangkat bahu malu ke arah kurier, yang mengeluh kerana kekalahan.

Poi François si avvicinò a Solleks e chiamò ancora una volta Buck.
Kemudian François berjalan ke Solleks dan memanggil Buck sekali lagi.

Buck rise come ride un cane, ma mantenne una cauta distanza.
Buck ketawa seperti anjing ketawa, tetapi menjaga jarak berhati-hati.

François tolse l'imbracatura a Solleks e lo rimise al suo posto.
François menanggalkan tali pinggang Solleks dan mengembalikannya ke tempatnya.

La squadra di slittini era completamente imbracata, con un solo posto libero.
Pasukan kereta luncur berdiri sepenuhnya, dengan hanya satu tempat yang belum diisi.

La posizione di comando rimase vuota, chiaramente riservata solo a Buck.
Kedudukan utama kekal kosong, jelas dimaksudkan untuk Buck sahaja.

François chiamò di nuovo e di nuovo Buck rise e mantenne la sua posizione.
François memanggil lagi, dan sekali lagi Buck ketawa dan menahan pendiriannya.

«Gettate giù la mazza», ordinò Perrault senza esitazione.
"Buang kelab itu," perintah Perrault tanpa teragak-agak.

François obbedì e Buck si lanciò subito avanti con orgoglio.
François menurut, dan Buck segera berlari ke hadapan dengan bangga.

Rise trionfante e assunse la posizione di comando.
Dia ketawa penuh kemenangan dan melangkah ke posisi utama.

François fissò le corde e la slitta si staccò.

François memastikan jejaknya, dan kereta luncur itu terlepas.

Entrambi gli uomini corsero fianco a fianco mentre la squadra si lanciava lungo il sentiero del fiume.

Kedua-dua lelaki berlari bersama ketika pasukan itu berlumba ke denai sungai.

François aveva avuto una grande stima dei "due diavoli" di Buck,

François sangat menghargai "dua syaitan" Buck.

ma ben presto si rese conto di aver in realtà sottovalutato il cane.

tetapi dia tidak lama kemudian menyedari bahawa dia sebenarnya meremehkan anjing itu.

Buck assunse rapidamente la leadership e si comportò in modo eccellente.

Buck dengan cepat mengambil alih kepimpinan dan beraksi dengan cemerlang.

Buck superò Spitz per capacità di giudizio, rapidità di pensiero e rapidità di azione.

Dalam pertimbangan, pemikiran pantas, dan tindakan pantas, Buck mengatasi Spitz.

François non aveva mai visto un cane pari a quello che Buck mostrava ora.

François tidak pernah melihat anjing yang setara dengan apa yang dipamerkan Buck sekarang.

Ma Buck eccelleva davvero nel far rispettare l'ordine e nel imporre rispetto.

Tetapi Buck benar-benar cemerlang dalam menegakkan perintah dan menghormati.

Dave e Solleks accettarono il cambiamento senza preoccupazioni o proteste.

Dave dan Solleks menerima perubahan itu tanpa kebimbangan atau bantahan.

Si concentravano solo sul lavoro e tiravano forte le redini.

Mereka hanya menumpukan perhatian kepada kerja dan menarik tali pinggang dengan kuat.

A loro importava poco chi guidasse, purché la slitta continuasse a muoversi.

Mereka tidak peduli siapa yang memimpin, selagi kereta luncur itu terus bergerak.

Billee, quella allegra, avrebbe potuto comandare per quel che volevano.

Billee, yang ceria, boleh memimpin untuk semua yang mereka ambil berat.

Ciò che contava per loro era la pace e l'ordine tra i ranghi.

Apa yang penting bagi mereka ialah keamanan dan ketenteraman dalam barisan.

Il resto della squadra era diventato indisciplinato durante il declino di Spitz.

Selebihnya pasukan telah menjadi tidak terkawal semasa kemerosotan Spitz.

Rimasero scioccati quando Buck li riportò immediatamente all'ordine.

Mereka terkejut apabila Buck segera membawa mereka untuk dipesan.

Pike era sempre stato pigro e aveva sempre tergiversato dietro a Buck.

Pike sentiasa malas dan menyeret kakinya ke belakang Buck.

Ma ora è stato severamente disciplinato dalla nuova leadership.

Tetapi kini telah didisiplinkan dengan tajam oleh kepimpinan baru.

E imparò rapidamente a dare il suo contributo alla squadra.

Dan dia cepat belajar untuk menarik berat badannya dalam pasukan.

Alla fine della giornata, Pike lavorò più duramente che mai.

Pada penghujung hari, Pike bekerja lebih keras daripada sebelumnya.

Quella notte all'accampamento, Joe, il cane scontroso, fu finalmente domato.

Malam itu di kem, Joe, anjing masam, akhirnya ditundukkan.

Spitz non era riuscito a disciplinarlo, ma Buck non aveva fallito.

Spitz telah gagal untuk mendisiplinkannya, tetapi Buck tidak gagal.

Sfruttando il suo peso maggiore, Buck sopraffece Joe in pochi secondi.

Menggunakan berat badannya yang lebih besar, Buck menewaskan Joe dalam beberapa saat.

Morse e picchiò Joe finché questi non si mise a piagnucolare e smise di opporre resistenza.

Dia menggigit dan memukul Joe sehingga dia merengek dan berhenti melawan.

Da quel momento in poi l'intera squadra migliorò.

Seluruh pasukan bertambah baik sejak saat itu.

I cani ritrovarono la loro antica unità e disciplina.

Anjing-anjing itu memperoleh semula perpaduan dan disiplin lama mereka.

A Rink Rapids si sono uniti al gruppo due nuovi husky autoctoni, Teek e Koona.

Di Rink Rapids, dua husky asli baharu, Teek dan Koona, menyertainya.

La rapidità con cui Buck li addestramento stupì perfino François.

Latihan pantas Buck terhadap mereka mengejutkan François.

"Non è mai esistito un cane come quel Buck!" esclamò stupito.

"Tidak pernah ada anjing seperti Buck itu!" dia menangis kehairanan.

"No, mai! Vale mille dollari, per Dio!"

"Tidak, tidak pernah! Dia bernilai seribu dolar, demi Tuhan!"

"Eh? Che ne dici, Perrault?" chiese con orgoglio.

"Eh? Apa yang awak cakap, Perrault?" dia bertanya dengan bangga.

Perrault annuì in segno di assenso e controllò i suoi appunti.

Perrault mengangguk setuju dan menyemak notanya.

Siamo già in anticipo sui tempi e guadagniamo sempre di più ogni giorno.

Kami sudah mendahului jadual dan memperoleh lebih banyak setiap hari.

Il sentiero era compatto e liscio, senza neve fresca.

Laluan itu padat dan licin, tanpa salji segar.

Il freddo era costante, con temperature che si aggiravano sempre sui cinquanta gradi sotto zero.

Kesejukan adalah stabil, berlegar pada lima puluh di bawah sifar sepanjang.

Per scaldarsi e guadagnare tempo, gli uomini si alternavano a cavallo e a correre.

Lelaki itu menunggang dan berlari secara bergilir-gilir untuk memanaskan badan dan meluangkan masa.

I cani correvano veloci, fermandosi di rado, spingendosi sempre in avanti.

Anjing-anjing itu berlari pantas dengan beberapa hentian, sentiasa menolak ke hadapan.

Il fiume Thirty Mile era per la maggior parte ghiacciato e facile da attraversare.

Sungai Thirty Mile kebanyakannya beku dan mudah untuk dilalui.

In un giorno realizzarono ciò che per arrivare aveva impiegato dieci giorni.

Mereka keluar dalam satu hari yang telah mengambil masa sepuluh hari.

Percorsero circa 96 chilometri dal lago Le Barge a White Horse.

Mereka membuat pecutan sejauh enam puluh batu dari Lake Le Barge ke White Horse.

Si muovevano a velocità incredibile attraverso i laghi Marsh, Tagish e Bennett.

Merentasi Tasik Marsh, Tagish dan Bennett mereka bergerak dengan sangat pantas.

L'uomo che correva veniva trainato dietro la slitta con una corda.

Lelaki berlari itu menunda di belakang kereta luncur dengan seutas tali.

L'ultima notte della seconda settimana giunsero a destinazione.

Pada malam terakhir minggu kedua mereka sampai ke destinasi mereka.

Insieme avevano raggiunto la cima del White Pass.

Mereka telah mencapai puncak White Pass bersama-sama.

Scesero fino al livello del mare, con le luci dello Skaguay sotto di loro.

Mereka jatuh ke paras laut dengan lampu Skaguay di bawahnya.

Era stata una corsa da record attraverso chilometri di fredda natura selvaggia.

Ia telah mencatat rekod larian merentasi berbatu-batu hutan belantara yang sejuk.

Per quattordici giorni di fila percorsero in media circa quaranta miglia.

Selama empat belas hari berturut-turut, mereka mempunyai purata empat puluh batu yang kuat.

A Skaguay, Perrault e François trasportavano merci attraverso la città.

Di Skaguay, Perrault dan François memindahkan kargo melalui bandar.

Furono applauditi e ricevettero numerose bevande dalla folla ammirata.

Mereka bersorak dan menawarkan banyak minuman dengan mengagumi orang ramai.

I cacciatori di cani e gli operai si sono riuniti attorno alla famosa squadra cinofila.

Pemusnah anjing dan pekerja berkumpul di sekeliling pasukan anjing terkenal.

Poi i fuorilegge del West giunsero in città e subirono una violenta sconfitta.

Kemudian penjahat barat datang ke bandar dan menemui kekalahan ganas.

La gente si dimenticò presto della squadra e si concentrò sul nuovo dramma.

Orang ramai tidak lama lagi melupakan pasukan itu dan memberi tumpuan kepada drama baharu.

Poi arrivarono i nuovi ordini che cambiarono tutto in un colpo.

Kemudian datang pesanan baru yang mengubah segala-galanya sekaligus.

François chiamò Buck e lo abbracciò con orgoglio e lacrime.

François memanggil Buck kepadanya dan memeluknya dengan penuh sebak.

Quel momento fu l'ultima volta che Buck vide di nuovo François.

Detik itu adalah kali terakhir Buck melihat François lagi.

Come molti altri uomini prima di lui, sia François che Perrault se n'erano andati.

Seperti ramai lelaki sebelum ini, kedua-dua François dan Perrault telah tiada.

Un meticcio scozzese si prese cura di Buck e dei suoi compagni di squadra con i cani da slitta.

Kaum separuh Scotch mengambil alih Buck dan rakan sepasukan anjing kereta luncurnya.

Con una dozzina di altre mute di cani, ritornarono lungo il sentiero fino a Dawson.

Dengan sedozen pasukan anjing lain, mereka kembali di sepanjang laluan ke Dawson.

Non si trattava più di una corsa veloce, ma solo di un duro lavoro con un carico pesante ogni giorno.

Ia bukan larian pantas sekarang—hanya kerja berat dengan beban yang berat setiap hari.

Si trattava del treno postale che portava notizie ai cercatori d'oro vicino al Polo.

Ini adalah kereta api mel, membawa berita kepada pemburu emas berhampiran Kutub.

Buck non amava il lavoro, ma lo sopportò bene, essendo orgoglioso del suo impegno.

Buck tidak menyukai kerja itu tetapi menanggungnya dengan baik, berbangga dengan usahanya.

Come Dave e Solleks, Buck dimostrava dedizione in ogni compito quotidiano.

Seperti Dave dan Solleks, Buck menunjukkan pengabdian kepada setiap tugas harian.

Si è assicurato che tutti i suoi compagni di squadra dessero il massimo.

Dia memastikan rakan sepasukannya masing-masing menarik berat mereka.

La vita sui sentieri divenne noiosa e si ripeteva con la precisione di una macchina.

Kehidupan jejak menjadi membosankan, berulang dengan ketepatan mesin.

Ogni giorno era uguale, una mattina si fondeva con quella successiva.

Setiap hari terasa sama, satu pagi bercampur dengan yang berikutnya.

Alla stessa ora, i cuochi si alzarono per accendere il fuoco e preparare il cibo.

Pada jam yang sama, tukang masak bangkit untuk membakar api dan menyediakan makanan.

Dopo colazione alcuni lasciarono l'accampamento mentre altri attaccarono i cani.

Selepas sarapan pagi, ada yang meninggalkan kem manakala yang lain memanfaatkan anjing.

Raggiunsero il sentiero prima che il pallido segnale dell'alba sfiorasse il cielo.

Mereka melanggar denai sebelum amaran subuh yang redup menyentuh langit.

Di notte si fermavano per accamparsi, e a ogni uomo veniva assegnato un compito.

Pada waktu malam, mereka berhenti untuk membuat perkhemahan, setiap lelaki mempunyai tugas yang ditetapkan.

Alcuni montarono le tende, altri tagliarono la legna da ardere e raccolsero rami di pino.

Ada yang mendirikan khemah, yang lain memotong kayu api dan mengumpul dahan pain.

Acqua o ghiaccio venivano portati ai cuochi per la cena serale.

Air atau ais dibawa kembali ke tukang masak untuk makan malam.

I cani vennero nutriti e per loro quello fu il momento migliore della giornata.

Anjing-anjing itu diberi makan, dan ini adalah bahagian terbaik hari itu untuk mereka.

Dopo aver mangiato il pesce, i cani si rilassarono e oziarono vicino al fuoco.

Selepas makan ikan, anjing-anjing itu berehat dan berehat berhampiran api.

Nel convoglio c'erano un centinaio di altri cani con cui socializzare.

Terdapat seratus anjing lain dalam konvoi untuk bergaul.

Molti di quei cani erano feroci e pronti a combattere senza preavviso.

Kebanyakan anjing itu garang dan cepat melawan tanpa amaran.

Ma dopo tre vittorie, Buck riuscì a domare anche i combattenti più feroci.

Tetapi selepas tiga kemenangan, Buck menguasai walaupun pejuang yang paling garang.

Ora, quando Buck ringhiò e mostrò i denti, loro si fecero da parte.

Sekarang apabila Buck menggeram dan menunjukkan giginya, mereka melangkah ke tepi.

Forse la cosa più bella di tutte era che a Buck piaceva sdraiarsi vicino al fuoco tremolante.

Mungkin yang terbaik, Buck suka berbaring berhampiran unggun api yang berkelip-kelip.

Si accovacciò, con le zampe posteriori ripiegate e quelle anteriori distese in avanti.

Dia bongkok dengan kaki belakang terselak dan kaki depan dihulur ke hadapan.

Teneva la testa sollevata e sbatteva dolcemente le palpebre verso le fiamme ardenti.

Kepalanya diangkat sambil mengedip perlahan melihat api yang menyala.

A volte ricordava la grande casa del giudice Miller a Santa Clara.

Kadang-kadang dia teringat rumah besar Hakim Miller di Santa Clara.

Pensò alla piscina di cemento, a Ysabel e al carlino di nome Toots.

Dia memikirkan kolam simen, Ysabel, dan pug yang dipanggil Toots.

Ma più spesso si ricordava del bastone dell'uomo con il maglione rosso.

Tetapi lebih kerap dia teringat lelaki berbaju sweater merah itu.

Ricordava la morte di Curly e la sua feroce battaglia con Spitz.

Dia teringat kematian Kerinting dan pertempuran sengitnya dengan Spitz.

Ricordava anche il buon cibo che aveva mangiato o che ancora sognava.

Dia juga mengimbau kembali makanan enak yang pernah dimakan atau masih diimpikannya.

Buck non aveva nostalgia di casa: la valle calda era lontana e irreale.

Buck tidak rindu — lembah hangat itu jauh dan tidak nyata.

I ricordi della California non avevano più alcun fascino su di lui.

Kenangan California tidak lagi menarik perhatiannya.

Più forti della memoria erano gli istinti radicati nella sua stirpe.

Lebih kuat daripada ingatan adalah naluri yang jauh dalam garis keturunannya.

Le abitudini un tempo perdute erano tornate, ravvivate dal sentiero e dalla natura selvaggia.

Tabiat yang pernah hilang telah kembali, dihidupkan semula oleh jejak dan liar.

Mentre Buck osservava la luce del fuoco, a volte questa diventava qualcos'altro.

Semasa Buck memerhatikan cahaya api, kadangkala ia menjadi sesuatu yang lain.

Vide alla luce del fuoco un altro fuoco, più vecchio e più profondo di quello attuale.

Dia melihat dalam nyalaan api api lain, lebih tua dan lebih dalam daripada yang sekarang.

Accanto all'altro fuoco era accovacciato un uomo che non somigliava per niente al cuoco meticcio.

Di sebelah api lain merengkok seorang lelaki tidak seperti tukang masak separuh kambing.

Questa figura aveva gambe corte, braccia lunghe e muscoli duri e contratti.

Angka ini mempunyai kaki pendek, lengan panjang, dan otot bersimpul yang keras.

I suoi capelli erano lunghi e arruffati, e gli scendevano all'indietro a partire dagli occhi.

Rambutnya panjang dan kusut, condong ke belakang dari matanya.

Emetteva strani suoni e fissava l'oscurità con paura.

Dia mengeluarkan bunyi aneh dan merenung ketakutan pada kegelapan.

Teneva bassa una mazza di pietra, stretta saldamente nella sua mano lunga e ruvida.

Dia memegang kayu batu rendah, digenggam erat di tangan kasarnya yang panjang.

L'uomo indossava ben poco: solo una pelle carbonizzata che gli pendeva lungo la schiena.

Lelaki itu memakai sedikit; hanya kulit hangus yang tergantung di belakangnya.

Il suo corpo era ricoperto da una folta peluria sulle braccia, sul petto e sulle cosce.

Badannya dilitupi rambut tebal merentasi lengan, dada, dan peha.

Alcune parti del pelo erano aggrovigliate e formavano chiazze di pelo ruvido.

Beberapa bahagian rambut telah kusut menjadi tompokan bulu kasar.

Non stava dritto, ma era piegato in avanti dai fianchi alle ginocchia.
Dia tidak berdiri tegak tetapi membongkok ke hadapan dari pinggul hingga lutut.

I suoi passi erano elastici e felini, come se fosse sempre pronto a scattare.
Langkahnya kenyal dan seperti kucing, seolah-olah sentiasa bersedia untuk melompat.

C'era una forte allerta, come se vivesse nella paura costante.
Terdapat kewaspadaan yang tajam, seperti dia hidup dalam ketakutan yang berterusan.

Quest'uomo anziano sembrava aspettarsi il pericolo, indipendentemente dal fatto che questo venisse visto o meno.
Manusia purba ini seolah-olah mengharapkan bahaya, sama ada bahaya itu dilihat atau tidak.

A volte l'uomo peloso dormiva accanto al fuoco, con la testa tra le gambe.
Ada kalanya lelaki berbulu itu tidur di tepi api, kepala terselit di antara kaki.

Teneva i gomiti sulle ginocchia e le mani giunte sopra la testa.
Sikunya disandarkan pada lutut, tangan dirapatkan di atas kepala.

Come un cane, usava le sue braccia pelose per proteggersi dalla pioggia che cadeva.
Seperti anjing dia menggunakan lengannya yang berbulu untuk menumpahkan hujan yang turun.

Oltre la luce del fuoco, Buck vide due carboni ardenti che ardevano nell'oscurità.
Di sebalik cahaya api, Buck melihat arang berkembar bercahaya dalam gelap.

Sempre a due a due, erano gli occhi delle bestie da preda.
Sentiasa dua-dua, mereka adalah mata kepada binatang pemangsa yang mengintai.

Sentì corpi che si infrangevano tra i cespugli e rumori provenienti dalla notte.

Dia mendengar mayat berhempas melalui berus dan bunyi yang dibuat pada waktu malam.

Sdraiato sulla riva dello Yukon, sbattendo le palpebre, Buck sognò accanto al fuoco.

Berbaring di tebing Yukon, berkelip, Buck bermimpi di tepi api.

Le immagini e i suoni di quel mondo selvaggio gli fecero rizzare i capelli.

Pemandangan dan bunyi dunia liar itu membuatkan bulu romanya berdiri.

La pelliccia gli si drizzò lungo la schiena, sulle spalle e sul collo.

Bulunya naik di sepanjang punggungnya, bahunya, dan naik ke lehernya.

Gemeva piano o emetteva un ringhio basso dal profondo del petto.

Dia merengek perlahan atau mendengus perlahan jauh di dalam dadanya.

Allora il cuoco meticcio urlò: "Ehi, Buck, svegliati!"

Kemudian tukang masak kacukan separuh itu menjerit, "Hei, awak Buck, bangun!"

Il mondo dei sogni svanì e la vera vita tornò agli occhi di Buck.

Dunia impian lenyap, dan kehidupan sebenar kembali ke mata Buck.

Si sarebbe alzato, si sarebbe stiracchiato e avrebbe sbadigliato, come se si fosse svegliato da un pisolino.

Dia akan bangun, meregang, dan menguap, seolah-olah bangun dari tidur.

Il viaggio era duro, con la slitta postale che li trascinava dietro.

Perjalanan itu sukar, dengan kereta luncur mel menyeret di belakang mereka.

Carichi pesanti e lavoro duro sfinivano i cani ogni lunga giornata.

Beban berat dan kerja berat meletihkan anjing setiap hari yang panjang.

Arrivarono a Dawson magro, stanco e con bisogno di più di una settimana di riposo.

Mereka tiba di Dawson dalam keadaan kurus, letih, dan memerlukan rehat selama seminggu.

Ma solo due giorni dopo ripartirono per lo Yukon.

Tetapi hanya dua hari kemudian, mereka turun semula ke Yukon.

Erano carichi di altre lettere dirette al mondo esterno.

Mereka sarat dengan lebih banyak surat untuk dunia luar.

I cani erano esausti e gli uomini si lamentavano in continuazione.

Anjing-anjing itu keletihan dan lelaki-lelaki itu sentiasa mengadu.

Ogni giorno cadeva la neve, ammorbidendo il sentiero e rallentando le slitte.

Salji turun setiap hari, melembutkan laluan dan memperlahankan kereta luncur.

Ciò rendeva la trazione più dura e aumentava la resistenza delle guide.

Ini menjadikan tarikan lebih keras dan lebih banyak seretan pada pelari.

Nonostante ciò, i piloti si sono dimostrati leali e hanno avuto cura delle loro squadre.

Walaupun begitu, para pemandu bersikap adil dan mengambil berat terhadap pasukan mereka.

Ogni notte, i cani venivano nutriti prima che gli uomini mangiassero.

Setiap malam, anjing diberi makan sebelum lelaki itu makan.

Nessun uomo dormiva prima di controllare le zampe del proprio cane.

Tiada lelaki yang tidur sebelum memeriksa kaki anjingnya sendiri.

Tuttavia, i cani diventavano sempre più deboli man mano che i chilometri consumavano i loro corpi.

Namun, anjing-anjing itu semakin lemah apabila batu-batu itu memakai badan mereka.

Avevano viaggiato per milleottocento miglia durante l'inverno.

Mereka telah mengembara lapan belas ratus batu melalui musim sejuk.

Percorrevano ogni miglio di quella distanza brutale trainando le slitte.

Mereka menarik kereta luncur merentasi setiap batu dari jarak kejam itu.

Anche i cani da slitta più resistenti provano tensione dopo tanti chilometri.

Malah anjing kereta luncur yang paling sukar berasa tegang selepas beberapa batu.

Buck tenne duro, fece sì che la sua squadra lavorasse e mantenne la disciplina.

Buck bertahan, memastikan pasukannya bekerja, dan mengekalkan disiplin.

Ma Buck era stanco, proprio come gli altri durante il lungo viaggio.

Tetapi Buck keletihan, sama seperti yang lain dalam perjalanan yang jauh.

Billee piagnucolava e piangeva nel sonno ogni notte, senza sosta.

Billee merengek dan menangis dalam tidurnya setiap malam tanpa gagal.

Joe diventò ancora più amareggiato e Solleks rimase freddo e distante.

Joe menjadi lebih pahit, dan Solleks kekal dingin dan jauh.

Ma è stato Dave a soffrire di più di tutta la squadra.

Tetapi Dave yang paling menderita daripada keseluruhan pasukan.

Qualcosa dentro di lui era andato storto, anche se nessuno sapeva cosa.

Ada sesuatu yang tidak kena dalam dirinya, walaupun tiada siapa yang tahu apa.

Divenne più lunatico e aggredì gli altri con rabbia crescente.

Dia menjadi lebih murung dan membentak orang lain dengan kemarahan yang semakin meningkat.

Ogni notte andava dritto al suo nido, in attesa di essere nutrito.

Setiap malam dia terus ke sarangnya, menunggu untuk diberi makan.

Una volta a terra, Dave non si alzò più fino al mattino.

Sebaik sahaja dia turun, Dave tidak bangun lagi sehingga pagi.

Sulle redini, gli improvvisi strattoni o sussulti lo facevano gridare di dolore.

Pada tanduk, tersentak atau mula secara tiba-tiba membuatkan dia menangis kesakitan.

L'autista ha cercato di capirne la causa, ma non ha trovato ferite.

Pemandunya mencari punca, tetapi tidak menemui kecederaan padanya.

Tutti gli autisti cominciarono a osservare Dave e a discutere del suo caso.

Semua pemandu mula memerhati Dave dan membincangkan kesnya.

Parlarono durante i pasti e durante l'ultima sigaretta della giornata.

Mereka bercakap semasa makan dan semasa asap terakhir mereka pada hari itu.

Una notte tennero una riunione e portarono Dave al fuoco.

Suatu malam mereka mengadakan mesyuarat dan membawa Dave ke api.

Gli premevano e palpavano il corpo e lui gridava spesso.

Mereka menekan dan menyiasat tubuhnya, dan dia sering menangis.

Era evidente che qualcosa non andava, anche se non sembrava esserci nessuna frattura.

Jelas sekali, ada sesuatu yang tidak kena, walaupun tiada tulang yang kelihatan patah.

Quando arrivarono al Cassiar Bar, Dave stava cadendo.

Ketika mereka tiba di Cassiar Bar, Dave telah jatuh terduduk.

Il meticcio scozzese impose uno stop e rimosse Dave dalla squadra.

Kaum separuh baka Scotch berhenti dan mengeluarkan Dave daripada pasukan.

Fissò Solleks al posto di Dave, il più vicino possibile alla parte anteriore della slitta.

Dia mengikat Solleks di tempat Dave, paling hampir dengan bahagian hadapan kereta luncur itu.

Voleva lasciare che Dave riposasse e corresse libero dietro la slitta in movimento.

Dia bermaksud untuk membiarkan Dave berehat dan berlari bebas di belakang kereta luncur yang bergerak.

Ma nonostante la malattia, Dave odiava che gli venisse tolto il lavoro che aveva ricoperto.

Tetapi walaupun sakit, Dave benci diambil dari pekerjaan yang dimilikinya.

Ringhiò e piagnucolò quando gli strapparono le redini dal corpo.

Dia merengek dan merengek apabila tali kekang ditarik dari badannya.

Quando vide Solleks al suo posto, pianse disperato.

Apabila dia melihat Solleks di tempatnya, dia menangis dengan kesakitan yang patah hati.

L'orgoglio per il lavoro sui sentieri era profondo in Dave, anche quando la morte si avvicinava.

Kebanggaan kerja jejak adalah mendalam dalam diri Dave, walaupun kematian menghampiri.

Mentre la slitta si muoveva, Dave arrancava nella neve soffice vicino al sentiero.

Semasa kereta luncur itu bergerak, Dave menggelepar melalui salji lembut berhampiran denai.

Attaccò Solleks, mordendolo e spingendolo giù dal lato della slitta.

Dia menyerang Solleks, menggigit dan menolaknya dari sisi kereta luncur.

Dave cercò di saltare nell'imbracatura e di riprendersi il suo posto di lavoro.

Dave cuba melompat ke dalam abah-abah dan menuntut semula tempat kerjanya.

Lui guaiva, si lamentava e piangeva, diviso tra il dolore e l'orgoglio del parto.

Dia menjerit, merengek, dan menangis, terbelah antara kesakitan dan kebanggaan dalam melahirkan anak.

Il meticcio usò la frusta per cercare di allontanare Dave dalla squadra.

Kaum separuh itu menggunakan cemetinya untuk cuba menghalau Dave daripada pasukan.

Ma Dave ignorò la frustata e l'uomo non riuscì a colpirlo più forte.

Tetapi Dave tidak mengendahkan sebatan itu, dan lelaki itu tidak boleh memukulnya lebih kuat.

Dave rifiutò il sentiero più facile dietro la slitta, dove la neve era compatta.

Dave menolak laluan yang lebih mudah di belakang kereta luncur, di mana salji dipenuhi.

Invece, si ritrovò a lottare nella neve profonda, ai lati del sentiero, in preda alla miseria.

Sebaliknya, dia bergelut dalam salji yang dalam di sebelah denai, dalam kesengsaraan.

Alla fine Dave crollò, giacendo sulla neve e urlando di dolore.

Akhirnya, Dave rebah, terbaring di atas salji dan meraung kesakitan.

Lanciò un grido mentre la lunga fila di slitte gli passava accanto una dopo l'altra.

Dia menjerit apabila kereta luncur panjang melewatinya satu persatu.

Tuttavia, con le poche forze che gli rimanevano, si alzò e barcollò dietro di loro.

Namun, dengan kekuatan yang masih ada, dia bangkit dan tersandung mengejar mereka.

Quando il treno si fermò di nuovo, lo raggiunse e trovò la sua vecchia slitta.

Dia mengejar apabila kereta api berhenti semula dan menemui kereta luncur lamanya.

Superò con difficoltà le altre squadre e tornò a posizionarsi accanto a Solleks.
Dia menggelepar melepasi pasukan lain dan berdiri di sebelah Solleks semula.
Mentre l'autista si fermava per accendere la pipa, Dave colse l'ultima occasione.
Semasa pemandu berhenti untuk menyalakan paipnya, Dave mengambil peluang terakhirnya.
Quando l'autista tornò e urlò, la squadra non avanzò.
Apabila pemandu itu kembali dan menjerit, pasukan itu tidak bergerak ke hadapan.
I cani avevano girato la testa, confusi dall'improvviso arresto.
Anjing-anjing itu telah menoleh, keliru dengan pemberhentian secara tiba-tiba.
Anche il conducente era scioccato: la slitta non si era mossa di un centimetro in avanti.
Pemandu itu juga terkejut— kereta luncur itu tidak bergerak seinci ke hadapan.
Chiamò gli altri perché venissero a vedere cosa era successo.
Dia memanggil yang lain untuk datang dan melihat apa yang telah berlaku.
Dave aveva masticato le redini di Solleks, spezzandole entrambe.
Dave telah mengunyah kekang Solleks, memecahkan kedua-duanya.
Ora era di nuovo in piedi davanti alla slitta, nella sua giusta posizione.
Kini dia berdiri di hadapan kereta luncur, kembali dalam kedudukannya yang sepatutnya.
Dave alzò lo sguardo verso l'autista, implorandolo silenziosamente di restare al passo.
Dave mendongak ke arah pemandu, dalam diam merayu untuk kekal dalam jejak.
L'autista era perplesso e non sapeva cosa fare per il cane in difficoltà.

Pemandu itu hairan, tidak pasti apa yang perlu dilakukan untuk anjing yang bergelut itu.

Gli altri uomini parlavano di cani morti perché li avevano portati fuori.

Lelaki lain bercakap tentang anjing yang telah mati kerana dibawa keluar.

Raccontavano di cani vecchi o feriti il cui cuore si era spezzato quando erano stati abbandonati.

Mereka memberitahu anjing tua atau cedera yang hatinya hancur apabila ditinggalkan.

Concordarono che era un atto di misericordia lasciare che Dave morisse mentre era ancora imbrigliato.

Mereka bersetuju bahawa ia adalah belas kasihan untuk membiarkan Dave mati semasa masih dalam abahnya.

Fu rimesso in sicurezza sulla slitta e Dave tirò con orgoglio.

Dia diikat semula ke atas kereta luncur, dan Dave ditarik dengan bangga.

Anche se a volte gridava, lavorava come se il dolore potesse essere ignorato.

Walaupun dia kadang-kadang menangis, dia bekerja seolah-olah kesakitan boleh diabaikan.

Più di una volta cadde e fu trascinato prima di rialzarsi.

Lebih daripada sekali dia jatuh dan diseret sebelum bangkit semula.

A un certo punto la slitta gli rotolò addosso e da quel momento in poi zoppicò.

Sekali, kereta luncur itu bergolek di atasnya, dan dia terpincang-pincang sejak saat itu.

Nonostante ciò, lavorò finché non raggiunse l'accampamento e poi si sdraiò accanto al fuoco.

Namun, dia bekerja sehingga kem dicapai, dan kemudian berbaring di tepi api.

Al mattino Dave era troppo debole per muoversi o anche solo per stare in piedi.

Menjelang pagi, Dave terlalu lemah untuk bergerak atau berdiri tegak.

Al momento di allacciare l'imbracatura, cercò di raggiungere il suo autista con sforzi tremanti.

Pada masa abah-abah, dia cuba mencapai pemandunya dengan usaha yang menggeletar.

Si sforzò di rialzarsi, barcollò e crollò sul terreno innevato.

Dia memaksa dirinya bangun, terhuyung-hayang, dan rebah ke tanah bersalji.

Utilizzando le zampe anteriori, trascinò il suo corpo verso la zona dell'imbracatura.

Menggunakan kaki hadapannya, dia mengheret badannya ke arah kawasan harnessing.

Si fece avanti, centimetro dopo centimetro, verso i cani da lavoro.

Dia memaut dirinya ke hadapan, inci demi inci, ke arah anjing yang bekerja.

Le forze gli cedettero, ma continuò a muoversi nel suo ultimo disperato tentativo.

Kekuatannya hilang, tetapi dia terus bergerak dalam tolakan terakhirnya yang terdesak.

I suoi compagni di squadra lo videro ansimare nella neve, ancora desideroso di unirsi a loro.

Rakan sepasukannya melihat dia tercungap-cungap di dalam salji, masih rindu untuk menyertai mereka.

Lo sentirono urlare di dolore mentre si lasciavano alle spalle l'accampamento.

Mereka mendengar dia melolong dengan kesedihan ketika mereka meninggalkan perkhemahan itu.

Mentre la squadra svaniva tra gli alberi, il grido di Dave risuonava dietro di loro.

Ketika pasukan itu hilang ke dalam pokok, tangisan Dave bergema di belakang mereka.

Il treno delle slitte si fermò brevemente dopo aver attraversato un tratto di fiume ricco di boschi.

Kereta luncur itu berhenti seketika selepas melintasi sebatang kayu sungai.

Il meticcio scozzese tornò lentamente verso l'accampamento alle sue spalle.

Kaum separuh baka Scotch berjalan perlahan-lahan kembali
ke arah perkhemahan di belakang.

**Gli uomini smisero di parlare quando lo videro scendere dal
treno delle slitte.**

Lelaki itu berhenti bercakap apabila mereka melihat dia
meninggalkan kereta luncur.

**Poi un singolo colpo di pistola risuonò chiaro e netto
attraverso il sentiero.**

Kemudian satu das tembakan kedengaran jelas dan tajam
melintasi laluan itu.

**L'uomo tornò rapidamente e prese il suo posto senza dire
una parola.**

Lelaki itu kembali dengan pantas dan mengambil tempat
tanpa sebarang kata.

**Le fruste schioccavano, i campanelli tintinnavano e le slitte
avanzavano sulla neve.**

Cambuk retak, loceng berdering, dan kereta luncur bergolek
melalui salji.

Ma Buck sapeva cosa era successo, come tutti gli altri cani.

Tetapi Buck tahu apa yang telah berlaku-dan begitu juga
setiap anjing lain.

La fatica delle redini e del sentiero
Jerih payah Tanduk dan Jejak

Trenta giorni dopo aver lasciato Dawson, la Salt Water Mail raggiunse Skaguay.
Tiga puluh hari selepas meninggalkan Dawson, Mail Air Garam tiba di Skaguay.

Buck e i suoi compagni di squadra presero il comando e arrivarono in condizioni pietose.
Buck dan rakan sepasukannya mendahului, tiba dalam keadaan menyedihkan.

Buck era sceso da 140 a 150 chili.
Buck telah turun daripada seratus empat puluh kepada seratus lima belas paun.

Gli altri cani, sebbene più piccoli, avevano perso ancora più peso corporeo.
Anjing-anjing lain, walaupun lebih kecil, telah kehilangan lebih banyak berat badan.

Pike, che una volta zoppicava fingendo, ora trascinava dietro di sé una gamba veramente ferita.
Pike, yang dahulunya seorang lemper palsu, kini mengheret kaki yang benar-benar cedera di belakangnya.

Solleks zoppicava gravemente e Dub aveva una scapola slogata.
Solleks terpincang-pincáng dengan teruk, dan tulang belikat Dub tercabut.

Tutti i cani del team avevano i piedi doloranti a causa delle settimane trascorse sul sentiero ghiacciato.
Setiap anjing dalam pasukan itu sakit kaki selama berminggu-minggu di laluan beku.

Non avevano più slancio nei loro passi, solo un movimento lento e trascinato.
Mereka tidak mempunyai mata air lagi dalam langkah mereka, hanya gerakan yang perlahan dan menyeret.

I loro piedi colpivano il sentiero con forza e ogni passo aggiungeva ulteriore sforzo al loro corpo.

Kaki mereka menghentak denai dengan kuat, setiap langkah menambah ketegangan pada badan mereka.

Non erano malati, erano solo stremati oltre ogni possibile guarigione naturale.

Mereka tidak sakit, hanya dikeringkan di luar semua pemulihan semula jadi.

Non si trattava della stanchezza di una giornata faticosa, curata con una notte di riposo.

Ini bukanlah keletihan dari satu hari yang sukar, sembuh dengan rehat malam.

Era una stanchezza accumulata lentamente attraverso mesi di sforzi estenuanti.

Ia adalah keletihan yang dibina perlahan-lahan melalui usaha yang melelahkan selama berbulan-bulan.

Non era rimasta alcuna riserva di forze: avevano esaurito ogni energia a loro disposizione.

Tiada kekuatan simpanan yang tinggal—mereka telah menggunakan semua yang mereka ada.

Ogni muscolo, fibra e cellula del loro corpo era consumato e usurato.

Setiap otot, serat, dan sel dalam badan mereka dihabiskan dan haus.

E c'era un motivo: avevano percorso duemilacinquecento miglia.

Dan ada sebabnya—mereka telah menempuh jarak dua puluh lima ratus batu.

Si erano riposati solo cinque giorni durante le ultime milleottocento miglia.

Mereka telah berehat hanya lima hari selama lapan belas ratus batu yang lalu.

Quando giunsero a Skaguay, sembrava che riuscissero a malapena a stare in piedi.

Apabila mereka tiba di Skaguay, mereka kelihatan hampir tidak dapat berdiri tegak.

Facevano fatica a tenere le redini strette e a restare davanti alla slitta.

Mereka bergelut untuk mengekalkan tampuk ketat dan berada di hadapan kereta luncur.

Nei pendii in discesa riuscivano solo a evitare di essere investiti.

Di cerun menuruni bukit, mereka hanya sempat mengelak daripada digilis.

"Continuate a marciare, poveri piedi doloranti", disse l'autista mentre zoppicavano.

"Majulah, kaki sakit," kata pemandu itu sambil berjalan tertatih-tatih.

"Questo è l'ultimo tratto, poi ci prenderemo tutti un lungo riposo, di sicuro."

"Ini adalah regangan terakhir, kemudian kita semua berehat panjang, pasti."

"Un riposo davvero lungo", promise, guardandoli barcollare in avanti.

"Satu rehat yang benar-benar lama," dia berjanji, melihat mereka terhuyung-huyung ke hadapan.

Gli autisti si aspettavano una lunga e necessaria pausa.

Pemandu menjangkakan mereka akan mendapat rehat yang panjang dan diperlukan.

Avevano percorso milleduecento miglia con solo due giorni di riposo.

Mereka telah mengembara dua belas ratus batu dengan hanya berehat dua hari.

Per correttezza e ragione, ritenevano di essersi guadagnati un po' di tempo per rilassarsi.

Dengan keadilan dan alasan, mereka merasakan mereka telah mendapat masa untuk berehat.

Ma troppi erano giunti nel Klondike e troppo pochi erano rimasti a casa.

Tetapi terlalu ramai yang datang ke Klondike, dan terlalu sedikit yang tinggal di rumah.

Le lettere delle famiglie continuavano ad arrivare, creando pile di posta in ritardo.

Surat daripada keluarga membanjiri, mencipta timbunan surat tertangguh.

Arrivarono gli ordini ufficiali: i nuovi cani della Hudson Bay avrebbero preso il sopravvento.

Pesanan rasmi tiba—anjing Hudson Bay baharu akan mengambil alih.

I cani esausti, ormai considerati inutili, dovevano essere eliminati.

Anjing-anjing yang keletihan, yang kini dipanggil tidak bernilai, harus dilupuskan.

Poiché i soldi erano più importanti dei cani, venivano venduti a basso prezzo.

Oleh kerana wang lebih penting daripada anjing, mereka akan dijual dengan murah.

Passarono altri tre giorni prima che i cani si accorgessero di quanto fossero deboli.

Tiga hari lagi berlalu sebelum anjing-anjing itu merasakan betapa lemahnya mereka.

La quarta mattina, due uomini provenienti dagli Stati Uniti acquistarono l'intera squadra.

Pada pagi keempat, dua lelaki dari Amerika membeli seluruh pasukan.

La vendita comprendeva tutti i cani e le loro imbracature usate.

Jualan itu termasuk semua anjing, serta peralatan abah-abah yang dipakai.

Mentre concludevano l'affare, gli uomini si chiamavano tra loro "Hal" e "Charles".

Lelaki itu memanggil satu sama lain "Hal" dan "Charles" semasa mereka menyelesaikan perjanjian itu.

Charles era un uomo di mezza età, pallido, con labbra molli e folti baffi.

Charles pertengahan umur, pucat, bibir lembik dan hujung misai garang.

Hal era un giovane, forse diciannove anni, che indossava una cintura imbottita di cartucce.

Hal adalah seorang lelaki muda, mungkin sembilan belas, memakai tali pinggang yang diisi kartrij.

Nella cintura erano contenuti un grosso revolver e un coltello da caccia, entrambi inutilizzati.

Tali pinggang itu memegang revolver besar dan pisau memburu, kedua-duanya tidak digunakan.

Dimostrava quanto fosse inesperto e inadatto alla vita nel Nord.

Ia menunjukkan betapa dia tidak berpengalaman dan tidak sesuai untuk kehidupan di utara.

Nessuno dei due uomini viveva in natura; la loro presenza sfidava ogni ragionevolezza.

Kedua-dua lelaki tidak tergolong dalam alam liar; kehadiran mereka menentang segala alasan.

Buck osservava lo scambio di denaro tra l'acquirente e l'agente.

Buck melihat ketika wang bertukar tangan antara pembeli dan ejen.

Sapeva che i conducenti dei treni postali stavano abbandonando la sua vita come tutti gli altri.

Dia tahu pemandu kereta api mel meninggalkan hidupnya seperti yang lain.

Seguirono Perrault e François, ormai scomparsi.

Mereka mengikuti Perrault dan François, kini tidak dapat diingati lagi.

Buck e la squadra vennero condotti al disordinato accampamento dei loro nuovi proprietari.

Buck dan pasukan telah dibawa ke kem ceroboh pemilik baru mereka.

La tenda cedeva, i piatti erano sporchi e tutto era in disordine.

Khemah kendur, pinggan mangkuk kotor, dan semuanya berantakan.

Anche Buck notò una donna lì: Mercedes, moglie di Charles e sorella di Hal.

Buck melihat seorang wanita di sana juga—Mercedes, isteri Charles dan adik kepada Hal.

Formavano una famiglia completa, anche se erano tutt'altro che adatti al sentiero.

Mereka membuat keluarga yang lengkap, walaupun jauh dari sesuai dengan jejak.

Buck osservava nervosamente mentre il trio iniziava a impacchettare le provviste.

Buck memerhati dengan gugup apabila ketiga-tiga mereka mula mengemas bekalan.

Lavoravano duro ma senza ordine, solo confusione e sforzi sprecati.

Mereka bekerja keras tetapi tanpa perintah—hanya kekecohan dan usaha yang sia-sia.

La tenda era arrotolata fino a formare una sagoma ingombrante, decisamente troppo grande per la slitta.

Khemah itu digulung menjadi bentuk yang besar, terlalu besar untuk kereta luncur.

I piatti sporchi venivano imballati senza essere stati né lavati né asciugati.

Pinggan mangkuk yang kotor dibungkus tanpa dibersihkan atau dikeringkan sama sekali.

Mercedes svolazzava in giro, parlando, correggendo e intromettendosi in continuazione.

Mercedes berkibar-kibar, sentiasa bercakap, membetulkan, dan campur tangan.

Quando le misero un sacco davanti, lei insistette perché lo mettesse dietro.

Apabila sebuah guni diletakkan di hadapan, dia menegaskan ia diletakkan di belakang.

Mise il sacco in fondo e un attimo dopo ne ebbe bisogno.

Dia membungkus guni di bahagian bawah, dan pada saat berikutnya dia memerlukannya.

Quindi la slitta venne disimballata di nuovo per raggiungere quella specifica borsa.

Jadi kereta luncur itu dibuka semula untuk mencapai satu beg tertentu.

Lì vicino, tre uomini stavano fuori da una tenda e osservavano la scena che si svolgeva.

Berdekatan, tiga lelaki berdiri di luar khemah, melihat kejadian itu berlaku.

Sorrisero, ammiccarono e sogghignarono di fronte all'evidente confusione dei nuovi arrivati.

Mereka tersenyum, mengenyitkan mata, dan tersengih melihat kekeliruan yang jelas kelihatan oleh pendatang baru.

"Hai già un carico parecchio pesante", disse uno degli uomini.

"Anda sudah mempunyai beban yang betul," kata salah seorang lelaki itu.

"Non credo che dovresti portare quella tenda, ma la scelta è tua."

"Saya tidak fikir anda perlu membawa khemah itu, tetapi ia adalah pilihan anda."

"Impensabile!" esclamò Mercedes, alzando le mani in segno di disperazione.

"Tidak diimpikan!" jerit Mercedes sambil mengangkat tangannya dalam keputusasaan.

"Come potrei viaggiare senza una tenda sotto cui dormire?"

"Bagaimana saya boleh mengembara tanpa khemah untuk tinggal di bawah?"

«È primavera, non vedrai più il freddo», rispose l'uomo.

"Sekarang musim bunga—anda tidak akan melihat cuaca sejuk lagi," jawab lelaki itu.

Ma lei scosse la testa e loro continuarono ad accumulare oggetti sulla slitta.

Tetapi dia menggelengkan kepalanya, dan mereka terus menimbun barang-barang ke atas kereta luncur.

Il carico era pericolosamente alto mentre aggiungevano gli ultimi oggetti.

Beban itu menjulang tinggi dengan berbahaya apabila mereka menambah perkara terakhir.

"Pensi che la slitta andrà avanti?" chiese uno degli uomini con aria scettica.

"Fikirkan kereta luncur itu akan naik?" tanya salah seorang lelaki itu dengan pandangan skeptikal.

"E perché non dovrebbe?" ribatté Charles con netto fastidio.

"Kenapa tidak sepatutnya?" Charles membalas dengan kegusaran yang tajam.

"Oh, va bene", disse rapidamente l'uomo, evitando di offendersi.

"Oh, tidak apa-apa," lelaki itu berkata dengan cepat, berundur dari kesalahan.

"Mi chiedevo solo: mi sembrava un po' troppo pesante nella parte superiore."

"Saya hanya tertanya-tanya-ia kelihatan agak terlalu berat bagi saya."

Charles si voltò e legò il carico meglio che poté.

Charles berpaling dan mengikat beban itu sebaik mungkin.

Ma le legature erano allentate e l'imballaggio nel complesso era fatto male.

Tetapi sebatan itu longgar dan pembungkusan tidak dilakukan secara keseluruhan.

"Certo, i cani tireranno così tutto il giorno", disse sarcasticamente un altro uomo.

"Pasti, anjing-anjing itu akan menariknya sepanjang hari," kata lelaki lain dengan sinis.

«Certamente», rispose Hal freddamente, afferrando il lungo timone della slitta.

"Sudah tentu," jawab Hal dingin, meraih tiang gee-gee yang panjang.

Tenendo una mano sul palo, faceva roteare la frusta nell'altra.

Dengan sebelah tangan di atas tiang, dia menghayunkan cemeti pada sebelah lagi.

"Andiamo!" urlò. "Muovetevi!", incitando i cani a partire.

"Jom!" dia menjerit. "Alihkannya!" menggesa anjing untuk memulakan.

I cani si appoggiarono all'imbracatura e si sforzarono per qualche istante.

Anjing-anjing itu bersandar pada abah-abah dan tegang untuk beberapa saat.

Poi si fermarono, incapaci di spostare di un centimetro la slitta sovraccarica.

Kemudian mereka berhenti, tidak dapat mengalihkan kereta luncur yang sarat itu satu inci.

"Quei fannulloni!" urlò Hal, alzando la frusta per colpirli.

"Bangsat pemalas!" Hal menjerit, mengangkat cambuk untuk memukul mereka.

Ma Mercedes si precipitò dentro e strappò la frusta dalle mani di Hal.

Tetapi Mercedes meluru masuk dan merampas cambuk dari tangan Hal.

«Oh, Hal, non osare far loro del male», gridò allarmata.

"Oh, Hal, jangan kamu berani menyakiti mereka," dia menangis ketakutan.

"Promettimi che sarai gentile con loro, altrimenti non farò un altro passo."

"Berjanjilah kepada saya anda akan berbuat baik kepada mereka, atau saya tidak akan pergi selangkah lagi."

"Non sai niente di cani", scattò Hal contro la sorella.

"Kamu tidak tahu apa-apa tentang anjing," bentak Hal pada kakaknya.

"Sono pigri e l'unico modo per smuoverli è frustarli."

"Mereka malas, dan satu-satunya cara untuk menggerakkan mereka adalah dengan menyebat mereka."

"Chiedi a chiunque, chiedi a uno di quegli uomini laggiù se dubiti di me."

"Tanya sesiapa sahaja—tanyalah salah seorang daripada lelaki di sana jika kamu meragui saya."

Mercedes guardò gli astanti con occhi imploranti e pieni di lacrime.

Mercedes memandang orang yang melihat dengan mata yang merayu dan sebak.

Il suo viso rivelava quanto odiasse la vista di qualsiasi dolore.

Wajahnya menunjukkan betapa dia benci melihat sebarang kesakitan.

"Sono deboli, tutto qui", ha detto un uomo. "Sono sfiniti."

"Mereka lemah, itu sahaja," kata seorang lelaki. "Mereka sudah haus."

"Hanno bisogno di riposare: hanno lavorato troppo a lungo senza una pausa."

"Mereka memerlukan rehat-mereka telah bekerja terlalu lama tanpa rehat."

«Che il resto sia maledetto», borbottò Hal arricciando il labbro.

"Rehatlah terkutuk," gumam Hal dengan bibir melengkung.

Mercedes sussultò, visibilmente addolorata per le parole volgari pronunciate da lui.

Mercedes tersentak, jelas kesakitan dengan kata-kata kasar daripadanya.

Ciononostante, lei rimase leale e difese immediatamente il fratello.

Namun, dia tetap setia dan serta-merta mempertahankan abangnya.

"Non badare a quell'uomo", disse ad Hal. "Sono i nostri cani."

"Jangan kisah lelaki itu," katanya kepada Hal. "Mereka anjing kami."

"Li guidi come meglio credi: fai ciò che ritieni giusto."

"Anda memandu mereka mengikut apa yang anda fikirkan patut-buat apa yang anda fikir betul."

Hal sollevò la frusta e colpì di nuovo i cani senza pietà.

Hal mengangkat cambuk dan memukul anjing-anjing itu lagi tanpa belas kasihan.

Si lanciarono in avanti, con i corpi bassi e i piedi che affondavano nella neve.

Mereka menerjang ke hadapan, badan rendah, kaki menolak ke dalam salji.

Tutta la loro forza era concentrata nel traino, ma la slitta non si muoveva.

Semua kekuatan mereka masuk ke dalam tarikan, tetapi kereta luncur itu tidak bergerak.

La slitta rimase bloccata, come un'ancora congelata nella neve compatta.

Kereta luncur itu tetap tersangkut, seperti sauh beku ke dalam salji yang penuh sesak.

Dopo un secondo tentativo, i cani si fermarono di nuovo, ansimando forte.

Selepas usaha kedua, anjing-anjing itu berhenti lagi,
tercungap-cungap.

**Hal sollevò di nuovo la frusta, proprio mentre Mercedes
interferiva di nuovo.**

Hal mengangkat cambuk sekali lagi, sama seperti Mercedes
mengganggu sekali lagi.

**Si lasciò cadere in ginocchio davanti a Buck e gli abbracciò il
collo.**

Dia melutut di hadapan Buck dan memeluk lehernya.

**Le lacrime le riempivano gli occhi mentre implorava il cane
esausto.**

Air mata memenuhi matanya ketika dia merayu kepada
anjing yang keletihan itu.

"Poveri cari", disse, "perché non tirate più forte?"

"Kamu yang malang," katanya, "mengapa kamu tidak tarik
lebih kuat?"

"Se tiri, non verrai frustato così."

"Jika anda menarik, maka anda tidak akan disebat seperti ini."

**A Buck non piaceva Mercedes, ma ormai era troppo stanco
per resisterle.**

Buck tidak menyukai Mercedes, tetapi dia terlalu letih untuk
menentangnya sekarang.

**Lui accettò le sue lacrime come se fossero solo un'altra parte
di quella giornata miserabile.**

Dia menerima air matanya sebagai sebahagian lagi daripada
hari yang menyedihkan itu.

**Uno degli uomini che osservavano, dopo aver represso la
rabbia, finalmente parlò.**

Salah seorang lelaki yang memerhati akhirnya bersuara
setelah menahan marah.

**"Non mi interessa cosa succede a voi, ma quei cani sono
importanti."**

"Saya tidak kisah apa yang berlaku kepada kamu semua,
tetapi anjing itu penting."

"Se vuoi aiutare, stacca quella slitta: è ghiacciata e innevata."

"Jika anda ingin membantu, longgarkan kereta luncur itu—ia
beku sehingga salji."

"Spingi con forza il palo della luce, a destra e a sinistra, e rompi il sigillo di ghiaccio."

"Tolak kuat-kuat kutub gee, kanan dan kiri, dan pecahkan anjing laut ais."

Fu fatto un terzo tentativo, questa volta seguendo il suggerimento dell'uomo.

Percubaan ketiga dilakukan, kali ini mengikut cadangan lelaki itu.

Hal fece oscillare la slitta da una parte all'altra, facendo staccare i pattini.

Hal menggoyangkan kereta luncur dari sisi ke sisi, menyebabkan pelari terlepas.

La slitta, benché sovraccarica e scomoda, alla fine sobbalzò in avanti.

Kereta luncur itu, walaupun terlebih muatan dan janggal, akhirnya meluncur ke hadapan.

Buck e gli altri tirarono selvaggiamente, spinti da una tempesta di frustate.

Buck dan yang lain menarik dengan liar, didorong oleh ribut cambuk.

Un centinaio di metri più avanti, il sentiero curvava e scendeva in pendenza verso la strada.

Seratus ela di hadapan, laluan itu melengkung dan mencerun ke jalan.

Ci sarebbe voluto un guidatore esperto per tenere la slitta in posizione verticale.

Ia akan memerlukan pemandu yang mahir untuk memastikan kereta luncur itu tegak.

Hal non era abile e la slitta si ribaltò mentre svoltava.

Hal tidak mahir, dan kereta luncur itu terhuyung semasa ia berayun di selekoh.

Le cinghie allentate cedettero e metà del carico si rovesciò sulla neve.

Sebatan yang longgar memberi laluan, dan separuh beban tumpah ke salji.

I cani non si fermarono; la slitta più leggera continuò a procedere su un fianco.

Anjing-anjing itu tidak berhenti; kereta luncur pemetik api itu terbang di sisinya.

I cani, furiosi per i maltrattamenti e per il peso del carico, corsero più veloci.

Marah kerana penderaan dan beban yang berat, anjing-anjing itu berlari lebih cepat.

Buck, infuriato, si lanciò a correre, seguito dalla squadra.

Buck, dalam kemarahan, menceroboh lari, dengan pasukan mengikuti di belakang.

Hal urlò "Whoa! Whoa!" ma la squadra non gli prestò attenzione.

Hal menjerit "Whoa! Whoa!" tetapi pasukan itu tidak mempedulikannya.

Inciampò, cadde e fu trascinato a terra dall'imbracatura.

Dia tersandung, jatuh, dan diseret ke tanah oleh abah.

La slitta rovesciata lo travolse mentre i cani continuavano a correre avanti.

Kereta luncur yang terbalik itu terlanggarnya ketika anjing-anjing itu berlumba di hadapan.

Il resto delle provviste è sparso lungo la trafficata strada di Skaguay.

Selebihnya bekalan bertaburan di seberang jalan Skaguay yang sibuk.

Le persone di buon cuore si precipitarono a fermare i cani e a raccogliere l'attrezzatura.

Orang yang baik hati bergegas untuk menghentikan anjing dan mengumpulkan peralatan.

Diedero anche consigli schietti e pratici ai nuovi viaggiatori.

Mereka juga memberi nasihat, terus terang dan praktikal, kepada pengembara baru.

"Se vuoi raggiungere Dawson, prendi metà del carico e raddoppia i cani."

"Jika anda ingin mencapai Dawson, ambil separuh beban dan gandakan anjing."

Hal, Charles e Mercedes ascoltarono, anche se non con entusiasmo.

Hal, Charles, dan Mercedes mendengar, walaupun tidak dengan semangat.

Montarono la tenda e cominciarono a sistemare le loro provviste.

Mereka mendirikan khemah dan mula menyusun bekalan mereka.

Ne uscirono dei cibi in scatola, che fecero ridere a crepapelle gli astanti.

Keluar barangan dalam tin, yang membuat penonton ketawa kuat.

"Roba in scatola sul sentiero? Morirai di fame prima che si sciolga", disse uno.

"Bahan tin di laluan itu? Anda akan kelaparan sebelum ia cair," kata seorang.

"Coperte d'albergo? Meglio buttarle via tutte."

"Selimut hotel? Lebih baik awak buang semuanya."

"Togli anche la tenda e qui nessuno laverà più i piatti."

"Buang khemah juga, dan tiada siapa yang membasuh pinggan di sini."

"Pensi di viaggiare su un treno Pullman con dei servitori a bordo?"

"Anda fikir anda menaiki kereta api Pullman dengan pelayan di dalamnya?"

Il processo ebbe inizio: ogni oggetto inutile venne gettato da parte.

Proses itu bermula—setiap barang yang tidak berguna dicampak ke tepi.

Mercedes pianse quando le sue borse furono svuotate sul terreno innevato.

Mercedes menangis apabila begnya dikosongkan ke tanah bersalji.

Singhiozzava per ogni oggetto buttato via, uno per uno, senza sosta.

Dia menangis teresak-esak melihat setiap barang yang dibuang, satu persatu tanpa jeda.

Giurò di non fare un altro passo, nemmeno per dieci Charles.

Dia berikrar untuk tidak pergi satu langkah lagi—walaupun untuk sepuluh orang Charles.

Pregò ogni persona vicina di lasciarle conservare le sue cose preziose.

Dia merayu setiap orang yang berdekatan untuk membiarkan dia menyimpan barang berharganya.

Alla fine si asciugò gli occhi e cominciò a gettare via anche i vestiti più importanti.

Akhirnya, dia mengesat matanya dan mula melemparkan pakaian yang penting.

Una volta terminato il suo, cominciò a svuotare le scorte degli uomini.

Apabila selesai dengan sendiri, dia mula mengosongkan bekalan lelaki.

Come un turbine, fece a pezzi gli effetti personali di Charles e Hal.

Seperti angin puyuh, dia mengoyakkan harta benda Charles dan Hal.

Sebbene il carico fosse dimezzato, era comunque molto più pesante del necessario.

Walaupun beban dikurangkan separuh, ia masih jauh lebih berat daripada yang diperlukan.

Quella notte, Charles e Hal uscirono e comprarono sei nuovi cani.

Malam itu, Charles dan Hal keluar dan membeli enam ekor anjing baharu.

Questi nuovi cani si unirono ai sei originali, più Teek e Koona.

Anjing baharu ini menyertai enam yang asal, ditambah dengan Teek dan Koona.

Insieme formarono una squadra di quattordici cani attaccati alla slitta.

Bersama-sama mereka membuat sepasukan empat belas ekor anjing diikat pada kereta luncur.

Ma i nuovi cani erano inadatti e poco addestrati per il lavoro con la slitta.

Tetapi anjing baru itu tidak sihat dan kurang terlatih untuk kerja kereta luncur.

Tre dei cani erano cani da caccia a pelo corto, mentre uno era un Terranova.

Tiga daripada anjing itu adalah penunjuk berambut pendek, dan satu adalah Newfoundland.

Gli ultimi due cani erano meticci senza alcuna razza o scopo ben definito.

Dua anjing terakhir adalah anjing kambing yang tidak mempunyai baka atau tujuan yang jelas sama sekali.

Non capivano il percorso e non lo imparavano in fretta.

Mereka tidak memahami jejak itu, dan mereka tidak mempelajarinya dengan cepat.

Buck e i suoi compagni li osservavano con disprezzo e profonda irritazione.

Buck dan rakan-rakannya memerhati mereka dengan cemuhan dan kerengsaan yang mendalam.

Sebbene Buck insegnasse loro cosa non fare, non poteva insegnare loro il dovere.

Walaupun Buck mengajar mereka apa yang tidak boleh dilakukan, dia tidak boleh mengajar tugas.

Non amavano la vita sui sentieri né la trazione delle redini e delle slitte.

Mereka tidak pandai menjejaki kehidupan atau tarikan tampuk dan kereta luncur.

Soltanto i bastardi cercarono di adattarsi, e anche a loro mancava lo spirito combattivo.

Hanya kacukan yang cuba menyesuaikan diri, malah mereka tidak mempunyai semangat juang.

Gli altri cani erano confusi, indeboliti e distrutti dalla loro nuova vita.

Anjing-anjing lain keliru, lemah, dan rosak dengan kehidupan baru mereka.

Con i nuovi cani all'oscuro e i vecchi esausti, la speranza era flebile.

Dengan anjing baru yang tidak tahu dan yang lama kehabisan, harapan menjadi tipis.

La squadra di Buck aveva percorso duemilacinquecento miglia di sentiero accidentato.

Pasukan Buck telah menempuh dua puluh lima ratus batu dari laluan yang keras.

Ciononostante, i due uomini erano allegri e orgogliosi della loro grande squadra di cani.

Namun, kedua-dua lelaki itu ceria dan bangga dengan pasukan anjing besar mereka.

Pensavano di viaggiare con stile, con quattordici cani al seguito.

Mereka menyangka mereka mengembara dengan bergaya, dengan empat belas ekor anjing diikat.

Avevano visto delle slitte partire per Dawson e altre arrivarne.

Mereka telah melihat kereta luncur pergi ke Dawson, dan yang lain tiba darinya.

Ma non ne avevano mai vista una trainata da ben quattordici cani.

Tetapi mereka tidak pernah melihat seekor ditarik oleh sebanyak empat belas ekor anjing.

C'era un motivo per cui squadre del genere erano rare nelle terre selvagge dell'Artico.

Terdapat sebab pasukan seperti itu jarang berlaku di padang gurun Artik.

Nessuna slitta poteva trasportare cibo sufficiente a sfamare quattordici cani per l'intero viaggio.

Tiada kereta luncur boleh membawa makanan yang cukup untuk memberi makan kepada empat belas anjing untuk perjalanan itu.

Ma Charles e Hal non lo sapevano: avevano fatto i calcoli.

Tetapi Charles dan Hal tidak tahu itu—mereka telah membuat pengiraan.

Hanno pianificato la razione di cibo: una certa quantità per cane, per un certo numero di giorni, fatta.

Mereka menulis makanan: begitu banyak setiap anjing, begitu banyak hari, selesai.

Mercedes guardò i numeri e annuì come se avessero senso.

Mercedes memandang susuk tubuh mereka dan mengangguk seolah-olah masuk akal.

Tutto le sembrava molto semplice, almeno sulla carta.
Semuanya kelihatan sangat mudah baginya, sekurang-kurangnya di atas kertas.

La mattina seguente, Buck guidò lentamente la squadra lungo la strada innevata.
Keesokan paginya, Buck mengetuai pasukan perlahan-lahan mendaki jalan bersalji.
Non c'era né energia né spirito in lui e nei cani dietro di lui.
Tiada tenaga atau semangat dalam dirinya atau anjing di belakangnya.
Erano stanchi morti fin dall'inizio: non avevano più riserve.
Mereka sudah letih sejak awal—tiada simpanan yang tinggal.
Buck aveva già fatto quattro viaggi tra Salt Water e Dawson.
Buck sudah membuat empat perjalanan antara Air Garam dan Dawson.
Ora, di fronte alla stessa pista, non provava altro che amarezza.
Kini, berhadapan dengan jejak yang sama sekali lagi, dia tidak merasakan apa-apa selain kepahitan.
Il suo cuore non c'era, e nemmeno quello degli altri cani.
Hatinya tidak ada di dalamnya, begitu juga hati anjing-anjing lain.
I nuovi cani erano timidi e gli husky non si fidavano per niente.
Anjing-anjing baru itu pemalu, dan huskies tidak mempunyai kepercayaan.
Buck capì che non poteva fare affidamento su quei due uomini o sulla loro sorella.
Buck merasakan dia tidak boleh bergantung pada dua lelaki ini atau adik perempuan mereka.
Non sapevano nulla e non mostravano alcun segno di apprendimento lungo il percorso.
Mereka tidak tahu apa-apa dan tidak menunjukkan tanda-tanda pembelajaran di laluan itu.

Erano disorganizzati e privi di qualsiasi senso di disciplina.
Mereka tidak teratur dan tidak mempunyai disiplin.

Ogni volta impiegavano metà della notte per allestire un accampamento malmesso.
Mereka mengambil masa setengah malam untuk menubuhkan kem yang tidak kemas setiap kali.

E metà della mattina successiva la trascorsero di nuovo armeggiando con la slitta.
Dan separuh keesokan harinya mereka menghabiskan masa meraba-raba dengan kereta luncur itu lagi.

Spesso a mezzogiorno si fermavano solo per sistemare il carico irregolare.
Menjelang tengah hari, mereka sering berhenti hanya untuk membetulkan beban yang tidak sekata.

In alcuni giorni percorsero meno di dieci miglia in totale.
Pada beberapa hari, mereka mengembara kurang daripada sepuluh batu secara keseluruhan.

Altri giorni non riuscivano proprio ad abbandonare l'accampamento.
Hari-hari lain, mereka tidak berjaya meninggalkan kem langsung.

Non sono mai riusciti a coprire la distanza alimentare prevista.
Mereka tidak pernah mendekati jarak makanan yang dirancang.

Come previsto, il cibo per i cani finì molto presto.
Seperti yang dijangkakan, mereka kehabisan makanan untuk anjing dengan cepat.

Nei primi tempi hanno peggiorato ulteriormente la situazione con l'eccesso di cibo.
Mereka memburukkan keadaan dengan memberi makan berlebihan pada hari-hari awal.

Ciò rendeva la carestia sempre più vicina, con ogni razione disattenta.
Ini membawa kebuluran lebih dekat dengan setiap catuan cuai.

I nuovi cani non avevano ancora imparato a sopravvivere con molto poco.

Anjing-anjing baru itu tidak belajar untuk terus hidup dengan sangat sedikit.

Mangiarono avidamente, con un appetito troppo grande per il sentiero.

Mereka makan dengan kelaparan, dengan selera yang terlalu besar untuk laluan itu.

Vedendo i cani indebolirsi, Hal pensò che il cibo non fosse sufficiente.

Melihat anjing-anjing itu lemah, Hal percaya makanan itu tidak mencukupi.

Raddoppiò le razioni, peggiorando ulteriormente l'errore.

Dia menggandakan catuan, menjadikan kesilapan itu lebih teruk.

Mercedes aggravò il problema con le sue lacrime e le sue suppliche sommesse.

Mercedes menambah masalah dengan air mata dan rayuan lembut.

Quando non riuscì a convincere Hal, diede da mangiare ai cani di nascosto.

Apabila dia tidak dapat meyakinkan Hal, dia memberi makan anjing secara rahsia.

Rubò il pesce dai sacchi e glielo diede alle spalle.

Dia mencuri dari karung ikan dan memberikannya kepada mereka di belakangnya.

Ma ciò di cui i cani avevano veramente bisogno non era altro cibo: era riposo.

Tetapi apa yang benar-benar diperlukan oleh anjing-anjing itu bukanlah lebih banyak makanan—ia adalah rehat.

Nonostante la loro scarsa velocità, la pesante slitta continuava a procedere.

Mereka membuat masa yang sukar, tetapi kereta luncur yang berat masih berlarutan.

Quel peso da solo esauriva ogni giorno le loro forze rimanenti.

Berat itu sahaja menghabiskan sisa kekuatan mereka setiap hari.

Poi arrivò la fase della sottoalimentazione, quando le scorte scarseggiavano.

Kemudian datang peringkat kurang makan kerana bekalan semakin berkurangan.

Una mattina Hal si accorse che metà del cibo per cani era già finito.

Hal menyedari pada suatu pagi bahawa separuh makanan anjing sudah hilang.

Avevano percorso solo un quarto della distanza totale del sentiero.

Mereka hanya menempuh satu perempat daripada jumlah jarak jejak.

Non si poteva più comprare cibo, a qualunque prezzo.

Tiada lagi makanan boleh dibeli, tidak kira berapa harga yang ditawarkan.

Ridusse le porzioni dei cani al di sotto della razione giornaliera standard.

Dia mengurangkan bahagian anjing di bawah catuan harian standard.

Allo stesso tempo, chiese di viaggiare più a lungo per compensare la perdita.

Pada masa yang sama, dia menuntut perjalanan yang lebih lama untuk menebus kerugian.

Mercedes e Charles appoggiarono questo piano, ma fallirono nella sua realizzazione.

Mercedes dan Charles menyokong rancangan ini, tetapi gagal dalam pelaksanaan.

La loro pesante slitta e la mancanza di abilità rendevano il progresso quasi impossibile.

Kereta luncur mereka yang berat dan kekurangan kemahiran membuat kemajuan hampir mustahil.

Era facile dare meno cibo, ma impossibile forzare uno sforzo maggiore.

Adalah mudah untuk memberi lebih sedikit makanan, tetapi mustahil untuk memaksa lebih banyak usaha.

Non potevano partire prima, né viaggiare per ore extra.
Mereka tidak boleh mula awal, dan mereka juga tidak boleh
melakukan perjalanan untuk waktu tambahan.

**Non sapevano come gestire i cani, e nemmeno loro stessi, a
dire il vero.**
Mereka tidak tahu bagaimana untuk bekerja dengan anjing,
mahupun diri mereka sendiri, dalam hal ini.

**Il primo cane a morire fu Dub, lo sfortunato ma laborioso
ladro.**
Anjing pertama yang mati ialah Dub, pencuri yang malang
tetapi rajin.

**Sebbene spesso punito, Dub aveva fatto la sua parte senza
lamentarsi.**
Walaupun sering dihukum, Dub telah menarik berat
badannya tanpa aduan.

**La sua spalla ferita peggiorò se non ricevette cure adeguate e
non ebbe bisogno di riposo.**
Bahunya yang cedera bertambah teruk tanpa penjagaan atau
memerlukan rehat.

**Alla fine, Hal usò la pistola per porre fine alle sofferenze di
Dub.**
Akhirnya, Hal menggunakan revolver untuk menamatkan
penderitaan Dub.

**Un detto comune afferma che i cani normali muoiono se
vengono nutriti con razioni di husky.**
Pepatah biasa mendakwa bahawa anjing biasa mati dengan
makanan serak.

**I sei nuovi compagni di Buck avevano ricevuto solo metà
della quota di cibo riservata all'husky.**
Enam teman baru Buck hanya mempunyai separuh bahagian
makanan husky.

**Il Terranova morì per primo, seguito dai tre cani da caccia a
pelo corto.**
Newfoundland mati dahulu, kemudian tiga penunjuk
berambut pendek.

**I due bastardi resistettero più a lungo ma alla fine morirono
come gli altri.**

Dua kacukan itu bertahan lebih lama tetapi akhirnya mati seperti yang lain.

Ormai tutti i comfort e la gentilezza del Southland erano scomparsi.

Pada masa ini, semua kemudahan dan kelembutan Southland telah hilang.

Le tre persone avevano perso le ultime tracce della loro educazione civile.

Ketiga-tiga orang itu telah menumpahkan jejak terakhir didikan mereka yang beradab.

Spogliato di glamour e romanticismo, il viaggio nell'Artico è diventato brutalmente reale.

Dilucutkan glamor dan percintaan, perjalanan Artik menjadi nyata dengan kejam.

Era una realtà troppo dura per il loro senso di virilità e femminilità.

Ia adalah realiti yang terlalu keras untuk rasa lelaki dan wanita mereka.

Mercedes non piangeva più per i cani, ma piangeva solo per se stessa.

Mercedes tidak lagi menangis untuk anjing, tetapi kini hanya menangis untuk dirinya sendiri.

Trascorreva il tempo piangendo e litigando con Hal e Charles.

Dia menghabiskan masanya dengan menangis dan bertengkar dengan Hal dan Charles.

Litigare era l'unica cosa per cui non si stancavano mai.

Bergaduh adalah satu perkara yang mereka tidak pernah jemu untuk lakukan.

La loro irritabilità derivava dalla miseria, cresceva con essa e la superava.

Kejengkelan mereka datang dari kesengsaraan, berkembang bersamanya, dan mengatasinya.

La pazienza del cammino, nota a coloro che faticano e soffrono con generosità, non è mai arrivata.

Kesabaran jejak, yang diketahui oleh mereka yang bersusah payah dan menderita dengan baik, tidak pernah datang.

Quella pazienza che rende dolce la parola nonostante il dolore, era a loro sconosciuta.

Kesabaran itu, yang membuat ucapan manis melalui kesakitan, tidak diketahui oleh mereka.

Non avevano alcun briciolo di pazienza, nessuna forza derivante dalla sofferenza con grazia.

Mereka tidak mempunyai sedikit pun kesabaran, tidak ada kekuatan yang diperoleh daripada penderitaan dengan rahmat.

Erano irrigiditi dal dolore: dolori nei muscoli, nelle ossa e nel cuore.

Mereka kaku dengan kesakitan—sakit pada otot, tulang, dan jantung mereka.

Per questo motivo, divennero taglienti nella lingua e pronti a pronunciare parole dure.

Kerana itu, mereka menjadi tajam lidah dan cepat dengan kata-kata yang kasar.

Ogni giorno iniziava e finiva con voci arrabbiate e lamentele amare.

Setiap hari bermula dan berakhir dengan suara marah dan keluhan pahit.

Charles e Hal litigavano ogni volta che Mercedes ne dava loro l'occasione.

Charles dan Hal bergaduh setiap kali Mercedes memberi mereka peluang.

Ogni uomo credeva di aver fatto più del dovuto.

Setiap lelaki percaya dia melakukan lebih daripada bahagian kerjanya yang saksama.

Nessuno dei due ha mai perso l'occasione di dirlo, ancora e ancora.

Kedua-duanya tidak pernah melepaskan peluang untuk berkata demikian, lagi dan lagi.

A volte Mercedes si schierava con Charles, a volte con Hal.

Kadang-kadang Mercedes berpihak kepada Charles, kadang-kadang dengan Hal.

Ciò portò a una grande e infinita lite tra i tre.

Ini membawa kepada pertengkaran besar dan tidak berkesudahan di antara mereka bertiga.

La disputa su chi dovesse tagliare la legna da ardere divenne incontrollabile.

Pertikaian mengenai siapa yang harus memotong kayu api semakin tidak terkawal.

Ben presto vennero nominati padri, madri, cugini e parenti defunti.

Tidak lama kemudian, bapa, ibu, sepupu, dan saudara mara yang telah meninggal dinamakan.

Le opinioni di Hal sull'arte o sulle opere teatrali di suo zio divennero parte della lotta.

Pandangan Hal tentang seni atau drama bapa saudaranya menjadi sebahagian daripada perjuangan.

Anche le convinzioni politiche di Carlo entrarono nel dibattito.

Kepercayaan politik Charles juga memasuki perdebatan.

Per Mercedes, perfino i pettegolezzi della sorella del marito sembravano rilevanti.

Bagi Mercedes, gosip kakak suaminya pun nampak relevan.

Espresse la sua opinione su questo e su molti dei difetti della famiglia di Charles.

Dia menyiarkan pendapat tentang itu dan tentang banyak kelemahan keluarga Charles.

Mentre discutevano, il fuoco rimase spento e l'accampamento mezzo allestito.

Semasa mereka bertengkar, api tetap tidak menyala dan kem separuh padam.

Nel frattempo i cani erano rimasti infreddoliti e senza cibo.

Sementara itu, anjing-anjing itu tetap sejuk dan tanpa sebarang makanan.

Mercedes nutriva un risentimento che considerava profondamente personale.

Mercedes menahan rungutan yang dia anggap sangat peribadi.

Si sentiva maltrattata in quanto donna e le venivano negati i suoi gentili privilegi.

Dia merasa dianiaya sebagai seorang wanita, menafikan keistimewaannya yang lembut.

Era carina e gentile, e per tutta la vita era stata abituata alla cavalleria.

Dia cantik dan lembut, dan biasa bersopan santun sepanjang hidupnya.

Ma suo marito e suo fratello ora la trattavano con impazienza.

Tetapi suami dan abangnya kini melayannya dengan tidak sabar.

Aveva l'abitudine di comportarsi in modo impotente e loro cominciarono a lamentarsi.

Kebiasaannya adalah bertindak tidak berdaya, dan mereka mula mengeluh.

Offesa da ciò, rese loro la vita ancora più difficile.

Tersinggung dengan perkara ini, dia membuat hidup mereka lebih sukar.

Ignorò i cani e insistette per guidare lei stessa la slitta.

Dia tidak mengendahkan anjing-anjing itu dan berkeras untuk menaiki kereta luncur itu sendiri.

Sebbene sembrasse esile, pesava centoventi libbre (circa quaranta chili).

Walaupun kelihatan ringan, beratnya seratus dua puluh paun.

Quel peso aggiuntivo era troppo per i cani affamati e deboli.

Beban tambahan itu terlalu berat untuk anjing yang kelaparan dan lemah.

Nonostante ciò, continuò a cavalcare per giorni, finché i cani non crollarono nelle redini.

Namun, dia menunggang selama berhari-hari, sehingga anjing-anjing itu rebah di kekang.

La slitta si fermò e Charles e Hal la implorarono di proseguire a piedi.

Kereta luncur itu berhenti, dan Charles dan Hal merayunya untuk berjalan.

Loro la implorarono e la scongiurarono, ma lei pianse e li definì crudeli.

Mereka merayu dan merayu, tetapi dia menangis dan menyebut mereka kejam.

In un'occasione, la tirarono giù dalla slitta con pura forza e rabbia.

Pada satu ketika, mereka menariknya dari kereta luncur dengan kuat dan marah.

Dopo quello che accadde quella volta non ci riprovarono più.

Mereka tidak pernah mencuba lagi selepas apa yang berlaku pada masa itu.

Si accasciò come una bambina viziata e si sedette nella neve.

Dia menjadi lemas seperti kanak-kanak yang manja dan duduk di dalam salji.

Continuarono a muoversi, ma lei si rifiutò di alzarsi o di seguirli.

Mereka meneruskan, tetapi dia enggan bangkit atau mengikut di belakang.

Dopo tre miglia si fermarono, tornarono indietro e la riportarono indietro.

Selepas tiga batu, mereka berhenti, kembali, dan membawanya kembali.

La ricaricarono sulla slitta, usando ancora una volta la forza bruta.

Mereka memuatkannya semula ke atas kereta luncur, sekali lagi menggunakan kekuatan kasar.

Nella loro profonda miseria, erano insensibili alla sofferenza dei cani.

Dalam kesengsaraan mereka yang mendalam, mereka tidak berperasaan terhadap penderitaan anjing-anjing itu.

Hal credeva che fosse necessario indurirsi e impose questa convinzione agli altri.

Hal percaya seseorang mesti menjadi keras dan memaksa kepercayaan itu kepada orang lain.

Inizialmente ha cercato di predicare la sua filosofia a sua sorella

Dia mula-mula cuba menyampaikan falsafahnya kepada kakaknya

e poi, senza successo, predicò al cognato.
dan kemudian, tanpa kejayaan, dia berdakwah kepada abang iparnya.
Ebbe più successo con i cani, ma solo perché li ferì.
Dia lebih berjaya dengan anjing itu, tetapi hanya kerana dia menyakiti mereka.
Da Five Fingers, il cibo per cani è rimasto completamente vuoto.
Pada Five Fingers, makanan anjing kehabisan makanan sepenuhnya.
Una vecchia squaw sdentata vendette qualche chilo di pelle di cavallo congelata
Seekor kambing tua yang tidak bertaring menjual beberapa paun kulit kuda beku
Hal scambiò la sua pistola con la pelle di cavallo secca.
Hal menukar pistolnya dengan kulit kuda kering.
La carne proveniva dai cavalli affamati di allevatori di bovini, morti mesi prima.
Daging itu berasal dari kuda-kuda lembu yang kelaparan beberapa bulan sebelumnya.
Congelata, la pelle era come ferro zincato: dura e immangiabile.
Beku, kulitnya seperti besi tergalvani; keras dan tidak boleh dimakan.
Per riuscire a mangiarla, i cani dovevano masticare la pelle senza sosta.
Anjing-anjing itu terpaksa mengunyah kulitnya tanpa henti untuk memakannya.
Ma le corde coriacee e i peli corti non erano certo un nutrimento.
Tetapi rentetan kulit dan rambut pendek hampir tidak berkhasiat.
La maggior parte della pelle era irritante e non era cibo in senso stretto.
Kebanyakan kulit itu menjengkelkan, dan bukan makanan dalam erti kata sebenar.

E nonostante tutto, Buck barcollava davanti a tutti, come in un incubo.

Dan melalui semua itu, Buck terhuyung-hayang di hadapan, seperti dalam mimpi ngeri.

Quando poteva, tirava; quando non poteva, restava lì finché non veniva sollevato dalla frusta o dal bastone.

Dia menarik apabila mampu; apabila tidak, dia berbaring sehingga cambuk atau kelab menaikkannya.

Il suo pelo fine e lucido aveva perso tutta la rigidità e la lucentezza di un tempo.

Kotnya yang halus dan berkilat telah hilang segala kekakuan dan kilauan yang pernah ada.

I suoi capelli erano flosci, spettinati e pieni di sangue rappreso a causa dei colpi.

Rambutnya dijuntai lemas, terseret, dan bergumpal dengan darah kering akibat pukulan itu.

I suoi muscoli si ridussero a midolli e i cuscinetti di carne erano tutti consumati.

Otot-ototnya mengecut menjadi tali, dan pelapik dagingnya telah lusuh.

Ogni costola, ogni osso erano chiaramente visibili attraverso le pieghe della pelle rugosa.

Setiap rusuk, setiap tulang menunjukkan dengan jelas melalui lipatan kulit yang berkedut.

Fu straziante, ma il cuore di Buck non riuscì a spezzarsi.

Ia menyayat hati, namun hati Buck tidak boleh hancur.

L'uomo con il maglione rosso lo aveva testato e dimostrato molto tempo prima.

Lelaki berbaju sejuk merah itu telah mengujinya dan membuktikannya sejak dahulu lagi.

Così come accadde a Buck, accadde anche a tutti i suoi compagni di squadra rimasti.

Seperti yang berlaku dengan Buck, begitu juga dengan semua rakan sepasukannya yang tinggal.

Ce n'erano sette in totale, ognuno uno scheletro ambulante di miseria.

Terdapat tujuh jumlahnya, masing-masing adalah rangka kesengsaraan yang berjalan.

Erano diventati insensibili alle fruste e sentivano solo un dolore distante.

Mereka telah menjadi kebas untuk sebatan, hanya merasakan kesakitan yang jauh.

Anche la vista e i suoni li raggiungevano debolmente, come attraverso una fitta nebbia.

Malah penglihatan dan bunyi mencapai mereka samar-samar, seperti melalui kabus tebal.

Non erano mezzi vivi: erano ossa con deboli scintille al loro interno.

Mereka tidak separuh hidup-mereka adalah tulang dengan percikan malap di dalamnya.

Una volta fermati, crollarono come cadaveri, con le scintille quasi del tutto spente.

Apabila berhenti, mereka rebah seperti mayat, percikan api mereka hampir hilang.

E quando la frusta o il bastone colpivano di nuovo, le scintille sfarfallavano debolmente.

Dan apabila cambuk atau kayu itu melanda lagi, percikan api berkibar lemah.

Poi si alzarono, barcollarono in avanti e trascinarono le loro membra in avanti.

Kemudian mereka bangkit, terhuyung-hayang ke hadapan, dan menyeret anggota badan mereka ke hadapan.

Un giorno il gentile Billee cadde e non riuscì più a rialzarsi.

Suatu hari Billee yang baik hati jatuh dan tidak dapat bangkit sama sekali.

Hal aveva scambiato la sua pistola con quella di Billee, così decise di ucciderla con un'ascia.

Hal telah menukar revolvernya, jadi dia menggunakan kapak untuk membunuh Billee sebaliknya.

Lo colpì alla testa, poi gli tagliò il corpo e lo trascinò via.

Dia memukul kepalanya, kemudian memotong badannya dan menyeretnya.

Buck se ne accorse, e così fecero anche gli altri: sapevano che la morte era vicina.

Buck melihat ini, dan begitu juga yang lain; mereka tahu kematian sudah dekat.

Il giorno dopo Koona se ne andò, lasciando solo cinque cani nel gruppo affamato.

Keesokan harinya Koona pergi, meninggalkan hanya lima ekor anjing dalam pasukan yang kelaparan.

Joe, non più cattivo, era ormai troppo fuori di sé per rendersi conto di nulla.

Joe, tidak lagi bermaksud, sudah terlalu jauh untuk menyedarinya sama sekali.

Pike, ormai non fingeva più di essere ferito, era appena cosciente.

Pike, tidak lagi memalsukan kecederaannya, hampir tidak sedarkan diri.

Solleks, ancora fedele, si rammaricava di non avere più la forza di dare.

Solleks, masih setia, meratapi dia tidak mempunyai kekuatan untuk diberikan.

Teek fu battuto più di tutti perché era più fresco, ma stava calando rapidamente.

Teek paling banyak dipukul kerana dia lebih segar, tetapi cepat pudar.

E Buck, ancora in testa, non mantenne più l'ordine né lo fece rispettare.

Dan Buck, masih mendahului, tidak lagi menjaga perintah atau menguatkuasakannya.

Mezzo accecato dalla debolezza, Buck seguì la pista solo a tentoni.

Separuh buta dengan kelemahan, Buck mengikut jejak dengan berasa sendirian.

Era una bellissima primavera, ma nessuno di loro se ne accorse.

Ia adalah cuaca musim bunga yang indah, tetapi tiada seorang pun daripada mereka menyedarinya.

Ogni giorno il sole sorgeva prima e tramontava più tardi.

Setiap hari matahari terbit lebih awal dan terbenam lebih lambat daripada sebelumnya.

Alle tre del mattino era già spuntata l'alba; il crepuscolo durò fino alle nove.

Menjelang tiga pagi, subuh telah tiba; senja berlangsung hingga sembilan.

Le lunghe giornate erano illuminate dal sole primaverile.

Hari-hari yang panjang dipenuhi dengan sinaran matahari musim bunga yang penuh.

Il silenzio spettrale dell'inverno si era trasformato in un caldo mormorio.

Kesunyian hantu musim sejuk telah berubah menjadi rungutan hangat.

Tutta la terra si stava svegliando, animata dalla gioia degli esseri viventi.

Seluruh negeri terjaga, hidup dengan kegembiraan makhluk hidup.

Il suono proveniva da ciò che era rimasto morto e immobile per tutto l'inverno.

Bunyi itu datang dari apa yang telah mati dan masih melalui musim sejuk.

Ora quelle cose si mossero di nuovo, scrollandosi di dosso il lungo sonno del gelo.

Sekarang, perkara-perkara itu bergerak lagi, menghilangkan tidur beku yang panjang.

La linfa saliva attraverso i tronchi scuri dei pini in attesa.

Sap naik melalui batang-batang gelap pokok pain yang menunggu.

Salici e pioppi tremuli fanno sbocciare giovani gemme luminose su ogni ramoscello.

Willow dan aspen mengeluarkan tunas muda yang terang pada setiap ranting.

Arbusti e viti si tingono di un verde fresco mentre il bosco si anima.

Pokok renek dan pokok anggur kelihatan hijau segar apabila hutan itu hidup.

Di notte i grilli cantavano e di giorno gli insetti strisciavano nella luce del sole.

Cengkerik berkicau pada waktu malam, dan pepijat merayap di bawah sinar matahari siang.

Le pernici gridavano e i picchi picchiavano in profondità tra gli alberi.

Ayam hutan meledak, dan burung belatuk mengetuk jauh di dalam pokok.

Gli scoiattoli chiacchieravano, gli uccelli cantavano e le oche starnazzavano per richiamare l'attenzione dei cani.

Tupai berbual, burung bernyanyi, dan angsa membunyikan hon ke atas anjing.

Gli uccelli selvatici arrivavano a cunei affilati, volando in alto da sud.

Unggas liar datang dalam serpihan tajam, terbang dari selatan.

Da ogni pendio giungeva la musica di ruscelli nascosti e impetuosi.

Dari setiap lereng bukit datang muzik sungai yang tersembunyi dan deras.

Tutto si scongelava e si spezzava, si piegava e ricominciava a muoversi.

Semua benda dicairkan dan terputus, bengkok dan kembali bergerak.

Lo Yukon si sforzò di spezzare le fredde catene del ghiaccio ghiacciato.

Yukon berusaha untuk memutuskan rantaian sejuk ais beku.

Il ghiaccio si scioglieva sotto, mentre il sole lo scioglieva dall'alto.

Ais mencair di bawah, manakala matahari mencairkannya dari atas.

Si aprirono dei buchi, si allargarono delle crepe e dei pezzi caddero nel fiume.

Lubang udara terbuka, retakan merebak, dan ketulan jatuh ke dalam sungai.

In mezzo a tutta questa vita sfrenata e sfrenata, i viaggiatori barcollavano.

Di tengah-tengah semua kehidupan yang penuh dan berkobar-kobar ini, para pengembara terhuyung-huyung.

Due uomini, una donna e un branco di husky camminavano come morti.

Dua lelaki, seorang wanita, dan sekumpulan huskies berjalan seperti orang mati.

I cani cadevano, Mercedes piangeva, ma continuava a guidare la slitta.

Anjing-anjing itu jatuh, Mercedes menangis, tetapi masih menunggang kereta luncur.

Hal imprecò debolmente e Charles sbatté le palpebre con gli occhi lacrimanti.

Hal mengutuk lemah, dan Charles mengedipkan matanya melalui mata yang berair.

Si imbatterono nell'accampamento di John Thornton, nei pressi della foce del White River.

Mereka tersandung ke kem John Thornton dengan mulut White River.

Quando si fermarono, i cani caddero a terra, come se fossero stati tutti colpiti a morte.

Apabila mereka berhenti, anjing-anjing itu jatuh rata, seolah-olah semuanya mati.

Mercedes si asciugò le lacrime e guardò John Thornton.

Mercedes mengesat air matanya dan memandang ke arah John Thornton.

Charles si sedette su un tronco, lentamente e rigidamente, dolorante per il sentiero.

Charles duduk di atas kayu balak, perlahan-lahan dan kaku, sakit akibat denai.

Hal parlava mentre Thornton intagliava l'estremità del manico di un'ascia.

Hal bercakap sambil Thornton mengukir hujung pemegang kapak.

Tagliò il legno di betulla e rispose con frasi brevi e decise.

Dia memotong kayu birch dan menjawab dengan jawapan ringkas dan tegas.

Quando gli veniva chiesto, dava un consiglio, certo che non sarebbe stato seguito.

Apabila ditanya, dia memberi nasihat, pasti ia tidak akan diikuti.

Hal spiegò: "Ci avevano detto che il ghiaccio lungo la pista si stava staccando".

Hal menjelaskan, "Mereka memberitahu kami bahawa ais jejak itu semakin berkurangan."

"Ci avevano detto che dovevamo restare fermi, ma siamo arrivati a White River."

"Mereka berkata kami harus tinggal di situ-tetapi kami berjaya sampai ke Sungai Putih."

Concluse con un tono beffardo, come per cantare vittoria nelle difficoltà.

Dia mengakhirinya dengan nada mencemuh, seolah-olah mahu menang dalam kesusahan.

"E ti hanno detto la verità", rispose John Thornton a bassa voce ad Hal.

"Dan mereka memberitahu anda benar," John Thornton menjawab Hal dengan perlahan.

"Il ghiaccio potrebbe cedere da un momento all'altro: è pronto a staccarsi."

"Ais boleh hilang pada bila-bila masa—ia sedia untuk tercicir."

"Solo la fortuna cieca e gli sciocchi avrebbero potuto arrivare vivi fin qui."

"Hanya tuah buta dan orang bodoh yang boleh berjaya sejauh ini."

"Te lo dico senza mezzi termini: non rischierei la vita per tutto l'oro dell'Alaska."

"Saya beritahu anda terus, saya tidak akan mempertaruhkan nyawa saya untuk semua emas Alaska."

"Immagino che tu non sia uno stupido", rispose Hal.

"Itu kerana awak bukan orang bodoh, saya rasa," jawab Hal.

"Comunque, andiamo avanti con Dawson." Srotolò la frusta.

"Semua yang sama, kita akan pergi ke Dawson." Dia membuka pecutnya.

"Sali, Buck! Ehi! Alzati! Forza!" urlò con voce roca.

"Bangun ke sana, Buck! Hai! Bangun! Teruskan!" dia menjerit kasar.

Thornton continuò a intagliare, sapendo che gli sciocchi non volevano sentire ragioni.

Thornton terus mencebik, mengetahui orang bodoh tidak akan mendengar alasan.

Fermare uno stupido era inutile, e due o tre stupidi non cambiavano nulla.

Untuk menghentikan orang bodoh adalah sia-sia—dan dua atau tiga orang tertipu tidak mengubah apa-apa.

Ma la squadra non si mosse al suono del comando di Hal.

Tetapi pasukan itu tidak bergerak apabila mendengar arahan Hal.

Ormai solo i colpi potevano farli sollevare e avanzare.

Pada masa ini, hanya pukulan yang boleh membuat mereka bangkit dan menarik ke hadapan.

La frusta schioccava ripetutamente sui cani indeboliti.

Cambuk itu dipatahkan lagi dan lagi pada anjing-anjing yang lemah itu.

John Thornton strinse forte le labbra e osservò in silenzio.

John Thornton mengetap bibirnya rapat-rapat dan memerhati dalam diam.

Solleks fu il primo a rialzarsi sotto la frusta.

Solleks adalah orang pertama yang merangkak berdiri di bawah bulu mata.

Poi Teek lo seguì, tremando. Joe urlò mentre barcollava.

Kemudian Teek mengikut, terketar-ketar. Joe menjerit sambil tersadung.

Pike cercò di alzarsi, fallì due volte, poi alla fine si rialzò barcollando.

Pike cuba bangkit, gagal dua kali, kemudian akhirnya berdiri tidak stabil.

Ma Buck rimase lì dov'era caduto, senza muoversi affatto.

Tetapi Buck berbaring di mana dia telah jatuh, tidak bergerak pada semua masa ini.

La frusta lo colpì più volte, ma lui non emise alcun suono.

Cambuk itu menetaknya berulang kali, tetapi dia tidak bersuara.

Lui non sussultò né oppose resistenza, rimase semplicemente immobile e in silenzio.

Dia tidak berganjak atau melawan, hanya diam dan diam.

Thornton si mosse più di una volta, come per dire qualcosa, ma non lo fece.

Thornton mengacau lebih daripada sekali, seolah-olah bercakap, tetapi tidak.

I suoi occhi si inumidirono, ma la frusta continuava a schioccare contro Buck.

Matanya menjadi basah, dan masih cemeti retak terhadap Buck.

Alla fine Thornton cominciò a camminare lentamente, incerto sul da farsi.

Akhirnya, Thornton mula melangkah perlahan, tidak pasti apa yang perlu dilakukan.

Era la prima volta che Buck falliva e Hal si infuriò.

Ia adalah kali pertama Buck gagal, dan Hal menjadi berang.

Gettò via la frusta e prese al suo posto il pesante manganello.

Dia melemparkan cambuk dan sebaliknya mengambil kayu berat itu.

La mazza di legno colpì con violenza, ma Buck non si alzò per muoversi.

Kayu kayu itu jatuh dengan kuat, tetapi Buck masih tidak bangkit untuk bergerak.

Come i suoi compagni di squadra, era troppo debole, ma non solo.

Seperti rakan sepasukannya, dia terlalu lemah—tetapi lebih daripada itu.

Buck aveva deciso di non muoversi, qualunque cosa accadesse.

Buck telah memutuskan untuk tidak bergerak, tidak kira apa yang berlaku seterusnya.

Sentì qualcosa di oscuro e sicuro incombere proprio davanti a sé.

Dia merasakan sesuatu yang gelap dan pasti berlegar di hadapan.

Quel terrore lo aveva colto non appena aveva raggiunto la riva del fiume.

Ketakutan itu telah menyerangnya sebaik sahaja dia sampai ke tebing sungai.

Quella sensazione non lo aveva abbandonato da quando aveva sentito il ghiaccio assottigliarsi sotto le zampe.

Perasaan itu tidak hilang sejak dia merasakan ais nipis di bawah kakinya.

Qualcosa di terribile lo stava aspettando: lo sentiva proprio lungo il sentiero.

Sesuatu yang mengerikan sedang menunggu-dia merasakannya di bawah denai.

Non avrebbe camminato verso quella cosa terribile davanti a lui

Dia tidak akan berjalan ke arah perkara yang mengerikan di hadapan

Non avrebbe obbedito a nessun ordine che lo avrebbe condotto a quella cosa.

Dia tidak akan mematuhi mana-mana arahan yang membawanya ke perkara itu.

Ormai il dolore dei colpi non lo sfiorava più: era troppo stanco.

Kesakitan akibat pukulan itu hampir tidak menyentuhnya sekarang-dia terlalu jauh pergi.

La scintilla della vita tremolava lentamente, affievolita da ogni colpo crudele.

Percikan kehidupan berkelip rendah, malap di bawah setiap serangan kejam.

Gli arti gli sembravano distanti; tutto il corpo sembrava appartenere a un altro.

Anggota badannya terasa jauh; seluruh tubuhnya seolah-olah milik orang lain.

Sentì uno strano torpore mentre il dolore scompariva completamente.

Dia merasakan kebas yang pelik apabila kesakitan itu hilang sepenuhnya.

Da lontano, sentiva che lo stavano picchiando, ma non se ne rendeva conto.

Dari jauh, dia merasakan dia dipukul, tetapi hampir tidak tahu.

Poteva udire debolmente i tonfi, ma ormai non gli facevano più male.

Dia dapat mendengar bunyi dentuman itu dengan samar-samar, tetapi ia tidak lagi menyakitkan.

I colpi andarono a segno, ma il suo corpo non sembrava più il suo.

Pukulan itu mendarat, tetapi tubuhnya tidak lagi kelihatan seperti miliknya.

Poi, all'improvviso, senza alcun preavviso, John Thornton lanciò un grido selvaggio.

Kemudian tiba-tiba, tanpa amaran, John Thornton menjerit liar.

Era inarticolato, più il grido di una bestia che di un uomo.

Ia tidak jelas, lebih banyak tangisan binatang daripada manusia.

Si lanciò sull'uomo con la mazza e fece cadere Hal all'indietro.

Dia melompat ke arah lelaki yang membawa kayu itu dan mengetuk Hal ke belakang.

Hal volò come se fosse stato colpito da un albero, atterrando pesantemente al suolo.

Hal terbang seolah-olah ditimpa pokok, mendarat dengan kuat di atas tanah.

Mercedes urlò a gran voce in preda al panico e si portò le mani al viso.

Mercedes menjerit kuat dengan panik dan mencengkam mukanya.

Charles si limitò a guardare, si asciugò gli occhi e rimase seduto.

Charles hanya memandang, mengesat matanya, dan terus duduk.

Il suo corpo era troppo irrigidito dal dolore per alzarsi o contribuire alla lotta.

Badannya terlalu kaku dengan kesakitan untuk bangkit atau membantu dalam pertarungan.

Thornton era in piedi davanti a Buck, tremante di rabbia, incapace di parlare.

Thornton berdiri di atas Buck, menggeletar dengan kemarahan, tidak dapat bercakap.

Tremava di rabbia e lottò per trovare la voce.

Dia bergetar dengan kemarahan dan berjuang untuk mencari suaranya melaluinya.

"Se colpisci ancora quel cane, ti uccido", disse infine.

"Jika anda menyerang anjing itu sekali lagi, saya akan membunuh anda," dia akhirnya berkata.

Hal si asciugò il sangue dalla bocca e tornò avanti.

Hal mengesat darah dari mulutnya dan maju semula.

"È il mio cane", borbottò. "Togliti di mezzo o ti sistemo io."

"Ia anjing saya," gumamnya. "Pergi, atau saya akan baiki awak."

"Vado da Dawson e tu non mi fermerai", ha aggiunto.

"Saya akan pergi ke Dawson, dan anda tidak menghalang saya," tambahnya.

Thornton si fermò tra Buck e il giovane arrabbiato.

Thornton berdiri teguh di antara Buck dan pemuda yang marah itu.

Non aveva alcuna intenzione di farsi da parte o di lasciar passare Hal.

Dia tidak berniat untuk menyepi atau membiarkan Hal berlalu.

Hal tirò fuori il suo coltello da caccia, lungo e pericoloso nella sua mano.

Hal mengeluarkan pisau memburunya, panjang dan berbahaya di tangan.

Mercedes urlò, poi pianse, poi rise in preda a un'isteria selvaggia.

Mercedes menjerit, kemudian menangis, kemudian ketawa dalam histeria liar.

Thornton colpì la mano di Hal con il manico dell'ascia, con forza e rapidità.

Thornton memukul tangan Hal dengan pemegang kapaknya, kuat dan laju.

Il coltello si liberò dalla presa di Hal e volò a terra.

Pisau itu terlepas dari genggaman Hal dan terbang ke tanah.

Hal cercò di raccogliere il coltello, ma Thornton gli batté di nuovo le nocche.

Hal cuba mengambil pisau, dan Thornton mengetuk buku jarinya sekali lagi.

Poi Thornton si chinò, afferrò il coltello e lo tenne fermo.

Kemudian Thornton membongkok, meraih pisau, dan memegangnya.

Con due rapidi colpi del manico dell'ascia, tagliò le redini di Buck.

Dengan dua potong cepat pemegang kapak, dia memotong kekang Buck.

Hal non aveva più voglia di combattere e si allontanò dal cane.

Hal tidak mempunyai pergaduhan lagi dan berundur dari anjing itu.

Inoltre, ora Mercedes aveva bisogno di entrambe le braccia per restare in piedi.

Selain itu, Mercedes memerlukan kedua-dua lengan sekarang untuk memastikan dia tegak.

Buck era troppo vicino alla morte per poter nuovamente tirare la slitta.

Buck terlalu hampir mati untuk digunakan untuk menarik kereta luncur lagi.

Pochi minuti dopo, ripartirono, dirigendosi verso il fiume.

Beberapa minit kemudian, mereka menarik diri, menuju ke sungai.

Buck sollevò debolmente la testa e li guardò lasciare la banca.

Buck mengangkat kepalanya lemah dan melihat mereka meninggalkan bank.

Pike guidava la squadra, con Solleks dietro al volante.

Pike mengetuai pasukan, dengan Solleks di belakang di tempat roda.

Joe e Teek camminavano in mezzo, zoppicando entrambi per la stanchezza.

Joe dan Teek berjalan di antara, kedua-duanya terpincang-pincang kerana keletihan.

Mercedes si sedette sulla slitta e Hal afferrò la lunga pertica.

Mercedes duduk di atas kereta luncur, dan Hal mencengkam tiang gee yang panjang.

Charles barcollava dietro di lui, con passi goffi e incerti.

Charles tersadung di belakang, langkahnya kekok dan tidak menentu.

Thornton si inginocchiò accanto a Buck e tastò delicatamente per vedere se aveva ossa rotte.

Thornton berlutut di sisi Buck dan perlahan-lahan meraba tulang yang patah.

Le sue mani erano ruvide, ma si muovevano con gentilezza e cura.

Tangannya kasar tetapi digerakkan dengan baik dan berhati-hati.

Il corpo di Buck era pieno di lividi, ma non presentava lesioni permanenti.

Badan Buck lebam tetapi tidak menunjukkan kecederaan berpanjangan.

Ciò che restava era una fame terribile e una debolezza quasi totale.

Apa yang tinggal adalah kelaparan yang teruk dan hampir keseluruhan kelemahan.

Quando la situazione fu più chiara, la slitta era già andata molto a valle.

Pada masa ini jelas, kereta luncur telah pergi jauh ke hilir sungai.

L'uomo e il cane osservavano la slitta avanzare lentamente sul ghiaccio che si rompeva.

Lelaki dan anjing melihat kereta luncur itu perlahan-lahan merangkak di atas ais yang retak.

Poi videro la slitta sprofondare in una cavità.

Kemudian, mereka melihat kereta luncur itu tenggelam ke dalam lubang.

La pertica volò in alto, ma Hal vi si aggrappò ancora invano.

Kutub gee terbang ke atas, dengan Hal masih berpaut padanya dengan sia-sia.

L'urlo di Mercedes li raggiunse attraverso la fredda distanza.

Jeritan Mercedes mencapai mereka merentasi jarak yang sejuk.

Charles si voltò e fece un passo indietro, ma era troppo tardi.

Charles berpaling dan melangkah ke belakang—tetapi dia sudah terlambat.

Un'intera calotta di ghiaccio cedette e tutti precipitarono.

Seluruh kepingan ais memberi laluan, dan mereka semua jatuh.

Cani, slitte e persone scomparvero nelle acque nere sottostanti.

Anjing, kereta luncur, dan manusia lenyap ke dalam air hitam di bawah.

Nel punto in cui erano passati era rimasto solo un largo buco nel ghiaccio.

Hanya lubang besar di dalam ais yang tinggal di tempat mereka lalui.

Il fondo del sentiero era crollato, proprio come aveva previsto Thornton.

Bahagian bawah laluan telah tercicir—sama seperti yang Thornton amaran.

Thornton e Buck si guardarono l'un l'altro, in silenzio per un momento.

Thornton dan Buck memandang antara satu sama lain, senyap seketika.

"Povero diavolo", disse Thornton dolcemente, e Buck gli leccò la mano.

"Kamu syaitan yang malang," kata Thornton lembut, dan Buck menjilat tangannya.

Per amore di un uomo
Demi Cinta Seorang Lelaki

John Thornton si congelò i piedi per il freddo del dicembre precedente.
John Thornton membekukan kakinya dalam kesejukan Disember sebelumnya.

I suoi compagni lo fecero sentire a suo agio e lo lasciarono guarire da solo.
Rakan kongsinya membuatkan dia selesa dan meninggalkannya untuk pulih sendirian.

Risalirono il fiume per raccogliere una zattera di tronchi da sega per Dawson.
Mereka pergi ke sungai untuk mengumpulkan rakit gergaji kayu untuk Dawson.

Zoppicava ancora leggermente quando salvò Buck dalla morte.
Dia masih terhincut-hincut sedikit ketika menyelamatkan Buck dari kematian.

Ma con il persistere del caldo, anche quella zoppia è scomparsa.
Tetapi dengan cuaca panas berterusan, walaupun lemas itu hilang.

Sdraiato sulla riva del fiume durante le lunghe giornate primaverili, Buck si riposò.
Berbaring di tepi sungai semasa musim bunga yang panjang, Buck berehat.

Osservava l'acqua che scorreva e ascoltava gli uccelli e gli insetti.
Dia melihat air yang mengalir dan mendengar burung dan serangga.

Lentamente Buck riacquistò le forze sotto il sole e il cielo.
Perlahan-lahan, Buck mendapatkan semula kekuatannya di bawah matahari dan langit.

Dopo aver viaggiato tremila miglia, riposarsi è stato meraviglioso.
Rehat terasa indah selepas menempuh jarak tiga ribu batu.

Buck diventò pigro man mano che le sue ferite guarivano e il suo corpo si riempiva.

Buck menjadi malas kerana lukanya sembuh dan badannya dipenuhi.

I suoi muscoli si rassodarono e la carne tornò a ricoprire le sue ossa.

Otot-ototnya menjadi tegang, dan daging kembali menutupi tulangnya.

Stavano tutti riposando: Buck, Thornton, Skeet e Nig.

Mereka semua sedang berehat—Buck, Thornton, Skeet, dan Nig.

Aspettarono la zattera che li avrebbe portati a Dawson.

Mereka menunggu rakit yang akan membawa mereka turun ke Dawson.

Skeet era un piccolo setter irlandese che fece amicizia con Buck.

Skeet ialah seorang setter Ireland kecil yang berkawan dengan Buck.

Buck era troppo debole e malato per resisterle al loro primo incontro.

Buck terlalu lemah dan sakit untuk menentangnya pada pertemuan pertama mereka.

Skeet aveva la caratteristica di guaritore che alcuni cani possiedono per natura.

Skeet mempunyai sifat penyembuh yang dimiliki oleh sesetengah anjing secara semula jadi.

Come una gatta, leccò e pulì le ferite aperte di Buck.

Seperti ibu kucing, dia menjilat dan membersihkan luka mentah Buck.

Ogni mattina, dopo colazione, ripeteva il suo attento lavoro.

Setiap pagi selepas sarapan, dia mengulangi kerja berhati-hatinya.

Buck finì per aspettarsi il suo aiuto tanto quanto quello di Thornton.

Buck datang mengharapkan bantuannya sama seperti yang dia lakukan Thornton.

Anche Nig era amichevole, ma meno aperto e meno affettuoso.
Nig juga peramah, tetapi kurang terbuka dan kurang penyayang.

Nig era un grosso cane nero, in parte segugio e in parte levriero.
Nig ialah seekor anjing hitam besar, sebahagian anjing berdarah dan sebahagian anjing hutan.

Aveva occhi sorridenti e un'infinita bontà d'animo.
Dia mempunyai mata ketawa dan sifat baik yang tidak berkesudahan dalam semangatnya.

Con sorpresa di Buck, nessuno dei due cani mostrò gelosia nei suoi confronti.
Yang mengejutkan Buck, tidak ada anjing yang menunjukkan rasa cemburu kepadanya.

Sia Skeet che Nig condividevano la gentilezza di John Thornton.
Kedua-dua Skeet dan Nig berkongsi kebaikan John Thornton.

Man mano che Buck diventava più forte, lo attiravano in stupidi giochi da cani.
Apabila Buck semakin kuat, mereka memikatnya ke dalam permainan anjing yang bodoh.

Anche Thornton giocava spesso con loro, incapace di resistere alla loro gioia.
Thornton sering bermain dengan mereka juga, tidak dapat menahan kegembiraan mereka.

In questo modo giocoso, Buck passò dalla malattia a una nuova vita.
Dengan cara yang suka bermain ini, Buck berpindah dari sakit ke kehidupan baru.

L'amore, quello vero, ardente e passionale, era finalmente suo.
Cinta—cinta sejati, membara, dan penuh ghairah— akhirnya menjadi miliknya.

Non aveva mai conosciuto questo tipo di amore nella tenuta di Miller.
Dia tidak pernah mengenali cinta seperti ini di estet Miller.

Con i figli del giudice aveva condiviso lavoro e avventure.
Dengan anak lelaki Hakim, dia telah berkongsi kerja dan
pengembaraan.

Nei nipoti notò un orgoglio rigido e vanitoso.
Dengan cucu-cucunya, dia melihat kebanggaan yang kaku
dan bermegah-megah.

**Con lo stesso giudice Miller aveva un rapporto di rispettosa
amicizia.**
Dengan Hakim Miller sendiri, dia mempunyai persahabatan
yang dihormati.

**Ma l'amore che era fuoco, follia e adorazione era ciò che
accadeva con Thornton.**
Tetapi cinta yang merupakan api, kegilaan, dan penyembahan
datang bersama Thornton.

**Quest'uomo aveva salvato la vita di Buck, e questo di per sé
significava molto.**
Lelaki ini telah menyelamatkan nyawa Buck, dan itu sahaja
bermakna.

**Ma più di questo, John Thornton era il tipo ideale di
maestro.**
Tetapi lebih daripada itu, John Thornton adalah jenis tuan
yang ideal.

**Altri uomini si prendevano cura dei cani per dovere o per
necessità lavorative.**
Lelaki lain menjaga anjing di luar tugas atau keperluan
perniagaan.

**John Thornton si prendeva cura dei suoi cani come se
fossero figli.**
John Thornton menjaga anjingnya seolah-olah mereka adalah
anak-anaknya.

**Si prendeva cura di loro perché li amava e semplicemente
non poteva farne a meno.**
Dia mengambil berat terhadap mereka kerana dia mengasihi
mereka dan tidak dapat menahannya.

**John Thornton vide molto più lontano di quanto la maggior
parte degli uomini riuscisse mai a vedere.**

John Thornton melihat lebih jauh daripada yang pernah dilihat oleh kebanyakan lelaki.

Non dimenticava mai di salutarli gentilmente o di pronunciare una parola di incoraggiamento.

Dia tidak pernah lupa untuk menyapa mereka dengan baik atau mengucapkan kata-kata yang bersorak.

Amava sedersi con i cani per fare lunghe chiacchierate, o "gassy", come diceva lui.

Dia suka duduk dengan anjing-anjing itu untuk bercakap panjang, atau "bergas," seperti yang dia katakan.

Gli piaceva afferrare bruscamente la testa di Buck tra le sue mani forti.

Dia suka memegang kepala Buck dengan kasar di antara tangannya yang kuat.

Poi appoggiò la testa contro quella di Buck e lo scosse delicatamente.

Kemudian dia merehatkan kepalanya sendiri terhadap Buck dan menggoncangnya perlahan-lahan.

Nel frattempo, chiamava Buck con nomi volgari che per lui significavano affetto.

Sepanjang masa, dia memanggil Buck nama kasar yang bermaksud cinta kepada Buck.

Per Buck, quell'abbraccio rude e quelle parole portarono una gioia profonda.

Kepada Buck, pelukan kasar dan kata-kata itu membawa kegembiraan yang mendalam.

A ogni movimento il suo cuore sembrava sussultare di felicità.

Hatinya seakan-akan bergoncang-goncang gembira dengan setiap pergerakannya.

Quando poi balzò in piedi, la sua bocca sembrava ridere.

Apabila dia melompat selepas itu, mulutnya kelihatan seperti ketawa.

I suoi occhi brillavano intensamente e la sua gola tremava per una gioia inespressa.

Matanya bersinar terang dan tekaknya menggeletar kegembiraan yang tidak terucap.

Il suo sorriso rimase immobile in quello stato di emozione e affetto ardente.

Senyumannya terhenti dalam keadaan terharu dan kasih sayang yang bercahaya itu.

Allora Thornton esclamò pensieroso: "Dio! Riesce quasi a parlare!"

Kemudian Thornton berseru termenung, "Tuhan! dia hampir boleh bercakap!"

Buck aveva uno strano modo di esprimere l'amore che quasi gli causava dolore.

Buck mempunyai cara pelik untuk menyatakan cinta yang hampir menyebabkan kesakitan.

Spesso stringeva forte la mano di Thornton tra i denti.

Dia sering mencengkam tangan Thornton di giginya dengan sangat kuat.

Il morso avrebbe lasciato segni profondi che sarebbero rimasti per qualche tempo.

Gigitan itu akan meninggalkan kesan mendalam yang tinggal beberapa lama selepas itu.

Buck credeva che quei giuramenti fossero amore, e Thornton la pensava allo stesso modo.

Buck percaya sumpah itu adalah cinta, dan Thornton tahu perkara yang sama.

Il più delle volte, l'amore di Buck si manifestava in un'adorazione silenziosa, quasi silenziosa.

Selalunya, cinta Buck ditunjukkan dalam pemujaan yang tenang dan hampir senyap.

Sebbene fosse emozionato quando veniva toccato o gli si parlava, non cercava attenzione.

Walaupun teruja apabila disentuh atau bercakap, dia tidak mencari perhatian.

Skeet spinse il naso sotto la mano di Thornton finché lui non la accarezzò.

Skeet mencuit hidungnya di bawah tangan Thornton sehingga dia membelainya.

Nig si avvicinò silenziosamente e appoggiò la sua grande testa sulle ginocchia di Thornton.

Nig berjalan dengan senyap dan menyandarkan kepalanya yang besar pada lutut Thornton.

Buck, al contrario, si accontentava di amare da una rispettosa distanza.

Buck, sebaliknya, berpuas hati untuk mencintai dari jarak yang terhormat.

Rimase sdraiato per ore ai piedi di Thornton, vigile e attento.

Dia berbohong selama berjam-jam di kaki Thornton, berjaga-jaga dan memerhati dengan teliti.

Buck studiò ogni dettaglio del volto del suo padrone, perfino il più piccolo movimento.

Buck mengkaji setiap perincian wajah tuannya dan gerakan yang sedikit.

Oppure sdraiati più lontano, studiando in silenzio la sagoma dell'uomo.

Atau berbohong lebih jauh, mengkaji bentuk lelaki itu dalam diam.

Buck osservava ogni piccolo movimento, ogni cambiamento di postura o di gesto.

Buck memerhati setiap pergerakan kecil, setiap perubahan postur atau gerak isyarat.

Questo legame era così potente che spesso catturava lo sguardo di Thornton.

Begitu kuat hubungan ini yang sering menarik pandangan Thornton.

Incontrò lo sguardo di Buck senza dire parole, e il suo amore traspariva chiaramente.

Dia bertemu mata Buck tanpa kata-kata, cinta bersinar jelas melalui.

Per molto tempo dopo essere stato salvato, Buck non perse mai di vista Thornton.

Untuk masa yang lama selepas diselamatkan, Buck tidak pernah membiarkan Thornton hilang dari pandangan.

Ogni volta che Thornton usciva dalla tenda, Buck lo seguiva da vicino all'esterno.

Setiap kali Thornton meninggalkan khemah, Buck mengikutinya rapat di luar.

Tutti i severi padroni delle Terre del Nord avevano fatto sì che Buck non riuscisse più a fidarsi.

Semua tuan yang keras di Northland telah membuat Buck takut untuk mempercayai.

Temeva che nessun uomo potesse restare suo padrone se non per un breve periodo.

Dia takut tiada seorang pun boleh kekal sebagai tuannya untuk masa yang singkat.

Temeva che John Thornton sarebbe scomparso come Perrault e François.

Dia takut John Thornton akan lenyap seperti Perrault dan François.

Anche di notte, la paura di perderlo tormentava il sonno agitato di Buck.

Malah pada waktu malam, ketakutan kehilangannya menghantui tidur Buck yang tidak lena.

Quando Buck si svegliò, si trascinò fuori al freddo e andò nella tenda.

Apabila Buck bangun, dia merangkak ke dalam kesejukan, dan pergi ke khemah.

Ascoltò attentamente il leggero suono del suo respiro interiore.

Dia mendengar dengan teliti bunyi nafas yang lembut di dalam.

Nonostante il profondo amore di Buck per John Thornton, la natura selvaggia sopravvisse.

Walaupun cinta Buck yang mendalam untuk John Thornton, liar tetap hidup.

Quell'istinto primitivo, risvegliatosi nel Nord, non scomparve.

Naluri primitif itu, terbangun di Utara, tidak hilang.

L'amore portava devozione, lealtà e il caldo legame attorno al fuoco.

Cinta membawa pengabdian, kesetiaan, dan ikatan mesra pihak api.

Ma Buck mantenne anche i suoi istinti selvaggi, acuti e sempre all'erta.

Tetapi Buck juga mengekalkan naluri liarnya, tajam dan sentiasa berwaspada.

Non era solo un animale domestico addomesticato proveniente dalle dolci terre della civiltà.

Dia bukan sekadar haiwan peliharaan yang dijinakkan dari tanah lembut tamadun.

Buck era un essere selvaggio che si era seduto accanto al fuoco di Thornton.

Buck adalah makhluk liar yang datang untuk duduk di tepi api Thornton.

Sembrava un cane del Southland, ma in lui albergava la natura selvaggia.

Dia kelihatan seperti anjing Southland, tetapi keliaran hidup dalam dirinya.

Il suo amore per Thornton era troppo grande per permettersi un furto da parte di quell'uomo.

Cintanya kepada Thornton terlalu besar untuk membenarkan kecurian daripada lelaki itu.

Ma in qualsiasi altro campo ruberebbe con audacia e senza esitazione.

Tetapi di mana-mana kem lain, dia akan mencuri dengan berani dan tanpa jeda.

Era così abile nel rubare che nessuno riusciva a catturarlo o accusarlo.

Dia sangat bijak dalam mencuri sehinggakan tiada siapa yang dapat menangkap atau menuduhnya.

Il suo viso e il suo corpo erano coperti di cicatrici dovute a molti combattimenti passati.

Muka dan badannya dipenuhi parut akibat banyak pergaduhan yang lalu.

Buck continuava a combattere con ferocia, ma ora lo faceva con maggiore astuzia.

Buck masih bertarung dengan hebat, tetapi kini dia bertarung dengan lebih licik.

Skeet e Nig erano troppo docili per combattere, ed erano di Thornton.

Skeet dan Nig terlalu lembut untuk melawan, dan mereka adalah milik Thornton.

Ma qualsiasi cane estraneo, non importa quanto forte o coraggioso, cedeva.

Tetapi mana-mana anjing aneh, tidak kira betapa kuat atau berani, memberi laluan.

Altrimenti, il cane si ritrovò a combattere contro Buck, lottando per la propria vita.

Jika tidak, anjing itu mendapati dirinya bertarung dengan Buck; berjuang untuk hidupnya.

Buck non ebbe pietà quando decise di combattere contro un altro cane.

Buck tidak mempunyai belas kasihan apabila dia memilih untuk melawan anjing lain.

Aveva imparato bene la legge del bastone e della zanna nel Nord.

Dia telah mempelajari dengan baik undang-undang kelab dan taring di Northland.

Non ha mai rinunciato a un vantaggio e non si è mai tirato indietro dalla battaglia.

Dia tidak pernah melepaskan kelebihan dan tidak pernah berundur dari pertempuran.

Aveva studiato Spitz e i cani più feroci della polizia e della posta.

Dia telah mempelajari Spitz dan anjing surat dan polis yang paling garang.

Sapeva chiaramente che non esisteva via di mezzo in un combattimento selvaggio.

Dia tahu dengan jelas bahawa tiada jalan tengah dalam pertempuran liar.

Doveva governare o essere governato; mostrare misericordia significava mostrare debolezza.

Dia mesti memerintah atau diperintah; menunjukkan belas kasihan bermakna menunjukkan kelemahan.

La pietà era sconosciuta nel mondo crudo e brutale della sopravvivenza.

Mercy tidak diketahui dalam dunia kelangsungan hidup yang mentah dan kejam.

Mostrare pietà era visto come un atto di paura, e la paura conduceva rapidamente alla morte.

Untuk menunjukkan belas kasihan dilihat sebagai ketakutan, dan ketakutan membawa kepada kematian dengan cepat.

La vecchia legge era semplice: uccidere o essere uccisi, mangiare o essere mangiati.

Undang-undang lama adalah mudah: bunuh atau dibunuh, makan atau dimakan.

Quella legge proveniva dalle profondità del tempo e Buck la seguì alla lettera.

Undang-undang itu datang dari kedalaman masa, dan Buck mengikutinya sepenuhnya.

Buck era più vecchio dei suoi anni e del numero dei suoi respiri.

Buck lebih tua daripada usianya dan bilangan nafas yang diambilnya.

Collegava in modo chiaro il passato remoto con il momento presente.

Dia menghubungkan masa lampau dengan masa kini dengan jelas.

I ritmi profondi dei secoli si muovevano attraverso di lui come le maree.

Irama dalam zaman berzaman bergerak melaluinya seperti air pasang.

Il tempo pulsava nel suo sangue con la stessa sicurezza con cui le stagioni muovevano la terra.

Waktu berdenyut dalam darahnya sepasti musim menggerakkan bumi.

Sedeva accanto al fuoco di Thornton, con il petto forte e le zanne bianche.

Dia duduk di tepi api Thornton, berdada kuat dan bertaring putih.

La sua lunga pelliccia ondeggiava, ma dietro di lui lo osservavano gli spiriti dei cani selvatici.

Bulunya yang panjang melambai, tetapi di belakangnya roh anjing liar memerhati.

Lupi mezzi e lupi veri si agitavano nel suo cuore e nei suoi sensi.

Serigala separuh dan serigala penuh bergolak dalam hati dan derianya.

Assaggiarono la sua carne e bevvero la stessa acqua che bevve lui.

Mereka merasai dagingnya dan minum air yang sama seperti yang dia lakukan.

Annusarono il vento insieme a lui e ascoltarono la foresta.

Mereka menghidu angin di sampingnya dan mendengar hutan.

Sussurravano il significato dei suoni selvaggi nell'oscurità.

Mereka membisikkan maksud bunyi liar dalam kegelapan.

Modellavano il suo umore e guidavano ciascuna delle sue reazioni silenziose.

Mereka membentuk perasaannya dan membimbing setiap reaksi diamnya.

Giacevano accanto a lui mentre dormiva e diventavano parte dei suoi sogni profondi.

Mereka berbaring dengannya semasa dia tidur dan menjadi sebahagian daripada mimpinya yang mendalam.

Sognavano con lui, oltre lui, e costituivano il suo stesso spirito.

Mereka bermimpi dengan dia, di luar dia, dan membentuk rohnya.

Gli spiriti della natura selvaggia chiamavano con tanta forza che Buck si sentì attratto.

Roh-roh liar memanggil dengan kuat sehingga Buck berasa ditarik.

Ogni giorno che passava, l'umanità e le sue rivendicazioni si indebolivano nel cuore di Buck.

Setiap hari, manusia dan tuntutannya semakin lemah dalam hati Buck.

Nel profondo della foresta si stava per udire un richiamo strano ed emozionante.

Jauh di dalam hutan, panggilan aneh dan mendebarkan akan meningkat.

Ogni volta che sentiva la chiamata, Buck provava un impulso a cui non riusciva a resistere.

Setiap kali dia mendengar panggilan itu, Buck merasakan dorongan yang tidak dapat dia tahan.

Avrebbe voltato le spalle al fuoco e ai sentieri battuti dagli uomini.

Dia akan berpaling dari api dan dari jalan manusia yang dipukul.

Stava per addentrarsi nella foresta, avanzando senza sapere il perché.

Dia akan terjun ke dalam hutan, pergi ke hadapan tanpa mengetahui sebabnya.

Non mise in discussione questa attrazione, perché la chiamata era profonda e potente.

Dia tidak mempersoalkan tarikan ini, kerana panggilan itu mendalam dan kuat.

Spesso raggiungeva l'ombra verde e la terra morbida e intatta

Selalunya, dia mencapai teduhan hijau dan bumi lembut yang tidak disentuh

Ma poi il forte amore per John Thornton lo riportò al fuoco.

Tetapi kemudian cinta yang kuat untuk John Thornton menariknya kembali ke api.

Soltanto John Thornton riuscì davvero a tenere stretto il cuore selvaggio di Buck.

Hanya John Thornton yang benar-benar memegang hati liar Buck dalam genggamannya.

Per Buck il resto dell'umanità non aveva alcun valore o significato duraturo.

Selebihnya manusia tidak mempunyai nilai atau makna yang berkekalan kepada Buck.

Gli sconosciuti potrebbero lodarlo o accarezzargli la pelliccia con mani amichevoli.

Orang asing mungkin memujinya atau membelai bulunya dengan tangan yang mesra.

Buck rimase impassibile e se ne andò per eccesso di affetto.
Buck tetap tidak berganjak dan pergi dari terlalu sayang.
Hans e Pete arrivarono con la zattera che era stata attesa a lungo
Hans dan Pete tiba dengan rakit yang telah lama ditunggu-tunggu
Buck li ignorò finché non venne a sapere che erano vicini a Thornton.
Buck tidak mengendahkan mereka sehingga dia mengetahui bahawa mereka rapat dengan Thornton.
Da allora in poi li tollerò, ma non dimostrò mai loro tutto il suo calore.
Selepas itu, dia bertolak ansur dengan mereka, tetapi tidak pernah menunjukkan kemesraan sepenuhnya.
Accettava da loro cibo o gentilezza come se volesse fare loro un favore.
Dia mengambil makanan atau kebaikan daripada mereka seolah-olah memberi mereka kebaikan.
Erano come Thornton: semplici, onesti e lucidi nei pensieri.
Mereka seperti Thornton—sederhana, jujur dan jelas dalam pemikiran.
Tutti insieme viaggiarono verso la segheria di Dawson e il grande vortice
Semua bersama-sama mereka pergi ke kilang gergaji Dawson dan pusaran besar
Nel corso del loro viaggio impararono a comprendere profondamente la natura di Buck.
Dalam perjalanan mereka belajar untuk memahami sifat Buck secara mendalam.
Non cercarono di avvicinarsi come avevano fatto Skeet e Nig.
Mereka tidak cuba untuk menjadi rapat seperti yang dilakukan Skeet dan Nig.
Ma l'amore di Buck per John Thornton non fece che aumentare con il tempo.
Tetapi cinta Buck untuk John Thornton semakin mendalam dari semasa ke semasa.

Solo Thornton poteva mettere uno zaino sulla schiena di Buck durante l'estate.

Hanya Thornton boleh meletakkan satu pek di belakang Buck pada musim panas.

Buck era disposto a eseguire senza riserve qualsiasi ordine impartito da Thornton.

Apa sahaja yang diperintahkan oleh Thornton, Buck sanggup lakukan sepenuhnya.

Un giorno, dopo aver lasciato Dawson per le sorgenti del Tanana,

Suatu hari, selepas mereka meninggalkan Dawson menuju ke hulu Tanana,

il gruppo era seduto su una rupe che scendeva per un metro fino a raggiungere la nuda roccia.

kumpulan itu duduk di atas tebing yang jatuh tiga kaki ke batuan dasar kosong.

John Thornton si sedette vicino al bordo e Buck si riposò accanto a lui.

John Thornton duduk berhampiran tepi, dan Buck berehat di sebelahnya.

Thornton ebbe un'idea improvvisa e richiamò l'attenzione degli uomini.

Thornton tiba-tiba terfikir dan menarik perhatian lelaki itu.

Indicò l'altro lato del baratro e diede a Buck un unico comando.

Dia menunjuk ke seberang jurang dan memberi Buck satu arahan.

"Salta, Buck!" disse, allungando il braccio oltre il precipizio.

"Lompat, Buck!" katanya sambil menghayunkan tangannya ke atas titisan itu.

Un attimo dopo dovette afferrare Buck, che stava saltando per obbedire.

Dalam seketika, dia terpaksa menangkap Buck, yang melompat untuk mematuhi.

Hans e Pete si precipitarono in avanti e tirarono entrambi indietro per metterli in salvo.

Hans dan Pete meluru ke hadapan dan menarik kedua-
duanya kembali ke tempat selamat.

Dopo che tutto fu finito e che ebbero ripreso fiato, Pete prese la parola.

Selepas semuanya berakhir, dan mereka telah menarik nafas, Pete bersuara.

«È un amore straordinario», disse, scosso dalla feroce devozione del cane.

"Cinta itu luar biasa," katanya, digegarkan oleh ketaatan anjing itu.

Thornton scosse la testa e rispose con calma e serietà.

Thornton menggelengkan kepalanya dan menjawab dengan kesungguhan yang tenang.

«No, l'amore è splendido», disse, «ma anche terribile».

"Tidak, cinta itu indah," katanya, "tetapi juga mengerikan."

"A volte, devo ammetterlo, questo tipo di amore mi fa paura."

"Kadang-kadang, saya mesti mengakui, cinta seperti ini membuatkan saya takut."

Pete annuì e disse: "Mi dispiacerebbe tanto essere l'uomo che ti tocca".

Pete mengangguk dan berkata, "Saya tidak suka menjadi lelaki yang menyentuh awak."

Mentre parlava, guardava Buck con aria seria e piena di rispetto.

Dia memandang Buck sambil bercakap, serius dan penuh hormat.

"Py Jingo!" esclamò Hans in fretta. "Neanch'io, no signore."

"Py Jingo!" kata Hans pantas. "Saya juga, tidak tuan."

Prima che finisse l'anno, i timori di Pete si avverarono a Circle City.

Sebelum tahun berakhir, ketakutan Pete menjadi kenyataan di Circle City.

Un uomo crudele di nome Black Burton attaccò una rissa nel bar.

Seorang lelaki kejam bernama Black Burton bergaduh di bar.

Era arrabbiato e cattivo, e si scagliava contro un novellino.
Dia marah dan berniat jahat, menyelar kaki lembut yang baru.
John Thornton intervenne, calmo e bonario come sempre.
John Thornton melangkah masuk, tenang dan baik hati seperti
biasa.
**Buck giaceva in un angolo, con la testa bassa, e osservava
Thornton attentamente.**
Buck berbaring di sudut, menunduk, memerhati Thornton
dengan teliti.
**Burton colpì all'improvviso e il suo pugno fece girare
Thornton.**
Burton tiba-tiba menyerang, tumbukannya menyebabkan
Thornton berputar.
**Solo la ringhiera della sbarra gli impedì di cadere
violentemente a terra.**
Hanya rel palang yang menghalangnya daripada terhempas
kuat ke tanah.
**Gli osservatori hanno sentito un suono che non era un
abbaio o un guaito**
Para pemerhati mendengar bunyi yang tidak menyalak atau
menjerit
**Buck emise un profondo ruggito mentre si lanciava verso
l'uomo.**
raungan dalam datang dari Buck semasa dia melancarkan ke
arah lelaki itu.
Burton alzò il braccio e per poco non si salvò la vita.
Burton mengangkat tangannya dan hampir tidak
menyelamatkan nyawanya sendiri.
Buck si schiantò contro di lui, facendolo cadere a terra.
Buck merempuhnya, menghempaskannya ke lantai.
**Buck gli diede un morso profondo al braccio, poi si lanciò
alla gola.**
Buck menggigit jauh ke dalam lengan lelaki itu, kemudian
menerkam ke kerongkong.
**Burton riuscì a parare solo in parte e il suo collo fu
squarciato.**

Burton hanya boleh menghalang sebahagian, dan lehernya terkoyak.

Gli uomini si precipitarono dentro, brandendo i manganelli e allontanarono Buck dall'uomo sanguinante.

Lelaki bergegas masuk, kayu dibangkitkan, dan menghalau Buck dari lelaki yang berdarah itu.

Un chirurgo ha lavorato rapidamente per impedire che il sangue fuoriuscisse.

Seorang pakar bedah bertindak pantas untuk menghentikan darah daripada mengalir keluar.

Buck camminava avanti e indietro ringhiando, tentando di attaccare ancora e ancora.

Buck mundar-mandir dan menggeram, cuba menyerang lagi dan lagi.

Soltanto i bastoni oscillanti gli impedirono di raggiungere Burton.

Hanya kayu berayun yang menghalangnya daripada sampai ke Burton.

Proprio lì, sul posto, venne convocata una riunione dei minatori.

Satu mesyuarat pelombong telah dipanggil dan diadakan di sana di tempat kejadian.

Concordarono sul fatto che Buck era stato provocato e votarono per liberarlo.

Mereka bersetuju Buck telah diprovokasi dan mengundi untuk membebaskannya.

Ma il nome feroce di Buck risuonava ormai in ogni accampamento dell'Alaska.

Tetapi nama sengit Buck kini bergema di setiap kem di Alaska.

Più tardi, quello stesso autunno, Buck salvò Thornton di nuovo in un modo nuovo.

Kemudian pada musim luruh itu, Buck menyelamatkan Thornton sekali lagi dengan cara yang baharu.

I tre uomini stavano guidando una lunga barça lungo delle rapide impetuose.

Ketiga-tiga lelaki itu memandu bot panjang menyusuri jeram yang bergelora.

Thornton manovrava la barca, gridando indicazioni per raggiungere la riva.

Thornton mengendalikan bot, memanggil arah ke garis pantai.

Hans e Pete correvano sulla terraferma, tenendo una corda da un albero all'altro.

Hans dan Pete berlari di darat, memegang tali dari pokok ke pokok.

Buck procedeva a passo d'uomo sulla riva, tenendo sempre d'occhio il suo padrone.

Buck terus berjalan di bank, sentiasa memerhati tuannya.

In un punto pericoloso, delle rocce sporgevano dall'acqua veloce.

Di satu tempat yang jahat, batu-batu menjorok keluar di bawah air deras.

Hans lasciò andare la cima e Thornton tirò la barca verso la larghezza.

Hans melepaskan tali, dan Thornton mengemudi bot itu lebar-lebar.

Hans corse a percorrerla di nuovo, superando le pericolose rocce.

Hans pecut untuk menangkap bot itu semula melepasi batu-batu berbahaya.

La barca superò la sporgenza ma trovò una corrente più forte.

Bot itu membersihkan tebing tetapi melanggar bahagian arus yang lebih kuat.

Hans afferrò la cima troppo velocemente e fece perdere l'equilibrio alla barca.

Hans mengambil tali terlalu cepat dan menarik bot itu hilang keseimbangan.

La barca si capovolse e sbatté contro la riva, con la parte inferiore rivolta verso l'alto.

Bot itu terbalik dan terhempas ke dalam tebing, dari bawah ke atas.

Thornton venne scaraventato fuori e trascinato nella parte più selvaggia dell'acqua.

Thornton tercampak keluar dan dihanyutkan ke bahagian paling liar air.

Nessun nuotatore sarebbe sopravvissuto in quelle acque pericolose e pericolose.

Tiada perenang boleh terselamat di perairan yang boleh membawa maut itu.

Buck si lanciò all'istante e inseguì il suo padrone lungo il fiume.

Buck melompat masuk serta-merta dan mengejar tuannya ke dalam sungai.

Dopo trecento metri finalmente raggiunse Thornton.

Selepas tiga ratus ela, dia tiba di Thornton akhirnya.

Thornton afferrò la coda di Buck, e Buck si diresse verso la riva.

Thornton meraih ekor Buck, dan Buck berpaling ke pantai.

Nuotò con tutte le sue forze, lottando contro la forte resistenza dell'acqua.

Dia berenang dengan kekuatan penuh, melawan seretan liar air.

Si spostarono verso valle più velocemente di quanto riuscissero a raggiungere la riva.

Mereka bergerak ke hilir lebih cepat daripada yang mereka boleh sampai ke pantai.

Più avanti, il fiume ruggiva più forte, precipitando in rapide mortali.

Di hadapan, sungai menderu lebih kuat apabila ia jatuh ke dalam jeram maut.

Le rocce fendevano l'acqua come i denti di un enorme pettine.

Batu-batu dihiris melalui air seperti gigi sikat besar.

La forza di attrazione dell'acqua nei pressi del dislivello era selvaggia e ineluttabile.

Tarikan air berhampiran titisan adalah ganas dan tidak dapat dielakkan.

Thornton sapeva che non sarebbero mai riusciti a raggiungere la riva in tempo.
Thornton tahu mereka tidak boleh sampai ke pantai tepat pada masanya.

Raschiò una roccia, ne sbatté una seconda,
Dia mengikis satu batu, menghancurkan satu saat,

Poi si schiantò contro una terza roccia, afferrandola con entrambe le mani.
Dan kemudian dia terhempas ke batu ketiga, meraihnya dengan kedua-dua tangannya.

Lasciò andare Buck e urlò sopra il ruggito: "Vai, Buck! Vai!"
Dia melepaskan Buck dan menjerit di atas raungan itu, "Pergi, Buck! Pergi!"

Buck non riuscì a restare a galla e fu trascinato dalla corrente.
Buck tidak dapat bertahan dan dihanyutkan oleh arus.

Lottò con tutte le sue forze, cercando di girarsi, ma non fece alcun progresso.
Dia berjuang keras, bergelut untuk berpaling, tetapi tidak membuat kemajuan sama sekali.

Poi sentì Thornton ripetere il comando sopra il fragore del fiume.
Kemudian dia mendengar Thornton mengulangi arahan atas deruan sungai.

Buck si impennò fuori dall'acqua e sollevò la testa come per dare un'ultima occhiata.
Buck bangkit dari air, mengangkat kepalanya seolah-olah untuk melihat terakhir.

poi si voltò e obbedì, nuotando verso la riva con risolutezza.
kemudian berpaling dan menurut, berenang ke arah bank dengan tekad.

Pete e Hans lo tirarono a riva all'ultimo momento possibile.
Pete dan Hans menariknya ke darat pada saat terakhir yang mungkin.

Sapevano che Thornton avrebbe potuto aggrapparsi alla roccia solo per pochi minuti.

Mereka tahu Thornton boleh berpaut pada batu itu untuk beberapa minit sahaja lagi.

Corsero su per la riva fino a un punto molto più in alto rispetto al punto in cui lui era appeso.

Mereka berlari ke atas bank ke tempat yang jauh di atas tempat dia tergantung.

Legarono con cura la cima della barca al collo e alle spalle di Buck.

Mereka mengikat tali bot pada leher dan bahu Buck dengan berhati-hati.

La corda era stretta ma abbastanza larga da permettere di respirare e muoversi.

Tali itu selesa tetapi cukup longgar untuk bernafas dan bergerak.

Poi lo gettarono di nuovo nel fiume impetuoso e mortale.

Kemudian mereka melancarkannya ke dalam sungai yang deras dan mematikan itu lagi.

Buck nuotò coraggiosamente ma non riuscì a prendere l'angolazione giusta per affrontare la forza della corrente.

Buck berenang dengan berani tetapi terlepas sudutnya ke arah arus sungai.

Si accorse troppo tardi che stava per superare Thornton.

Dia melihat terlalu lewat bahawa dia akan hanyut melepasi Thornton.

Hans tirò forte la corda, come se Buck fosse una barca che si capovolge.

Hans menyentak tali dengan kuat, seolah-olah Buck adalah bot yang terbalik.

La corrente lo trascinò sott'acqua e lui scomparve sotto la superficie.

Arus itu menariknya ke bawah, dan dia hilang di bawah permukaan.

Il suo corpo colpì la riva prima che Hans e Pete lo tirassero fuori.

Badannya mencecah bank sebelum Hans dan Pete menariknya keluar.

Era mezzo annegato e gli tolsero l'acqua dal corpo.

Dia separuh lemas, dan mereka menumbuk air daripadanya.

Buck si alzò, barcollò e crollò di nuovo a terra.

Buck berdiri, terhuyung-hayang, dan rebah semula ke tanah.

Poi udirono la voce di Thornton portata debolmente dal vento.

Kemudian mereka mendengar suara Thornton yang sayup-sayup dibawa oleh angin.

Sebbene le parole non fossero chiare, sapevano che era vicino alla morte.

Walaupun kata-kata itu tidak jelas, mereka tahu dia hampir mati.

Il suono della voce di Thornton colpì Buck come una scossa elettrica.

Bunyi suara Thornton memukul Buck seperti tersentak elektrik.

Saltò in piedi e corse su per la riva, tornando al punto di partenza.

Dia melompat dan berlari ke atas bank, kembali ke tempat pelancaran.

Legarono di nuovo la corda a Buck, e di nuovo lui entrò nel fiume.

Sekali lagi mereka mengikat tali kepada Buck, dan sekali lagi dia memasuki sungai.

Questa volta nuotò direttamente e con decisione nell'acqua impetuosa.

Kali ini, dia berenang terus dan kuat ke dalam air yang deras.

Hans lasciò scorrere la corda con regolarità, mentre Pete impediva che si aggrovigliasse.

Hans melepaskan tali itu dengan mantap manakala Pete menahannya daripada tersangkut.

Buck nuotò con forza finché non si trovò allineato appena sopra Thornton.

Buck berenang dengan kuat sehingga dia berbaris tepat di atas Thornton.

Poi si voltò e si lanciò verso di lui come un treno a tutta velocità.

Kemudian dia berpusing dan meluncur ke bawah seperti kereta api dalam kelajuan penuh.

Thornton lo vide arrivare, si preparò e gli abbracciò il collo.

Thornton melihat dia datang, berpegangan tangan, dan mengunci lengan di lehernya.

Hans legò saldamente la corda attorno a un albero mentre entrambi venivano tirati sott'acqua.

Hans mengikat tali dengan pantas di sekeliling pokok apabila kedua-duanya ditarik ke bawah.

Caddero sott'acqua, schiantandosi contro rocce e detriti del fiume.

Mereka jatuh di bawah air, menghempap batu dan serpihan sungai.

Un attimo prima Buck era in cima e un attimo dopo Thornton si alzava ansimando.

Satu saat Buck berada di atas, Thornton seterusnya naik tercungap-cungap.

Malconci e soffocati, si diressero verso la riva e si misero in salvo.

Dipukul dan tercekik, mereka membelok ke tebing dan selamat.

Thornton riprese conoscenza mentre era sdraiato su un tronco alla deriva.

Thornton sedar semula, terbaring di sebatang kayu hanyut.

Hans e Pete lavorarono duramente per riportarlo a respirare e a vivere.

Hans dan Pete bekerja keras untuk mengembalikan nafas dan kehidupan.

Il suo primo pensiero fu per Buck, che giaceva immobile e inerte.

Fikiran pertamanya adalah untuk Buck, yang berbaring tidak bergerak dan lemas.

Nig ululò sul corpo di Buck e Skeet gli leccò delicatamente il viso.

Nig melolong atas badan Buck, dan Skeet menjilat mukanya perlahan-lahan.

Thornton, dolorante e contuso, esaminò Buck con mano attenta.

Thornton, sakit dan lebam, memeriksa Buck dengan tangan yang berhati-hati.

Ha trovato tre costole rotte, ma il cane non presentava ferite mortali.

Dia mendapati tiga rusuk patah, tetapi tiada luka maut pada anjing itu.

"Questo è tutto", disse Thornton. "Ci accamperemo qui". E così fecero.

"Itu menyelesaikannya," kata Thornton. "Kami berkhemah di sini." Dan mereka melakukannya.

Rimasero lì finché le costole di Buck non guarirono e lui poté di nuovo camminare.

Mereka tinggal sehingga tulang rusuk Buck sembuh dan dia boleh berjalan semula.

Quell'inverno Buck compì un'impresa che accrebbe ulteriormente la sua fama.

Musim sejuk itu, Buck melakukan prestasi yang meningkatkan kemasyhurannya.

Fu un gesto meno eroico del salvataggio di Thornton, ma altrettanto impressionante.

Ia kurang heroik daripada menyelamatkan Thornton, tetapi sama mengagumkannya.

A Dawson, i soci avevano bisogno di provviste per un viaggio lontano.

Di Dawson, rakan kongsi memerlukan bekalan untuk perjalanan yang jauh.

Volevano viaggiare verso est, in terre selvagge e incontaminate.

Mereka mahu mengembara ke Timur, ke tanah belantara yang tidak disentuh.

Quel viaggio fu possibile grazie all'impresa compiuta da Buck nell'Eldorado Saloon.

Perbuatan Buck di Eldorado Saloon membolehkan perjalanan itu.

Tutto cominciò con degli uomini che si vantavano dei loro cani bevendo qualcosa.

Ia bermula dengan lelaki bercakap besar tentang anjing mereka kerana minuman.

La fama di Buck lo rese bersaglio di sfide e dubbi.

Kemasyhuran Buck menjadikannya sasaran cabaran dan keraguan.

Thornton, fiero e calmo, rimase fermo nel difendere il nome di Buck.

Thornton, bangga dan tenang, berdiri teguh dalam mempertahankan nama Buck.

Un uomo ha affermato che il suo cane riusciva a trainare facilmente duecentocinquanta chili.

Seorang lelaki berkata anjingnya boleh menarik lima ratus paun dengan mudah.

Un altro disse seicento, e un terzo si vantò di settecento.

Seorang lagi berkata enam ratus, dan yang ketiga membual tujuh ratus.

"Pfft!" disse John Thornton, "Buck può trainare una slitta da mille libbre."

"Pfft!" kata John Thornton, "Buck boleh menarik kereta luncur seribu paun."

Matthewson, un Bonanza King, si sporse in avanti e lo sfidò.

Matthewson, seorang Raja Bonanza, mencondongkan badan ke hadapan dan mencabarnya.

"Pensi che possa spostare tutto quel peso?"

"Anda fikir dia boleh menggerakkan beban sebanyak itu?"

"E pensi che riesca a sollevare il peso per cento metri?"

"Dan anda fikir dia boleh menarik berat seratus ela penuh?"

Thornton rispose freddamente: "Sì. Buck è abbastanza cane da farlo."

Thornton menjawab dengan tenang, "Ya. Buck cukup anjing untuk melakukannya."

"Metterà in moto mille libbre e la tirerà per cento metri."

"Dia akan menggerakkan seribu paun, dan menariknya seratus ela."

Matthewson sorrise lentamente e si assicurò che tutti gli uomini udissero le sue parole.

Matthewson tersenyum perlahan dan memastikan semua lelaki mendengar kata-katanya.

"Ho mille dollari che dicono che non può. Eccoli."

"Saya ada seribu dolar yang mengatakan dia tidak boleh. Itu dia."

Sbatté sul bancone un sacco di polvere d'oro grande quanto una salsiccia.

Dia menghempas guni debu emas sebesar sosej pada palang.

Nessuno disse una parola. Il silenzio si fece pesante e teso intorno a loro.

Tiada siapa berkata sepatah pun. Kesunyian menjadi berat dan tegang di sekeliling mereka.

Il bluff di Thornton, se mai lo fu, era stato preso sul serio.

Tebing Thornton—jika ianya satu—telah dipandang serius.

Sentì il calore salirgli al viso mentre il sangue gli affluiva alle guance.

Terasa panas di mukanya apabila darah menyerbu ke pipi.

In quel momento la sua lingua aveva preceduto la ragione.

Lidahnya sudah mendahului alasannya ketika itu.

Non sapeva davvero se Buck sarebbe riuscito a spostare mille libbre.

Dia benar-benar tidak tahu sama ada Buck boleh bergerak seribu pound.

Mezza tonnellata! Solo la sua mole gli faceva sentire il cuore pesante.

Setengah tan! Saiznya sahaja membuatkan hatinya terasa berat.

Aveva fiducia nella forza di Buck e lo riteneva capace.

Dia percaya pada kekuatan Buck dan fikir dia mampu.

Ma non aveva mai affrontato una sfida di questo tipo, non in questo modo.

Tetapi dia tidak pernah menghadapi cabaran seperti ini, tidak seperti ini.

Una dozzina di uomini lo osservavano in silenzio, in attesa di vedere cosa avrebbe fatto.

Sedozen lelaki memerhatinya dengan senyap, menunggu untuk melihat apa yang akan dia lakukan.

Lui non aveva i soldi, e nemmeno Hans e Pete.

Dia tidak mempunyai wang—begitu juga Hans atau Pete.

"Ho una slitta fuori", disse Matthewson in modo freddo e diretto.

"Saya ada kereta luncur di luar," kata Matthewson dengan dingin dan terus terang.

"È carico di venti sacchi, da cinquanta libbre ciascuno, tutti di farina.

"Ia dimuatkan dengan dua puluh guni, lima puluh paun setiap satu, semuanya tepung.

Quindi non lasciare che la scomparsa della slitta diventi la tua scusa", ha aggiunto.

Jadi jangan biarkan kereta luncur yang hilang menjadi alasan anda sekarang," tambahnya.

Thornton rimase in silenzio. Non sapeva che parole dire.

Thornton terdiam. Dia tidak tahu perkataan apa yang hendak diberikan.

Guardò i volti intorno a sé senza vederli chiaramente.

Dia memandang sekeliling wajah-wajah itu tanpa melihat dengan jelas.

Sembrava un uomo immerso nei suoi pensieri, che cercava di ripartire.

Dia kelihatan seperti lelaki beku dalam pemikiran, cuba untuk memulakan semula.

Poi incontrò Jim O'Brien, un amico dei tempi dei Mastodon.

Kemudian dia melihat Jim O'Brien, seorang kawan dari zaman Mastodon.

Quel volto familiare gli diede un coraggio che non sapeva di avere.

Wajah yang dikenalinya itu memberinya keberanian yang tidak diketahuinya.

Si voltò e chiese a bassa voce: "Puoi prestarmi mille dollari?"

Dia berpaling dan bertanya dengan suara rendah, "Bolehkah kamu meminjamkan saya seribu?"

"Certo", disse O'Brien, lasciando cadere un pesante sacco vicino all'oro.

"Sudah tentu," kata O'Brien, menjatuhkan guni berat di tepi emas.

"Ma sinceramente, John, non credo che la bestia possa fare questo."

"Tetapi sebenarnya, John, saya tidak percaya binatang itu boleh melakukan ini."

Tutti quelli presenti all'Eldorado Saloon si precipitarono fuori per assistere all'evento.

Semua orang di Saloon Eldorado bergegas keluar untuk melihat acara itu.

Lasciarono tavoli e bevande e perfino le partite furono sospese.

Mereka meninggalkan meja dan minuman, malah permainan dijeda.

Croupier e giocatori accorsero per assistere alla conclusione di questa audace scommessa.

Peniaga dan penjudi datang untuk menyaksikan penamatan taruhan yang berani.

Centinaia di persone si radunarono attorno alla slitta sulla strada ghiacciata.

Beratus-ratus berkumpul di sekeliling kereta luncur di jalan terbuka yang berais.

La slitta di Matthewson era carica di un carico completo di sacchi di farina.

Kereta luncur Matthewson berdiri dengan muatan penuh guni tepung.

La slitta era rimasta ferma per ore a temperature sotto lo zero.

Kereta luncur itu telah duduk selama berjam-jam dalam suhu tolak.

I pattini della slitta erano congelati e incollati alla neve compatta.

Pelari kereta luncur itu dibekukan rapat dengan salji yang penuh sesak.

Gli uomini scommettevano due a uno che Buck non sarebbe riuscito a spostare la slitta.

Lelaki menawarkan kemungkinan dua lawan satu bahawa Buck tidak dapat menggerakkan kereta luncur.

Scoppiò una disputa su cosa significasse realmente "break out".

Pertikaian tercetus tentang maksud "pecah" sebenarnya.

O'Brien ha affermato che Thornton dovrebbe allentare la base ghiacciata della slitta.

O'Brien berkata Thornton harus melonggarkan asas beku kereta luncur itu.

Buck potrebbe quindi "rompere" una partenza solida e immobile.

Buck kemudiannya boleh "keluar" dari permulaan yang kukuh dan tidak bergerak.

Matthewson sosteneva che anche il cane doveva liberare i corridori.

Matthewson berhujah anjing itu mesti membebaskan pelari juga.

Gli uomini che avevano sentito la scommessa concordavano con Matthewson.

Lelaki yang mendengar pertaruhan itu bersetuju dengan pandangan Matthewson.

Con questa sentenza, le probabilità contro Buck salirono a tre a uno.

Dengan keputusan itu, peluang melonjak kepada tiga lawan satu menentang Buck.

Nessuno si fece avanti per accettare le crescenti quote di tre a uno.

Tiada siapa yang melangkah ke hadapan untuk mengambil peluang tiga lawan satu yang semakin meningkat.

Nessuno credeva che Buck potesse compiere la grande impresa.

Tiada seorang pun yang percaya Buck boleh melakukan prestasi hebat itu.

Thornton era stato spinto a scommettere, pieno di dubbi.

Thornton telah bergegas ke dalam pertaruhan, penuh dengan keraguan.

Ora guardava la slitta e la muta di dieci cani accanto ad essa.

Sekarang dia melihat kereta luncur dan pasukan sepuluh anjing di sebelahnya.

Vedere la realtà del compito lo faceva sembrare ancora più impossibile.

Melihat realiti tugas itu menjadikannya kelihatan lebih mustahil.

In quel momento Matthewson era pieno di orgoglio e sicurezza.

Matthewson penuh dengan kebanggaan dan keyakinan pada saat itu.

"Tre a uno!" urlò. "Ne scommetto altri mille, Thornton!

"Tiga lawan satu!" dia menjerit. "Saya akan bertaruh seribu lagi, Thornton!

"Cosa dici?" aggiunse, abbastanza forte da farsi sentire da tutti.

Apa kata awak?" tambahnya, cukup kuat untuk didengari semua orang.

Il volto di Thornton esprimeva i suoi dubbi, ma il suo spirito era sollevato.

Wajah Thornton menunjukkan keraguannya, tetapi semangatnya telah meningkat.

Quello spirito combattivo ignorava le avversità e non temeva nulla.

Semangat juang itu tidak menghiraukan kemungkinan dan tidak takut sama sekali.

Chiamò Hans e Pete perché portassero tutti i loro soldi al tavolo.

Dia memanggil Hans dan Pete untuk membawa semua wang tunai mereka ke meja.

Non gli era rimasto molto altro: solo duecento dollari in tutto.

Mereka mempunyai sedikit baki—hanya dua ratus dolar digabungkan.

Questa piccola somma costituiva la loro intera fortuna nei momenti difficili.

Jumlah kecil ini adalah jumlah kekayaan mereka semasa masa sukar.

Ciononostante puntarono tutta la loro fortuna contro la scommessa di Matthewson.

Namun, mereka meletakkan semua kekayaan terhadap pertaruhan Matthewson.

La muta composta da dieci cani venne sganciata e allontanata dalla slitta.

Pasukan sepuluh anjing itu tidak diikat dan bergerak menjauhi kereta luncur.

Buck venne messo alle redini, indossando la sua consueta imbracatura.

Buck diletakkan di dalam tampuk, memakai abah-abah yang dikenalinya.

Aveva colto l'energia della folla e ne aveva percepito la tensione.

Dia telah menangkap tenaga orang ramai dan merasakan ketegangan itu.

In qualche modo sapeva che doveva fare qualcosa per John Thornton.

Entah bagaimana, dia tahu dia perlu melakukan sesuatu untuk John Thornton.

La gente mormorava ammirata di fronte alla figura fiera del cane.

Orang ramai merungut kagum dengan figura yang dibanggakan anjing itu.

Era magro e forte, senza un solo grammo di carne in più.

Dia kurus dan kuat, tanpa satu auns daging tambahan.

Il suo peso di centocinquanta chili era sinonimo di potenza e resistenza.

Berat penuhnya seratus lima puluh paun adalah semua kekuatan dan ketahanan.

Il mantello di Buck brillava come la seta, denso di salute e forza.

Kot Buck berkilauan seperti sutera, tebal dengan kesihatan dan kekuatan.

La pelliccia sul collo e sulle spalle sembrava sollevarsi e drizzarsi.

Bulu di leher dan bahunya kelihatan terangkat dan berbulu.

La sua criniera si muoveva leggermente, ogni capello era animato dalla sua grande energia.

surainya bergerak sedikit, setiap rambut hidup dengan tenaganya yang hebat.

Il suo petto ampio e le sue gambe forti si sposavano bene con la sua corporatura pesante e robusta.

Dadanya yang luas dan kaki yang kuat sepadan dengan kerangkanya yang berat dan keras.

I muscoli si tesero sotto il cappotto, tesi e sodi come ferro legato.

Otot-otot beralun di bawah kotnya, ketat dan tegap seperti besi yang diikat.

Gli uomini lo toccavano e giuravano che era fatto come una macchina d'acciaio.

Lelaki menyentuhnya dan bersumpah dia dibina seperti mesin keluli.

Le probabilità contro il grande cane sono scese leggermente a due a uno.

Kemungkinan menurun sedikit kepada dua lawan satu menentang anjing hebat itu.

Un uomo dei banchi di Skookum si fece avanti balbettando.

Seorang lelaki dari Bangku Skookum menolak ke hadapan, tergagap-gagap.

"Bene, signore! Offro ottocento per lui... prima della prova, signore!"

"Bagus, tuan! Saya menawarkan lapan ratus untuknya — sebelum ujian, tuan!"

"Ottocento, così com'è adesso!" insistette l'uomo.

"Lapan ratus, seperti yang dia berdiri sekarang!" lelaki itu berkeras.

Thornton fece un passo avanti, sorrise e scosse la testa con calma.

Thornton melangkah ke hadapan, tersenyum, dan menggelengkan kepalanya dengan tenang.

Matthewson intervenne rapidamente con tono ammonitore e aggrottando la fronte.

Matthewson pantas melangkah masuk dengan suara amaran dan berkerut dahi.

"Devi allontanarti da lui", disse. "Dagli spazio."

"Anda mesti menjauhinya," katanya. "Beri dia ruang."

La folla tacque; solo i giocatori continuavano a offrire due a uno.

Orang ramai menjadi senyap; hanya penjudi yang masih menawarkan dua lawan satu.

Tutti ammiravano la corporatura di Buck, ma il carico sembrava troppo pesante.

Semua orang mengagumi binaan Buck, tetapi bebannya kelihatan terlalu hebat.

Venti sacchi di farina, ciascuno del peso di cinquanta libbre, sembravano decisamente troppi.

Dua puluh guni tepung—setiap satu berat lima puluh paun—nampak terlalu banyak.

Nessuno era disposto ad aprire la borsa e a rischiare i propri soldi.

Tiada siapa yang sanggup membuka kantung mereka dan mempertaruhkan wang mereka.

Thornton si inginocchiò accanto a Buck e gli prese la testa tra entrambe le mani.

Thornton berlutut di sebelah Buck dan memegang kepalanya dengan kedua-dua tangannya.

Premette la guancia contro quella di Buck e gli parlò all'orecchio.

Dia menekan pipinya terhadap Buck dan bercakap ke telinganya.

Non c'erano più né scossoni giocosi né insulti affettuosi sussurrati.

Tiada goncangan main-main atau bisikan penghinaan kasih sayang sekarang.

Mormorò solo dolcemente: "Quanto mi ami, Buck."

Dia hanya merungut perlahan, "Seperti mana awak mencintai saya, Buck."

Buck emise un gemito sommesso, trattenendo a stento la sua impazienza.

Buck merengek perlahan, keghairahannya hampir tidak tertahan.

Gli astanti osservavano con curiosità la tensione che aleggiava nell'aria.

Penonton memerhati dengan rasa ingin tahu apabila ketegangan memenuhi udara.

Quel momento sembrava quasi irreale, qualcosa che trascendeva la ragione.

Saat itu terasa hampir tidak nyata, seperti sesuatu di luar akal.

Quando Thornton si alzò, Buck gli prese delicatamente la mano tra le fauci.

Apabila Thornton berdiri, Buck perlahan-lahan memegang tangannya di rahangnya.

Premette con i denti, poi lasciò andare lentamente e delicatamente.

Dia menekan dengan giginya, kemudian melepaskannya perlahan-lahan dan lembut.

Fu una risposta silenziosa d'amore, non detta, ma compresa.

Ia adalah jawapan cinta senyap, tidak diucapkan, tetapi difahami.

Thornton si allontanò di molto dal cane e diede il segnale.

Thornton berundur dengan baik dari anjing itu dan memberi isyarat.

"Ora, Buck", disse, e Buck rispose con calma concentrata.

"Sekarang, Buck," katanya, dan Buck menjawab dengan tenang fokus.

Buck tese le corde, poi le allentò di qualche centimetro.

Buck mengetatkan kesan itu, kemudian melonggarkannya beberapa inci.

Questo era il metodo che aveva imparato; il suo modo per rompere la slitta.

Inilah kaedah yang dipelajarinya; caranya untuk memecahkan kereta luncur.

"Caspita!" urlò Thornton, con voce acuta nel silenzio pesante.

"Gee!" Thornton menjerit, suaranya tajam dalam kesunyian yang berat.

Buck si girò verso destra e si lanciò con tutto il suo peso.

Buck menoleh ke kanan dan menerjang dengan seluruh berat badannya.

Il gioco svanì e tutta la massa di Buck colpì le timonerie strette.

Kendur itu hilang, dan jisim penuh Buck mencecah kesan yang ketat.

La slitta tremò e i pattini produssero un suono secco e scoppiettante.

Kereta luncur itu bergetar, dan para pelari mengeluarkan bunyi berderak yang segar.

"Haw!" ordinò Thornton, cambiando di nuovo direzione a Buck.

"Hah!" Thornton mengarahkan, beralih arah Buck sekali lagi.

Buck ripeté la mossa, questa volta tirando bruscamente verso sinistra.

Buck mengulangi langkah itu, kali ini menarik tajam ke kiri.

La slitta scricchiolava più forte, i pattini schioccavano e si spostavano.

Kereta luncur itu retak lebih kuat, pelari-pelari bergetar dan beralih.

Il pesante carico scivolò leggermente di lato sulla neve ghiacciata.

Beban berat itu tergelincir sedikit ke tepi merentasi salji beku.

La slitta si era liberata dalla presa del sentiero ghiacciato!

Kereta luncur itu telah terlepas daripada cengkaman laluan berais!

Gli uomini trattennero il respiro, inconsapevoli di non stare nemmeno respirando.

Lelaki menahan nafas, tidak sedar mereka tidak bernafas.

"Ora, TIRA!" gridò Thornton nel silenzio glaciale.

"Sekarang, TARIK!" Thornton menjerit merentasi kesunyian yang membeku.

Il comando di Thornton risuonò netto, come lo schiocco di una frusta.

Perintah Thornton berbunyi tajam, seperti celah cemeti.

Buck si lanciò in avanti con un affondo violento e violento.

Buck melemparkan dirinya ke hadapan dengan lunge yang ganas dan menggelegar.

Tutto il suo corpo si irrigidì e si contrasse sotto l'enorme sforzo.

Seluruh kerangkanya tegang dan bergelimpangan untuk tekanan yang besar.

I muscoli si muovevano sotto la pelliccia come serpenti che prendevano vita.

Otot-otot beralun di bawah bulunya seperti ular yang hidup.

Il suo grande petto era basso e la testa era protesa in avanti verso la slitta.

Dada besarnya rendah, kepala dihulurkan ke hadapan ke arah kereta luncur.

Le sue zampe si muovevano come fulmini e gli artigli fendevano il terreno ghiacciato.

Cakarnya bergerak seperti kilat, cakar menghiris tanah beku.

I solchi erano profondi mentre lottava per ogni centimetro di trazione.

Alur dipotong dalam ketika dia bertarung untuk setiap inci cengkaman.

La slitta ondeggiò, tremò e cominciò a muoversi lentamente e in modo inquieto.

Kereta luncur itu bergoyang, menggeletar, dan memulakan gerakan perlahan dan tidak selesa.

Un piede scivolò e un uomo tra la folla gemette ad alta voce.

Satu kaki tergelincir, dan seorang lelaki di antara orang ramai mengerang kuat.

Poi la slitta si lanciò in avanti con un movimento brusco e a scatti.

Kemudian kereta luncur itu meluncur ke hadapan dengan gerakan kasar yang menyentak.

Non si fermò più: mezzo pollice...un pollice...cinque pollici in più.

Ia tidak berhenti lagi—setengah inci...satu inci...dua inci lagi.

Gli scossoni si fecero più lievi man mano che la slitta cominciava ad acquistare velocità.

Jeritan menjadi lebih kecil apabila kereta luncur mula mengumpul laju.

Presto Buck cominciò a tirare con una potenza fluida e uniforme.

Tidak lama kemudian Buck telah menarik dengan licin, sekata, kuasa rolling.

Gli uomini sussultarono e finalmente si ricordarono di respirare di nuovo.

Lelaki tercungap-cungap dan akhirnya teringat untuk bernafas semula.

Non si erano accorti che il loro respiro si era fermato per lo stupore.

Mereka tidak perasan nafas mereka terhenti kerana kagum.

Thornton gli corse dietro, gridando comandi brevi e allegri.

Thornton berlari ke belakang, memanggil arahan pendek dan ceria.

Davanti a noi c'era una catasta di legna da ardere che segnava la distanza.

Di hadapan adalah timbunan kayu api yang menandakan jarak.

Mentre Buck si avvicinava al mucchio, gli applausi diventavano sempre più forti.

Apabila Buck menghampiri timbunan itu, sorakan semakin kuat dan kuat.

Gli applausi crebbero fino a diventare un boato quando Buck superò il traguardo.

Sorak sorakan menjadi gemuruh apabila Buck melepasi titik akhir.

Gli uomini saltarono e gridarono, perfino Matthewson sorrise.

Lelaki melompat dan menjerit, malah Matthewson tersengih.

I cappelli volavano in aria e i guanti venivano lanciati senza pensarci o mirare.

Topi terbang ke udara, sarung tangan dibaling tanpa berfikir atau tujuan.

Gli uomini si afferrarono e si strinsero la mano senza sapere chi.

Lelaki berpegangan tangan dan berjabat tangan tanpa mengetahui siapa.

Tutta la folla era in delirio, in un tripudio di gioia e di entusiasmo.

Seluruh orang ramai berdengung dalam perayaan yang liar dan meriah.

Thornton cadde in ginocchio accanto a Buck con le mani tremanti.

Thornton jatuh berlutut di sebelah Buck dengan tangan yang menggeletar.

Premette la testa contro quella di Buck e lo scosse delicatamente avanti e indietro.

Dia menekan kepalanya ke Buck dan menggoncangnya perlahan-lahan ke belakang dan sebagainya.

Chi si avvicinava lo sentiva maledire il cane con amore silenzioso.

Mereka yang mendekati mendengar dia mengutuk anjing itu dengan cinta yang tenang.

Imprecò a lungo contro Buck, con dolcezza, calore, emozione.

Dia menyumpah Buck untuk masa yang lama-lembut, mesra, dengan emosi.

"Bene, signore! Bene, signore!" esclamò di corsa il re della panchina di Skookum.

"Baik, tuan! Baik, tuan!" jerit raja Bangku Skookum dengan tergesa-gesa.

"Le darò mille, anzi milleduecento, per quel cane, signore!"

"Saya akan beri seribu—tidak, dua belas ratus—untuk anjing itu, tuan!"

Thornton si alzò lentamente in piedi, con gli occhi brillanti di emozione.

Thornton bangun perlahan-lahan, matanya bersinar dengan emosi.

Le lacrime gli rigavano le guance senza alcuna vergogna.

Air matanya mengalir secara terbuka di pipinya tanpa rasa malu.

"Signore", disse al re della panchina di Skookum, con fermezza e fermezza

"Tuan," katanya kepada raja Bangku Skookum, mantap dan tegas

"No, signore. Può andare all'inferno, signore. Questa è la mia risposta definitiva."

"Tidak, tuan. Anda boleh pergi ke neraka, tuan. Itu jawapan terakhir saya."

Buck afferrò delicatamente la mano di Thornton tra le sue forti mascelle.

Buck menggenggam tangan Thornton dengan lembut di rahangnya yang kuat.

Thornton lo scosse scherzosamente; il loro legame era più profondo che mai.

Thornton menggoncangnya secara main-main, ikatan mereka dalam seperti biasa.

La folla, commossa dal momento, fece un passo indietro in silenzio.

Orang ramai, tergerak seketika, berundur ke belakang dalam diam.

Da quel momento in poi nessuno osò più interrompere un affetto così sacro.

Sejak itu, tiada siapa yang berani mengganggu kasih sayang yang suci itu.

Il suono della chiamata
Bunyi Panggilan

Buck aveva guadagnato milleseicento dollari in cinque minuti.
Buck telah memperoleh enam belas ratus dolar dalam masa lima minit.

Il denaro permise a John Thornton di saldare alcuni dei suoi debiti.
Wang itu membolehkan John Thornton membayar beberapa hutangnya.

Con il resto del denaro si diresse verso est insieme ai suoi soci.
Dengan wang yang selebihnya dia menuju ke Timur bersama rakan kongsinya.

Cercarono una leggendaria miniera perduta, antica quanto il paese stesso.
Mereka mencari lombong yang hilang, setua negara itu sendiri.

Molti uomini avevano cercato la miniera, ma pochi l'avevano trovata.
Ramai lelaki telah mencari lombong itu, tetapi hanya sedikit yang pernah menemuinya.

Molti uomini erano scomparsi durante la pericolosa ricerca.
Lebih daripada beberapa lelaki telah hilang semasa pencarian berbahaya.

Questa miniera perduta era avvolta nel mistero e nella vecchia tragedia.
Lombong yang hilang ini dibalut dengan misteri dan tragedi lama.

Nessuno sapeva chi fosse stato il primo uomo a scoprire la miniera.
Tiada siapa yang tahu siapa lelaki pertama yang menemui lombong itu.

Le storie più antiche non menzionano nessuno per nome.
Cerita tertua tidak menyebut nama sesiapa.

Lì c'era sempre stata una vecchia capanna fatiscente.

Sentiasa ada kabin kuno yang bobrok di sana.

I moribondi avevano giurato che vicino a quella vecchia capanna ci fosse una miniera.

Lelaki yang hampir mati telah bersumpah ada lombong di sebelah kabin lama itu.

Hanno dimostrato le loro storie con un oro che non ha eguali altrove.

Mereka membuktikan kisah mereka dengan emas seperti tiada di tempat lain.

Nessuna anima viva aveva mai saccheggiato il tesoro da quel luogo.

Tiada jiwa yang hidup pernah menjarah harta dari tempat itu.

I morti erano morti e i morti non raccontano storie.

Orang mati telah mati, dan orang mati tidak menceritakan kisah.

Così Thornton e i suoi amici si diressero verso Est.

Jadi Thornton dan rakan-rakannya menuju ke Timur.

Si unirono a noi Pete e Hans, portando con sé Buck e sei cani robusti.

Pete dan Hans menyertai, membawa Buck dan enam anjing yang kuat.

Si avviarono lungo un sentiero sconosciuto dove altri avevano fallito.

Mereka memulakan laluan yang tidak diketahui di mana orang lain telah gagal.

Percorsero in slitta settanta miglia lungo il fiume Yukon ghiacciato.

Mereka meluncur tujuh puluh batu ke atas Sungai Yukon yang beku.

Girarono a sinistra e seguirono il sentiero verso lo Stewart.

Mereka membelok ke kiri dan mengikut jejak ke Stewart.

Superarono il Mayo e il McQuestion e proseguirono oltre.

Mereka melepasi Mayo dan McQuestion, menekan lebih jauh.

Lo Stewart si restringeva fino a diventare un ruscello, infilandosi tra cime frastagliate.

Stewart menyusut ke dalam sungai, menjalar puncak bergerigi.

Queste vette aguzze rappresentavano la spina dorsale del continente.

Puncak tajam ini menandakan tulang belakang benua itu.

John Thornton pretendeva poco dagli uomini e dalla terra selvaggia.

John Thornton menuntut sedikit daripada manusia atau tanah liar.

Non temeva nulla della natura e affrontava la natura selvaggia con disinvoltura.

Dia tidak takut apa-apa dalam alam semula jadi dan menghadapi alam liar dengan mudah.

Con solo del sale e un fucile poteva viaggiare dove voleva.

Dengan hanya garam dan senapang, dia boleh pergi ke mana-mana yang dia mahu.

Come gli indigeni, durante il viaggio cacciava per procurarsi il cibo.

Seperti orang asli, dia memburu makanan semasa dia mengembara.

Se non prendeva nulla, continuava ad andare avanti, confidando nella fortuna che lo attendeva.

Jika dia tidak menangkap apa-apa, dia terus berjalan, mempercayai nasib di hadapan.

Durante questo lungo viaggio, la carne era l'alimento principale di cui si nutrivano.

Dalam perjalanan yang jauh ini, daging menjadi makanan utama mereka.

La slitta trasportava attrezzi e munizioni, ma non c'era un orario preciso.

Kereta luncur itu menyimpan alatan dan peluru, tetapi tiada jadual waktu yang ketat.

Buck amava questo vagabondare, la caccia e la pesca senza fine.

Buck suka mengembara ini; pemburuan dan memancing yang tidak berkesudahan.

Per settimane viaggiarono senza sosta, giorno dopo giorno.

Selama berminggu-minggu mereka mengembara hari demi hari.

Altre volte si accampavano e restavano fermi per settimane.
Pada masa lain mereka membuat perkhemahan dan diam
selama berminggu-minggu.

**I cani riposarono mentre gli uomini scavavano nel terreno
ghiacciato.**
Anjing-anjing itu berehat sementara lelaki itu menggali tanah
beku.

Scaldavano le padelle sul fuoco e cercavano l'oro nascosto.
Mereka memanaskan kuali di atas api dan mencari emas
tersembunyi.

**C'erano giorni in cui pativano la fame, altri in cui
banchettavano.**
Beberapa hari mereka kelaparan, dan beberapa hari mereka
mengadakan pesta.

**Il loro pasto dipendeva dalla selvaggina e dalla fortuna della
caccia.**
Makanan mereka bergantung kepada permainan dan nasib
memburu.

**Con l'arrivo dell'estate, uomini e cani caricavano carichi
sulle spalle.**
Apabila musim panas tiba, lelaki dan anjing membungkus
beban di belakang mereka.

**Fecero rafting sui laghi azzurri nascosti nelle foreste di
montagna.**
Mereka berakit melintasi tasik biru yang tersembunyi di
dalam hutan gunung.

**Navigavano su imbarcazioni sottili su fiumi che nessun
uomo aveva mai mappato.**
Mereka melayari bot tipis di sungai yang tidak pernah
dipetakan oleh manusia.

**Quelle barche venivano costruite con gli alberi che avevano
segato in natura.**
Bot-bot itu dibina daripada pokok yang mereka gergaji di
alam liar.

**Passarono i mesi e loro viaggiarono attraverso terre selvagge
e sconosciute.**

Bulan berlalu, dan mereka berpusing melalui tanah liar yang tidak diketahui.

Non c'erano uomini lì, ma vecchie tracce lasciavano intendere che alcuni di loro fossero presenti.

Tiada lelaki di sana, namun kesan lama membayangkan bahawa lelaki telah berada.

Se la Capanna Perduta fosse esistita davvero, allora altre persone in passato erano passate da lì.

Jika Lost Cabin adalah benar, maka yang lain pernah datang ke arah ini.

Attraversavano passi alti durante le bufere di neve, anche d'estate.

Mereka melintasi laluan tinggi dalam badai salji, walaupun semasa musim panas.

Rabbrividivano sotto il sole di mezzanotte sui pendii brulli delle montagne.

Mereka menggigil di bawah matahari tengah malam di lereng gunung yang kosong.

Tra il limite degli alberi e i campi di neve, salivano lentamente.

Di antara garisan pokok dan padang salji, mereka memanjat perlahan-lahan.

Nelle valli calde, scacciavano nuvole di moscerini e mosche.

Di lembah yang hangat, mereka memukul awan agas dan lalat.

Raccolsero bacche dolci vicino ai ghiacciai nel pieno della fioritura estiva.

Mereka memetik buah beri manis berhampiran glasier pada musim panas penuh mekar.

I fiori che trovarono erano belli quanto quelli del Southland.

Bunga-bunga yang mereka temui sangat cantik seperti yang terdapat di Southland.

Quell'autunno giunsero in una regione solitaria piena di laghi silenziosi.

Musim luruh itu mereka sampai ke kawasan sunyi yang penuh dengan tasik yang sunyi.

La terra era triste e vuota, un tempo brulicava di uccelli e animali.
Tanah itu sedih dan kosong, pernah hidup dengan burung dan binatang.
Ora non c'era più vita, solo il vento e il ghiaccio che si formava nelle pozze.
Kini tiada kehidupan, hanya angin dan ais yang terbentuk di dalam kolam.
Le onde lambivano le rive deserte con un suono dolce e lugubre.
Ombak menyambar pantai kosong dengan bunyi yang lembut dan memilukan.

Arrivò un altro inverno e loro seguirono di nuovo deboli e vecchi sentieri.
Musim sejuk yang lain datang, dan mereka mengikuti jejak lama yang samar lagi.
Erano le tracce di uomini che avevano cercato molto prima di loro.
Ini adalah jejak lelaki yang telah mencari jauh sebelum mereka.
Una volta trovarono un sentiero che si inoltrava nel profondo della foresta oscura.
Sebaik sahaja mereka menemui jalan yang dipotong jauh ke dalam hutan yang gelap.
Era un vecchio sentiero e sentivano che la baita perduta era vicina.
Ia adalah laluan lama, dan mereka merasakan kabin yang hilang itu sudah dekat.
Ma il sentiero non portava da nessuna parte e si perdeva nel fitto del bosco.
Tetapi laluan itu tidak menghala ke mana-mana dan memudar ke dalam hutan tebal.
Nessuno sapeva chi avesse tracciato il sentiero e perché lo avesse fatto.
Siapa yang membuat jejak, dan mengapa mereka membuatnya, tiada siapa yang tahu.

Più tardi trovarono i resti di una capanna nascosta tra gli alberi.

Kemudian, mereka menjumpai bangkai sebuah pondok yang tersembunyi di antara pokok.

Coperte marce erano sparse dove un tempo qualcuno aveva dormito.

Selimut reput terletak berselerak di tempat seseorang pernah tidur.

John Thornton trovò sepolto all'interno un fucile a pietra focaia a canna lunga.

John Thornton menemui sebatang batu api berlaras panjang yang tertanam di dalamnya.

Sapeva fin dai primi tempi che si trattava di un cannone della Hudson Bay.

Dia tahu ini adalah pistol Hudson Bay dari awal perdagangan.

A quei tempi, tali armi venivano barattate con pile di pelli di castoro.

Pada masa itu senjata api seperti itu dijual beli untuk timbunan kulit memerang.

Questo era tutto: non rimaneva alcuna traccia dell'uomo che aveva costruito la loggia.

Itu sahaja—tiada petunjuk yang tinggal tentang lelaki yang membina rumah persinggahan itu.

Arrivò di nuovo la primavera e non trovarono traccia della Capanna Perduta.

Musim bunga datang lagi, dan mereka tidak menemui sebarang tanda Kabin Hilang.

Invece trovarono un'ampia valle con un ruscello poco profondo.

Sebaliknya mereka menemui sebuah lembah yang luas dengan sungai yang cetek.

L'oro si stendeva sul fondo della pentola come burro giallo e liscio.

Emas terletak di bahagian bawah kuali seperti mentega kuning licin.

Si fermarono lì e non cercarono oltre la cabina.

Mereka berhenti di situ dan tidak mencari lebih jauh lagi ke kabin.

Ogni giorno lavoravano e ne trovavano migliaia di pezzi in polvere d'oro.

Setiap hari mereka bekerja dan mendapati beribu-ribu dalam debu emas.

Confezionarono l'oro in sacchi di pelle di alce, da cinquanta libbre ciascuno.

Mereka membungkus emas itu ke dalam beg kulit moose-hide, lima puluh paun setiap satu.

I sacchi erano accatastati come legna da ardere fuori dal loro piccolo rifugio.

Beg-beg itu disusun seperti kayu api di luar pondok kecil mereka.

Lavoravano come giganti e i giorni trascorrevano veloci come sogni.

Mereka bekerja seperti gergasi, dan hari-hari berlalu seperti mimpi yang cepat.

Accumularono tesori mentre gli infiniti giorni trascorrevano rapidamente.

Mereka mengumpul harta ketika hari-hari yang tidak berkesudahan berlalu dengan pantas.

I cani avevano ben poco da fare, se non trasportare la carne di tanto in tanto.

Tidak banyak yang boleh dilakukan oleh anjing kecuali mengangkut daging dari semasa ke semasa.

Thornton cacciò e uccise la selvaggina, mentre Buck si sdraiò accanto al fuoco.

Thornton memburu dan membunuh permainan itu, dan Buck berbaring di tepi api.

Trascorse lunghe ore in silenzio, perso nei pensieri e nei ricordi.

Dia menghabiskan masa yang lama dalam diam, hilang dalam pemikiran dan ingatan.

L'immagine dell'uomo peloso tornava sempre più spesso alla mente di Buck.

Imej lelaki berbulu itu lebih kerap muncul di fikiran Buck.

Ora che il lavoro scarseggiava, Buck sognava mentre sbatteva le palpebre verso il fuoco.
Sekarang kerja itu sukar didapati, Buck bermimpi sambil mengedipkan mata melihat api.

In quei sogni, Buck vagava con l'uomo in un altro mondo.
Dalam mimpi itu, Buck mengembara bersama lelaki itu di dunia lain.

La paura sembrava il sentimento più forte in quel mondo lontano.
Ketakutan seolah-olah perasaan yang paling kuat di dunia yang jauh itu.

Buck vide l'uomo peloso dormire con la testa bassa.
Buck melihat lelaki berbulu itu tidur dengan kepala tertunduk rendah.

Aveva le mani giunte e il suo sonno era agitato e interrotto.
Tangannya digenggam, dan tidurnya tidak lena dan patah.

Si svegliava di soprassalto e fissava il buio con timore.
Dia biasa bangun dengan mula dan merenung ketakutan ke dalam kegelapan.

Poi aggiungeva altra legna al fuoco per mantenere viva la fiamma.
Kemudian dia akan melemparkan lebih banyak kayu ke atas api untuk memastikan nyalaan tetap terang.

A volte camminavano lungo una spiaggia in riva a un mare grigio e infinito.
Kadang-kadang mereka berjalan di sepanjang pantai di tepi laut kelabu yang tidak berkesudahan.

L'uomo peloso raccolse i frutti di mare e li mangiò mentre camminava.
Lelaki berbulu itu memetik kerang dan memakannya sambil berjalan.

I suoi occhi cercavano sempre pericoli nascosti nell'ombra.
Matanya sentiasa mencari bahaya tersembunyi dalam bayang-bayang.

Le sue gambe erano sempre pronte a scattare al primo segno di minaccia.

Kakinya sentiasa bersedia untuk pecut pada tanda pertama ancaman.

Avanzavano furtivamente nella foresta, silenziosi e cauti, uno accanto all'altro.

Mereka merayap melalui hutan, senyap dan berhati-hati, bersebelahan.

Buck lo seguì alle calcagna, ed entrambi rimasero all'erta.

Buck mengikuti pada tumitnya, dan kedua-dua mereka kekal berjaga-jaga.

Le loro orecchie si muovevano e si contraevano, i loro nasi fiutavano l'aria.

Telinga mereka berkedut dan bergerak, hidung mereka menghidu udara.

L'uomo riusciva a sentire e ad annusare la foresta in modo altrettanto acuto quanto Buck.

Lelaki itu dapat mendengar dan menghidu hutan setajam Buck.

L'uomo peloso si lanciò tra gli alberi a velocità improvvisa.

Lelaki berbulu itu menghayun melalui pokok dengan laju secara tiba-tiba.

Saltava da un ramo all'altro senza mai perdere la presa.

Dia melompat dari dahan ke dahan, tidak pernah terlepas genggamannya.

Si muoveva con la stessa rapidità con cui si muoveva sopra e sopra il terreno.

Dia bergerak sepantas di atas tanah seperti yang dia lakukan di atasnya.

Buck ricordava le lunghe notti passate sotto gli alberi a fare la guardia.

Buck teringat malam-malam yang panjang di bawah pokok, berjaga-jaga.

L'uomo dormiva appollaiato sui rami, aggrappandosi forte.

Lelaki itu tidur bertengger di dahan, berpaut erat.

Questa visione dell'uomo peloso era strettamente legata al richiamo profondo.

Penglihatan lelaki berbulu ini diikat rapat dengan panggilan yang dalam.

Il richiamo risuonava ancora nella foresta con una forza inquietante.

Panggilan itu masih kedengaran melalui hutan dengan kekuatan yang menghantui.

La chiamata riempì Buck di desiderio e di un inquieto senso di gioia.

Panggilan itu memenuhi Buck dengan kerinduan dan rasa gembira yang tidak tenang.

Sentì strani impulsi e stimoli a cui non riusciva a dare un nome.

Dia merasakan desakan dan kacau pelik yang tidak dapat dia namakan.

A volte seguiva la chiamata inoltrandosi nel silenzio dei boschi.

Kadang-kadang dia mengikut panggilan itu jauh ke dalam hutan yang sunyi.

Cercava il richiamo, abbaiando piano o bruscamente mentre camminava.

Dia mencari panggilan itu, menyalak lembut atau tajam semasa dia pergi.

Annusò il muschio e il terreno nero dove cresceva l'erba.

Dia menghidu lumut dan tanah hitam tempat rumput tumbuh.

Sbuffò di piacere sentendo i ricchi odori della terra profonda.

Dia mendengus gembira melihat bau harum dari bumi yang dalam.

Rimase accovacciato per ore dietro i tronchi ricoperti di funghi.

Dia merengkok berjam-jam di belakang batang yang diliputi kulat.

Rimase immobile, ascoltando con gli occhi sgranati ogni minimo rumore.

Dia diam, mendengar dengan mata terbeliak setiap bunyi kecil.

Forse sperava di sorprendere la cosa che aveva emesso la chiamata.

Dia mungkin berharap untuk mengejutkan perkara yang membuat panggilan itu.

Non sapeva perché si comportava in quel modo: lo faceva e basta.

Dia tidak tahu mengapa dia bertindak begini—dia begitu sahaja.

Questi impulsi provenivano dal profondo, al di là del pensiero o della ragione.

Desakan datang dari dalam, di luar pemikiran atau akal.

Buck fu colto da impulsi irresistibili, senza preavviso o motivo.

Desakan yang tidak dapat ditahan menguasai Buck tanpa amaran atau alasan.

A volte sonnecchiava pigramente nell'accampamento, sotto il caldo di mezzogiorno.

Ada kalanya dia tertidur dengan malas di kem di bawah panas tengah hari.

All'improvviso sollevò la testa e le sue orecchie si drizzarono in allerta.

Tiba-tiba, kepalanya diangkat dan telinganya berjaga-jaga.

Poi balzò in piedi e si lanciò nella natura selvaggia senza fermarsi.

Kemudian dia melompat dan berlari ke dalam hutan tanpa jeda.

Corse per ore attraverso sentieri forestali e spazi aperti.

Dia berlari berjam-jam melalui laluan hutan dan kawasan lapang.

Amava seguire i letti asciutti dei torrenti e spiare gli uccelli sugli alberi.

Dia suka mengikut anak sungai kering dan mengintip burung di pokok.

Poteva restare nascosto tutto il giorno, osservando le pernici che si pavoneggiavano in giro.

Dia boleh berbaring bersembunyi sepanjang hari, memerhati ayam hutan yang berkeliaran.

Suonavano i tamburi e marciavano, ignari della presenza immobile di Buck.

Mereka bergendang dan berarak, tanpa menyedari kehadiran Buck.

Ma ciò che amava di più era correre al crepuscolo estivo.

Tetapi apa yang paling dia suka adalah berlari pada waktu senja pada musim panas.

La luce fioca e i suoni assonnati della foresta lo riempivano di gioia.

Cahaya malap dan bunyi hutan yang mengantuk memenuhi dia dengan kegembiraan.

Leggeva i cartelli della foresta con la stessa chiarezza con cui un uomo legge un libro.

Dia membaca papan tanda hutan dengan jelas seperti seorang lelaki membaca buku.

E cercava sempre la strana cosa che lo chiamava.

Dan dia sentiasa mencari perkara aneh yang memanggilnya.

Quella chiamata non si è mai fermata: lo raggiungeva sia da sveglio che nel sonno.

Panggilan itu tidak pernah berhenti—ia sampai kepadanya semasa bangun atau tidur.

Una notte si svegliò di soprassalto, con gli occhi acuti e le orecchie tese.

Pada suatu malam, dia bangun dengan terkejut, matanya tajam dan telinga tinggi.

Le sue narici si contrassero mentre la sua criniera si rizzava in onde.

Lubang hidungnya berkedut apabila surainya berdiri berbulu di ombak.

Dal profondo della foresta giunse di nuovo quel suono, il vecchio richiamo.

Dari dalam hutan terdengar lagi bunyi, panggilan lama.

Questa volta il suono risuonò chiaro, un ululato lungo, inquietante e familiare.

Kali ini bunyi itu berbunyi dengan jelas, lolongan yang panjang, menghantui dan biasa.

Era come il verso di un husky, ma dal tono strano e selvaggio.

Ia seperti tangisan serak, tetapi nadanya aneh dan liar.

Buck riconobbe subito quel suono: lo aveva già sentito molto tempo prima.

Buck tahu bunyi itu sekali gus-dia telah mendengar bunyi yang tepat sejak dahulu lagi.

Attraversò con un balzo l'accampamento e scomparve rapidamente nel bosco.

Dia melompat melalui kem dan lenyap dengan pantas ke dalam hutan.

Avvicinandosi al suono, rallentò e si mosse con cautela.

Semasa dia menghampiri bunyi itu, dia perlahan dan bergerak dengan berhati-hati.

Presto raggiunse una radura tra fitti pini.

Tidak lama kemudian dia mencapai kawasan lapang di antara pokok pain tebal.

Lì, ritto sulle zampe posteriori, sedeva un lupo grigio alto e magro.

Di sana, tegak di atas badannya, duduk seekor serigala kayu yang tinggi dan kurus.

Il naso del lupo puntava verso il cielo, continuando a riecheggiare il richiamo.

Hidung serigala itu menghala ke langit, masih bergema panggilan itu.

Buck non aveva emesso alcun suono, eppure il lupo si fermò e ascoltò.

Buck tidak mengeluarkan bunyi, namun serigala itu berhenti dan mendengar.

Percependo qualcosa, il lupo si irrigidì e scrutò l'oscurità.

Merasakan sesuatu, serigala itu tegang, mencari kegelapan.

Buck si fece avanti furtivamente, con il corpo basso e i piedi ben appoggiati al terreno.

Buck merayap ke dalam pandangan, badan rendah, kaki tenang di atas tanah.

La sua coda era dritta e il suo corpo era teso e teso.

Ekornya lurus, badannya dililit ketat dengan ketegangan.

Manifestava sia un atteggiamento minaccioso che una sorta di rude amicizia.

Dia menunjukkan kedua-dua ancaman dan sejenis persahabatan yang kasar.

Era il saluto cauto tipico delle bestie selvatiche.

Itu adalah ucapan berhati-hati yang dikongsi oleh binatang liar.

Ma il lupo si voltò e fuggì non appena vide Buck.

Tetapi serigala itu berpaling dan melarikan diri sebaik sahaja ia melihat Buck.

Buck si lanciò all'inseguimento, saltando selvaggiamente, desideroso di raggiungerlo.

Buck mengejar, melompat liar, tidak sabar-sabar untuk memintasnya.

Seguì il lupo in un ruscello secco bloccato da un ingorgo di tronchi.

Dia mengikut serigala itu ke dalam anak sungai kering yang terhalang oleh jem kayu.

Messo alle strette, il lupo si voltò e rimase fermo.

Tersentak, serigala itu berpusing dan berdiri di atas tanah.

Il lupo ringhiò e schioccò i denti come un husky intrappolato in una rissa.

Serigala itu menggeram dan membentak seperti anjing serak yang terperangkap dalam pergaduhan.

I denti del lupo schioccarono rapidamente e il suo corpo si irrigidì per la furia selvaggia.

Gigi serigala itu berdegup laju, badannya berbulu-bulu dengan amarah liar.

Buck non attaccò, ma girò intorno al lupo con attenta cordialità.

Buck tidak menyerang tetapi mengelilingi serigala dengan keramahan yang berhati-hati.

Cercò di bloccargli la fuga con movimenti lenti e innocui.

Dia cuba menghalang pelariannya dengan pergerakan perlahan dan tidak berbahaya.

Il lupo era cauto e spaventato: Buck lo superava di peso tre volte.

Serigala itu berhati-hati dan takut-Buck melebihi beratnya tiga kali ganda.

La testa del lupo arrivava a malapena all'altezza della spalla massiccia di Buck.

Kepala serigala itu hampir tidak sampai ke bahu Buck yang besar.

Il lupo, attento a individuare un varco, si lanciò e l'inseguimento ricominciò.

Melihat celah, serigala itu berlari dan pengejaran bermula semula.

Buck lo mise alle strette più volte e la danza si ripeté.

Beberapa kali Buck menyudutnya, dan tarian itu berulang.

Il lupo era magro e debole, altrimenti Buck non avrebbe potuto catturarlo.

Serigala itu kurus dan lemah, atau Buck tidak dapat menangkapnya.

Ogni volta che Buck si avvicinava, il lupo si girava di scatto e lo affrontava spaventato.

Setiap kali Buck mendekat, serigala itu berpusing dan menghadapinya dalam ketakutan.

Poi, alla prima occasione, si precipitò di nuovo nel bosco.

Kemudian pada peluang pertama, dia berlari ke dalam hutan sekali lagi.

Ma Buck non si arrese e alla fine il lupo imparò a fidarsi di lui.

Tetapi Buck tidak berputus asa, dan akhirnya serigala itu mempercayainya.

Annusò il naso di Buck e i due diventarono giocosi e attenti.

Dia menghidu hidung Buck, dan kedua-duanya menjadi suka bermain dan berjaga-jaga.

Giocavano come animali selvaggi, feroci ma timidi nella loro gioia.

Mereka bermain seperti binatang liar, garang lagi malu dalam kegembiraan mereka.

Dopo un po' il lupo trotterellò via con calma e decisione.

Selepas beberapa ketika, serigala itu berlari dengan tujuan yang tenang.

Dimostrò chiaramente a Buck che intendeva essere seguito.

Dia jelas menunjukkan Buck bahawa dia bermaksud untuk diikuti.

Correvano fianco a fianco nel buio della sera.

Mereka berlari beriringan melalui kesuraman senja.

Seguirono il letto del torrente fino alla gola rocciosa.

Mereka mengikuti dasar anak sungai sehingga ke dalam gaung berbatu.

Attraversarono un freddo spartiacque nel punto in cui aveva avuto origine il fiume.

Mereka menyeberangi jurang sejuk di mana aliran itu bermula.

Sul pendio più lontano trovarono un'ampia foresta e molti corsi d'acqua.

Di lereng yang jauh mereka menemui hutan yang luas dan banyak sungai.

Corsero per ore senza fermarsi attraverso quella terra immensa.

Melalui tanah yang luas ini, mereka berlari berjam-jam tanpa henti.

Il sole saliva sempre più alto, l'aria si faceva calda, ma loro continuavano a correre.

Matahari naik lebih tinggi, udara menjadi hangat, tetapi mereka terus berjalan.

Buck era pieno di gioia: sapeva di aver risposto alla sua chiamata.

Buck dipenuhi dengan kegembiraan-dia tahu dia menjawab panggilannya.

Corse accanto al fratello della foresta, più vicino alla fonte della chiamata.

Dia berlari di sebelah abang hutannya, lebih dekat dengan sumber panggilan.

I vecchi sentimenti ritornano, potenti e difficili da ignorare.

Perasaan lama kembali, kuat dan sukar untuk diabaikan.

Queste erano le verità nascoste nei ricordi dei suoi sogni.

Ini adalah kebenaran di sebalik kenangan dari mimpinya.

Tutto questo lo aveva già fatto in un mondo lontano e oscuro.

Dia telah melakukan semua ini sebelum ini di dunia yang jauh dan gelap.

Questa volta lo fece di nuovo, scatenandosi con il cielo aperto sopra di lui.

Sekarang dia melakukan ini lagi, berlari liar dengan langit terbuka di atas.

Si fermarono presso un ruscello per bere l'acqua fredda che scorreva.

Mereka berhenti di sebatang sungai untuk minum air yang mengalir sejuk.

Mentre beveva, Buck si ricordò improvvisamente di John Thornton.

Semasa dia minum, Buck tiba-tiba teringat John Thornton.

Si sedette in silenzio, lacerato dal sentimento di lealtà e dalla chiamata.

Dia duduk dalam diam, terkoyak oleh tarikan kesetiaan dan panggilan.

Il lupo continuò a trottare, ma tornò indietro per incitare Buck ad andare avanti.

Serigala itu berlari, tetapi kembali untuk mendesak Buck ke hadapan.

Gli annusò il naso e cercò di convincerlo con gesti gentili.

Dia menghidu hidungnya dan cuba memujuknya dengan isyarat lembut.

Ma Buck si voltò e riprese a tornare indietro per la strada da cui era venuto.

Tetapi Buck berpaling dan mula kembali cara dia datang.

Il lupo gli corse accanto per molto tempo, guaindo piano.

Serigala itu berlari di sebelahnya untuk masa yang lama, merengek perlahan.

Poi si sedette, alzò il naso ed emise un lungo ululato.

Kemudian dia duduk, mengangkat hidungnya, dan melolong panjang.

Era un grido lugubre, che si addolcì mentre Buck si allontanava.

Ia adalah tangisan yang menyedihkan, melembutkan apabila Buck berlalu pergi.

Buck ascoltò mentre il suono del grido svaniva lentamente nel silenzio della foresta.

Buck mendengar apabila bunyi tangisan itu perlahan-lahan memudar ke dalam kesunyian hutan.

John Thornton stava cenando quando Buck irruppe nell'accampamento.

John Thornton sedang makan malam apabila Buck menyerbu ke dalam kem.

Buck gli saltò addosso selvaggiamente, leccandolo, mordendolo e facendolo rotolare.

Buck melompat kepadanya liar, menjilat, menggigit, dan jatuh dia.

Lo fece cadere, gli saltò sopra e gli baciò il viso.

Dia mengetuknya, berebut ke atas, dan mencium mukanya.

Thornton lo definì con affetto "fare il buffone".

Thornton memanggil ini "bermain tom-fool umum" dengan kasih sayang.

Nel frattempo, imprecava dolcemente contro Buck e lo scuoteva avanti e indietro.

Sepanjang masa, dia mengutuk Buck perlahan-lahan dan menggoncangnya ke sana ke mari.

Per due interi giorni e due notti, Buck non lasciò l'accampamento nemmeno una volta.

Selama dua hari dan malam penuh, Buck tidak pernah meninggalkan kem itu sekali.

Si teneva vicino a Thornton e non lo perdeva mai di vista.

Dia terus dekat dengan Thornton dan tidak pernah melepaskannya dari pandangannya.

Lo seguiva mentre lavorava e lo osservava mentre mangiava.

Dia mengikutinya semasa dia bekerja dan memerhatikannya semasa dia makan.

Di notte vedeva Thornton avvolto nelle sue coperte e ogni mattina lo vedeva uscire.

Dia melihat Thornton masuk ke dalam selimutnya pada waktu malam dan keluar setiap pagi.

Ma presto il richiamo della foresta ritornò, più forte che mai.

Tetapi tidak lama kemudian panggilan hutan kembali, lebih kuat daripada sebelumnya.

Buck si sentì di nuovo irrequieto, agitato dal pensiero del lupo selvatico.

Buck menjadi resah semula, dikacau oleh pemikiran serigala liar.

Ricordava la terra aperta e le corse fianco a fianco.

Dia teringat tanah lapang dan berlari beriringan.

Ricominciò a vagare nella foresta, solo e vigile.

Dia mula mengembara ke dalam hutan sekali lagi, bersendirian dan berjaga-jaga.

Ma il fratello selvaggio non tornò e l'ululato non fu udito.

Tetapi saudara liar itu tidak kembali, dan lolongan tidak kedengaran.

Buck cominciò a dormire all'aperto, restando lontano anche per giorni interi.

Buck mula tidur di luar, menjauhkan diri selama beberapa hari pada satu masa.

Una volta attraversò l'alto spartiacque dove aveva origine il torrente.

Sebaik sahaja dia melintasi jurang yang tinggi di mana anak sungai itu bermula.

Entrò nella terra degli alberi scuri e dei grandi corsi d'acqua.

Dia memasuki negeri kayu yang gelap dan sungai yang mengalir luas.

Vagò per una settimana alla ricerca di tracce del fratello selvaggio.

Seminggu dia berkeliaran, mencari tanda-tanda abang liar itu.

Uccideva la propria carne e viaggiava a passi lunghi e instancabili.

Dia membunuh dagingnya sendiri dan mengembara dengan langkah yang panjang tanpa jemu.

Pescò salmoni in un ampio fiume che arrivava fino al mare.

Dia memancing ikan salmon di sungai yang luas yang sampai ke laut.

Lì lottò e uccise un orso nero reso pazzo dagli insetti.

Di sana, dia melawan dan membunuh seekor beruang hitam yang gila oleh pepijat.

L'orso stava pescando e corse alla cieca tra gli alberi.

Beruang itu telah memancing dan berlari membuta tuli melalui pokok.

La battaglia fu feroce e risvegliò il profondo spirito combattivo di Buck.

Pertempuran itu sengit, membangkitkan semangat juang Buck yang mendalam.

Due giorni dopo, Buck tornò e trovò dei ghiottoni nei pressi della sua preda.

Dua hari kemudian, Buck kembali untuk mencari serigala semasa membunuhnya.

Una dozzina di loro litigarono furiosamente e rumorosamente per la carne.

Sedozen daripada mereka bergaduh mengenai daging dalam kemarahan yang bising.

Buck caricò e li disperse come foglie al vento.

Buck menyerbu dan menghamburkan mereka seperti daun ditiup angin.

Due lupi rimasero indietro: silenziosi, senza vita e immobili per sempre.

Dua serigala kekal di belakang—senyap, tidak bermaya, dan tidak bergerak selama-lamanya.

La sete di sangue divenne più forte che mai.

Kehausan untuk darah semakin kuat dari sebelumnya.

Buck era un cacciatore, un assassino, che si nutriva di creature viventi.

Buck adalah seorang pemburu, pembunuh, memberi makan kepada makhluk hidup.

Sopravvisse da solo, affidandosi alla sua forza e ai suoi sensi acuti.

Dia bertahan sendirian, bergantung pada kekuatan dan deria yang tajam.

Prosperava nella natura selvaggia, dove solo i più forti potevano sopravvivere.

Dia hidup subur di alam liar, di mana hanya yang paling sukar boleh hidup.

Da ciò nacque un grande orgoglio che riempì tutto l'essere di Buck.

Dari sini, rasa bangga yang besar timbul dan memenuhi seluruh diri Buck.

Il suo orgoglio traspariva da ogni passo, dal fremito di ogni muscolo.

Kebanggaannya ditunjukkan dalam setiap langkahnya, dalam riak setiap otot.

Il suo orgoglio era evidente, come si vedeva dal suo comportamento.

Kebanggaannya jelas seperti ucapan, dilihat dari cara dia membawa dirinya.

Persino il suo spesso mantello appariva più maestoso e splendeva di più.

Malah kot tebalnya kelihatan lebih megah dan berkilauan lebih terang.

Buck avrebbe potuto essere scambiato per un lupo grigio gigante.

Buck boleh disalah anggap sebagai serigala kayu gergasi.

A parte il marrone sul muso e le macchie sopra gli occhi.

Kecuali coklat pada muncungnya dan bintik-bintik di atas matanya.

E la striscia bianca di pelo che gli correva lungo il centro del petto.

Dan jalur bulu putih yang mengalir di tengah dadanya.

Era addirittura più grande del più grande lupo di quella feroce razza.

Dia lebih besar daripada serigala terbesar dari baka garang itu.

Suo padre, un San Bernardo, gli ha trasmesso la stazza e la corporatura robusta.

Bapanya, seorang St. Bernard, memberinya saiz dan rangka berat.

Sua madre, una pastorella, plasmò quella mole conferendole la forma di un lupo.

Ibunya, seorang gembala, membentuk pukal itu menjadi bentuk seperti serigala.

Aveva il muso lungo di un lupo, anche se più pesante e largo.

Dia mempunyai muncung panjang seperti serigala, walaupun lebih berat dan lebih luas.

La sua testa era quella di un lupo, ma di dimensioni enormi e maestose.

Kepalanya adalah kepala serigala, tetapi dibina pada skala yang besar dan megah.

L'astuzia di Buck era l'astuzia del lupo e della natura selvaggia.

Kelicikan Buck adalah kelicikan serigala dan liar.

La sua intelligenza gli venne sia dal Pastore Tedesco che dal San Bernardo.

Kepintarannya datang dari Gembala Jerman dan St. Bernard.

Tutto ciò, unito alla dura esperienza, lo rese una creatura temibile.

Semua ini, ditambah dengan pengalaman yang keras, menjadikannya makhluk yang menakutkan.

Era formidabile quanto qualsiasi animale che vagasse nelle terre selvagge del nord.

Dia hebat seperti mana-mana binatang yang berkeliaran di alam liar utara.

Nutrendosi solo di carne, Buck raggiunse l'apice della sua forza.

Hidup hanya dengan daging, Buck mencapai kemuncak kekuatannya.

Trasudava potenza e forza maschile in ogni fibra del suo corpo.

Dia dilimpahi dengan kuasa dan kekuatan lelaki dalam setiap serabutnya.

Quando Thornton gli accarezzò la schiena, i peli brillarono di energia.

Apabila Thornton mengusap belakangnya, bulu-bulu itu tercetus dengan tenaga.

Ogni capello scricchiolava, carico del tocco di un magnetismo vivente.

Setiap rambut merekah, dicas dengan sentuhan kemagnetan hidup.

Il suo corpo e il suo cervello erano sintonizzati sulla tonalità più fine possibile.

Badan dan otaknya ditala pada nada yang terbaik.

Ogni nervo, ogni fibra e ogni muscolo lavoravano in perfetta armonia.

Setiap saraf, serat dan otot berfungsi dalam harmoni yang sempurna.

A qualsiasi suono o visione che richiedesse un intervento, rispondeva immediatamente.

Untuk sebarang bunyi atau penglihatan yang memerlukan tindakan, dia bertindak balas serta-merta.

Se un husky saltava per attaccare, Buck poteva saltare due volte più velocemente.

Jika seekor husky melompat untuk menyerang, Buck boleh melompat dua kali lebih pantas.

Reagì più rapidamente di quanto gli altri potessero vedere o sentire.

Dia bertindak balas lebih cepat daripada yang orang lain boleh lihat atau dengar.

Percezione, decisione e azione avvennero tutte in un unico, fluido istante.

Persepsi, keputusan dan tindakan semuanya datang dalam satu saat yang cair.

In realtà si tratta di atti separati, ma troppo rapidi per essere notati.

Sebenarnya, perbuatan ini adalah berasingan, tetapi terlalu cepat untuk diperhatikan.

Gli intervalli tra questi atti erano così brevi che sembravano uno solo.

Begitu singkat jurang antara perbuatan ini, mereka seolah-olah satu.

I suoi muscoli e il suo essere erano come molle strettamente avvolte.

Otot-otot dan makhluknya seperti mata air yang bergulung rapat.

Il suo corpo traboccava di vita, selvaggia e gioiosa nella sua potenza.

Tubuhnya melonjak dengan kehidupan, liar dan gembira dalam kuasanya.

A volte aveva la sensazione che la forza stesse per esplodere completamente dentro di lui.

Ada kalanya dia merasakan seperti kuasa itu akan meletup keluar dari dirinya sepenuhnya.

"Non c'è mai stato un cane simile", disse Thornton un giorno tranquillo.

"Tidak pernah ada anjing seperti itu," kata Thornton pada suatu hari yang tenang.

I soci osservarono Buck uscire fiero dall'accampamento.

Rakan kongsi memerhati Buck melangkah dengan bangga dari kem.

"Quando è stato creato, ha cambiato il modo in cui un cane può essere", ha detto Pete.

"Apabila dia dibuat, dia mengubah apa yang boleh menjadi anjing," kata Pete.

"Per Dio! Lo penso anch'io", concordò subito Hans.

"Demi Yesus! Saya sendiri fikir begitu," Hans segera bersetuju.

Lo videro allontanarsi, ma non il cambiamento che avvenne dopo.

Mereka melihat dia berarak, tetapi bukan perubahan yang berlaku selepas itu.

Non appena entrò nel bosco, Buck si trasformò completamente.

Sebaik sahaja dia memasuki hutan, Buck berubah sepenuhnya.

Non marciava più, ma si muoveva come uno spettro selvaggio tra gli alberi.

Dia tidak lagi berarak, tetapi bergerak seperti hantu liar di antara pokok.

Divenne silenzioso, come un gatto, un bagliore che attraversava le ombre.

Dia menjadi senyap, berkaki kucing, kelipan melalui bayang-bayang.

Usava la copertura con abilità, strisciando sulla pancia come un serpente.

Dia menggunakan penutup dengan kemahiran, merangkak di perutnya seperti ular.

E come un serpente, sapeva balzare in avanti e colpire in silenzio.

Dan seperti ular, dia boleh melompat ke hadapan dan menyerang dalam diam.

Potrebbe rubare una pernice bianca direttamente dal suo nido nascosto.

Dia boleh mencuri ptarmigan terus dari sarangnya yang tersembunyi.

Uccideva i conigli addormentati senza emettere alcun suono.

Dia membunuh arnab yang sedang tidur tanpa satu suara pun.

Riusciva a catturare gli scoiattoli a mezz'aria anche se fuggivano troppo lentamente.

Dia boleh menangkap chipmunks di udara kerana mereka melarikan diri terlalu perlahan.

Nemmeno i pesci nelle pozze riuscivano a sfuggire ai suoi attacchi improvvisi.

Malah ikan di dalam kolam tidak dapat melarikan diri dari serangannya yang tiba-tiba.

Nemmeno i furbi castori impegnati a riparare le dighe erano al sicuro da lui.

Malah memerang yang pandai membaiki empangan tidak selamat daripadanya.

Uccideva per nutrirsi, non per divertirsi, ma preferiva uccidere le proprie vittime.

Dia membunuh untuk makanan, bukan untuk berseronok-tetapi paling suka membunuhnya sendiri.

Eppure, un umorismo subdolo permeava alcune delle sue cacce silenziose.

Namun, jenaka licik mengalir melalui beberapa pemburuan senyapnya.

Si avvicinò furtivamente agli scoiattoli, solo per lasciarli scappare.
Dia merayap dekat dengan tupai, hanya untuk membiarkan mereka melarikan diri.

Stavano per fuggire tra gli alberi, chiacchierando con rabbia e paura.
Mereka akan melarikan diri ke pokok-pokok, berbual-bual dalam kemarahan yang menakutkan.

Con l'arrivo dell'autunno, le alci cominciarono ad apparire in numero maggiore.
Apabila musim gugur tiba, moose mula muncul dalam jumlah yang lebih besar.

Si spostarono lentamente verso le basse valli per affrontare l'inverno.
Mereka bergerak perlahan-lahan ke lembah rendah untuk memenuhi musim sejuk.

Buck aveva già abbattuto un giovane vitello randagio.
Buck telah membawa turun seekor anak lembu yang masih muda dan liar.

Ma lui desiderava ardentemente affrontare prede più grandi e pericolose.
Tetapi dia ingin menghadapi mangsa yang lebih besar dan lebih berbahaya.

Un giorno, sul crinale, alla sorgente del torrente, trovò la sua occasione.
Pada suatu hari di jurang, di kepala anak sungai, dia mendapat peluang.

Una mandria di venti alci era giunta da terre boscose.
Sekumpulan dua puluh rusa utara telah menyeberang dari kawasan hutan.

Tra loro c'era un possente toro, il capo del gruppo.
Di antara mereka ada seekor lembu jantan yang gagah perkasa; ketua kumpulan itu.

Il toro era alto più di due metri e mezzo e appariva feroce e selvaggio.
Lembu jantan itu berdiri lebih daripada enam kaki tinggi dan kelihatan garang dan liar.

Lanciò le sue grandi corna, le cui quattordici punte si diramavano verso l'esterno.

Dia melemparkan tanduk lebarnya, empat belas mata bercabang ke luar.

Le punte di quelle corna si estendevano per due metri.

Hujung tanduk itu terbentang tujuh kaki.

I suoi piccoli occhi ardevano di rabbia quando vide Buck lì vicino.

Mata kecilnya terbakar dengan kemarahan apabila dia melihat Buck berhampiran.

Emise un ruggito furioso, tremando di rabbia e dolore.

Dia mengeluarkan raungan marah, menggeletar dengan kemarahan dan kesakitan.

Vicino al suo fianco spuntava la punta di una freccia, appuntita e piumata.

Hujung anak panah tersangkut dekat rusuknya, berbulu dan tajam.

Questa ferita contribuì a spiegare il suo umore selvaggio e amareggiato.

Luka ini membantu menjelaskan perasaannya yang biadab dan pahit.

Buck, guidato dall'antico istinto di caccia, fece la sua mossa.

Buck, dipandu oleh naluri memburu kuno, membuat langkahnya.

Il suo obiettivo era separare il toro dal resto della mandria.

Dia bertujuan untuk memisahkan lembu jantan daripada kumpulan yang lain.

Non era un compito facile: richiedeva velocità e una grande astuzia.

Ini bukanlah tugas yang mudah—ia memerlukan kepantasan dan kelicikan yang sengit.

Abbaiava e danzava vicino al toro, appena fuori dalla sua portata.

Dia menyalak dan menari berhampiran lembu jantan itu, hanya di luar jangkauan.

L'alce si lanciò con enormi zoccoli e corna mortali.

Moose itu menerjang dengan kuku yang besar dan tanduk yang mematikan.

Un colpo avrebbe potuto porre fine alla vita di Buck in un batter d'occhio.

Satu pukulan boleh menamatkan nyawa Buck dalam sekejap.

Incapace di abbandonare la minaccia, il toro si infuriò.

Tidak dapat meninggalkan ancaman itu, lembu jantan itu menjadi marah.

Lui caricava con furia, ma Buck riusciva sempre a sfuggirgli.

Dia menuduh dengan marah, tetapi Buck sentiasa terlepas.

Buck finse di essere debole, allontanandosi ulteriormente dalla mandria.

Buck memalsukan kelemahan, memikatnya lebih jauh dari kumpulan itu.

Ma i giovani tori sarebbero tornati alla carica per proteggere il capo.

Tetapi lembu jantan muda akan menyerang balik untuk melindungi pemimpin.

Costrinsero Buck a ritirarsi e il toro a ricongiungersi al gruppo.

Mereka memaksa Buck untuk berundur dan lembu jantan untuk menyertai semula kumpulan itu.

C'è una pazienza nella natura selvaggia, profonda e inarrestabile.

Terdapat kesabaran di alam liar, mendalam dan tidak dapat dihalang.

Un ragno resta immobile nella sua tela per innumerevoli ore.

Labah-labah menunggu tanpa bergerak dalam sarangnya selama berjam-jam.

Un serpente si avvolge su se stesso senza contrarsi e aspetta il momento giusto.

Seekor ular melingkar tanpa berkedut, dan menunggu sehingga tiba masanya.

Una pantera è in agguato, finché non arriva il momento.

Seekor harimau kumbang berada dalam serangan hendap, sehingga saatnya tiba.

Questa è la pazienza dei predatori che cacciano per sopravvivere.

Inilah kesabaran pemangsa yang memburu untuk terus hidup.

La stessa pazienza ardeva dentro Buck mentre gli restava accanto.

Kesabaran yang sama membara di dalam diri Buck apabila dia berada dekat.

Rimase vicino alla mandria, rallentandone la marcia e incutendo timore.

Dia tinggal berhampiran kawanan itu, memperlahankan perarakannya dan menimbulkan ketakutan.

Provocava i giovani tori e molestava le mucche madri.

Dia mengusik lembu jantan muda dan mengganggu ibu lembu.

Spinse il toro ferito in una rabbia ancora più profonda e impotente.

Dia menghalau lembu jantan yang cedera itu ke dalam kemarahan yang lebih mendalam dan tidak berdaya.

Per mezza giornata il combattimento si trascinò senza alcuna tregua.

Selama setengah hari, pergaduhan itu berlarutan tanpa rehat langsung.

Buck attaccò da ogni angolazione, veloce e feroce come il vento.

Buck menyerang dari setiap sudut, pantas dan ganas seperti angin.

Impedì al toro di riposare o di nascondersi con la mandria.

Dia menahan lembu jantan itu daripada berehat atau bersembunyi bersama kawanannya.

Buck logorò la volontà dell'alce più velocemente del suo corpo.

Buck melemahkan wasiat moose lebih cepat daripada badannya.

Il giorno passò e il sole tramontò basso nel cielo a nord-ovest.

Hari berlalu dan matahari terbenam rendah di langit barat laut.

I giovani tori tornarono più lentamente per aiutare il loro capo.

Lembu jantan muda kembali dengan lebih perlahan untuk membantu ketua mereka.

Erano tornate le notti autunnali e il buio durava ormai sei ore.

Malam musim luruh telah kembali, dan kegelapan kini berlangsung selama enam jam.

L'inverno li spingeva verso valli più sicure e calde.

Musim sejuk mendorong mereka menuruni bukit ke lembah yang lebih selamat dan lebih hangat.

Ma non riuscirono comunque a sfuggire al cacciatore che li tratteneva.

Tetapi mereka tetap tidak dapat melarikan diri dari pemburu yang menahan mereka.

Era in gioco solo una vita: non quella del branco, ma quella del loro capo.

Hanya satu nyawa yang dipertaruhkan—bukan kawanan, hanya ketua mereka.

Ciò rendeva la minaccia lontana e non una loro preoccupazione urgente.

Itu menjadikan ancaman itu jauh dan bukan kebimbangan mendesak mereka.

Col tempo accettarono questo prezzo e lasciarono che Buck prendesse il vecchio toro.

Pada masanya, mereka menerima kos ini dan membiarkan Buck mengambil lembu jantan tua.

Mentre calava il crepuscolo, il vecchio toro rimase in piedi con la testa bassa.

Apabila senja tiba, lembu jantan tua itu berdiri dengan kepala menunduk.

Guardò la mandria che aveva guidato svanire nella luce morente.

Dia melihat kawanan yang dipimpinnya lenyap ke dalam cahaya yang semakin pudar.

C'erano mucche che aveva conosciuto, vitelli che un tempo aveva generato.

Ada lembu yang dikenalinya, anak lembu yang pernah dianakkannya.

C'erano tori più giovani con cui aveva combattuto e che aveva dominato nelle stagioni passate.

Terdapat lembu jantan muda yang telah dia lawan dan memerintah pada musim lalu.

Non poteva seguirli, perché davanti a lui era di nuovo accovacciato Buck.

Dia tidak boleh mengikuti mereka-kerana sebelum dia crouched Buck lagi.

Il terrore spietato e zannuto gli bloccava ogni via che potesse percorrere.

Keganasan bertaring tanpa belas kasihan menghalang setiap laluan yang mungkin dia ambil.

Il toro pesava più di trecento chili di potenza densa.

Lembu jantan itu mempunyai berat lebih daripada tiga ratus berat kuasa padat.

Aveva vissuto a lungo e lottato duramente in un mondo di difficoltà.

Dia telah hidup lama dan berjuang keras dalam dunia perjuangan.

Eppure, alla fine, la morte gli venne commessa da una bestia molto più bassa di lui.

Namun kini, pada akhirnya, kematian datang dari seekor binatang yang jauh di bawahnya.

La testa di Buck non arrivò nemmeno alle enormi ginocchia noccate del toro.

Kepala Buck tidak pun naik ke lutut lembu jantan besar buku jari.

Da quel momento in poi, Buck rimase con il toro notte e giorno.

Sejak saat itu, Buck tinggal bersama lembu jantan itu siang dan malam.

Non gli dava mai tregua, non gli permetteva mai di brucare o bere.

Dia tidak pernah memberinya rehat, tidak pernah membenarkannya meragut atau minum.

Il toro cercò di mangiare giovani germogli di betulla e foglie di salice.

Lembu jantan cuba memakan pucuk birch muda dan daun willow.

Ma Buck lo scacciò, sempre all'erta e sempre all'attacco.

Tetapi Buck menghalaunya, sentiasa berjaga-jaga dan sentiasa menyerang.

Anche nei torrenti che scorrevano, Buck bloccava ogni assetato tentativo.

Walaupun di sungai yang mengalir, Buck menyekat setiap percubaan yang dahaga.

A volte, in preda alla disperazione, il toro fuggiva a tutta velocità.

Kadang-kadang, dalam keadaan terdesak, lembu jantan itu melarikan diri dengan laju.

Buck lo lasciò correre, avanzando tranquillamente dietro di lui, senza mai allontanarsi troppo.

Buck membiarkan dia berlari, melompat dengan tenang di belakang, tidak pernah jauh.

Quando l'alce si fermò, Buck si sdraiò, ma rimase pronto.

Apabila moose berhenti seketika, Buck baring, tetapi tetap bersedia.

Se il toro provava a mangiare o a bere, Buck colpiva con tutta la sua furia.

Jika lembu jantan cuba makan atau minum, Buck menyerang dengan penuh kemarahan.

La grande testa del toro si abbassava sotto le enormi corna.

Kepala lembu jantan yang besar itu jatuh ke bawah di bawah tanduknya yang besar.

Il suo passo rallentò, il trotto divenne pesante, un'andatura barcollante.

Langkahnya perlahan, lariannya menjadi berat; berjalan tersandung.

Spesso restava immobile con le orecchie abbassate e il naso rivolto verso il terreno.

Dia sering berdiri diam dengan telinga dan hidung terkulai ke tanah.

In quei momenti Buck si prese del tempo per bere e riposare.
Pada saat-saat itu, Buck mengambil masa untuk minum dan berehat.

Con la lingua fuori e gli occhi fissi, Buck sentì che la terra stava cambiando.
Lidah keluar, mata terpejam, Buck merasakan tanah itu berubah.

Sentì qualcosa di nuovo muoversi nella foresta e nel cielo.
Dia merasakan sesuatu yang baru bergerak melalui hutan dan langit.

Con il ritorno delle alci tornarono anche altre creature selvatiche.
Apabila moose kembali, begitu juga dengan makhluk liar yang lain.

La terra sembrava viva di una presenza invisibile ma fortemente nota.
Tanah itu terasa hidup dengan kehadiran, tidak kelihatan tetapi sangat dikenali.

Buck non lo sapeva tramite l'udito, la vista o l'olfatto.
Ia bukan dengan bunyi, penglihatan, mahupun dengan bau yang Buck tahu ini.

Un sentimento più profondo gli diceva che nuove forze erano in movimento.
Rasa yang lebih mendalam memberitahunya bahawa pasukan baru sedang bergerak.

Una strana vita si agitava nei boschi e lungo i corsi d'acqua.
Kehidupan aneh bergelora di hutan dan di sepanjang sungai.

Decise di esplorare questo spirito una volta completata la caccia.
Dia memutuskan untuk meneroka semangat ini, selepas pemburuan selesai.

Il quarto giorno, Buck riuscì finalmente a catturare l'alce.
Pada hari keempat, Buck akhirnya menurunkan moose itu.

Rimase nei pressi della preda per un giorno e una notte interi, nutrendosi e riposandosi.
Dia tinggal di dekat pembunuhan itu selama sehari dan malam penuh, memberi makan dan berehat.

Mangiò, poi dormì, poi mangiò ancora, finché non fu forte e sazio.
Dia makan, kemudian tidur, kemudian makan lagi, sehingga dia kuat dan kenyang.
Quando fu pronto, tornò indietro verso l'accampamento e Thornton.
Apabila dia sudah bersedia, dia berpatah balik ke arah kem dan Thornton.
Con passo costante iniziò il lungo viaggio di ritorno verso casa.
Dengan langkah yang mantap, dia memulakan perjalanan pulang yang panjang.
Correva con la sua andatura instancabile, ora dopo ora, senza mai smarrirsi.
Dia berlari dalam lompat tanpa jemu, jam demi jam, tidak pernah sesat.
Attraverso terre sconosciute, si muoveva dritto come l'ago di una bussola.
Melalui tanah yang tidak diketahui, dia bergerak lurus seperti jarum kompas.
Il suo senso dell'orientamento faceva sembrare deboli, al confronto, l'uomo e la mappa.
Rasa arahnya menjadikan manusia dan peta kelihatan lemah jika dibandingkan.
Mentre Buck correva, sentiva sempre più forte l'agitazione nella terra selvaggia.
Semasa Buck berlari, dia berasa lebih kuat kacau di tanah liar.
Era un nuovo tipo di vita, diverso da quello dei tranquilli mesi estivi.
Ia adalah jenis kehidupan baru, tidak seperti bulan-bulan musim panas yang tenang.
Questa sensazione non giungeva più come un messaggio sottile o distante.
Perasaan ini tidak lagi datang sebagai mesej yang halus atau jauh.
Ora gli uccelli parlavano di questa vita e gli scoiattoli chiacchieravano.

Sekarang burung bercakap tentang kehidupan ini, dan tupai bercakap tentangnya.

Persino la brezza sussurrava avvertimenti tra gli alberi silenziosi.

Malah angin bertiup berbisik di celah-celah pokok yang sunyi.

Più volte si fermò ad annusare l'aria fresca del mattino.

Beberapa kali dia berhenti dan menghidu udara pagi yang segar.

Lì lesse un messaggio che lo fece fare un balzo in avanti più velocemente.

Dia membaca mesej di situ yang membuatkan dia melompat ke hadapan dengan lebih pantas.

Fu pervaso da un forte senso di pericolo, come se qualcosa fosse andato storto.

Perasaan bahaya yang berat memenuhinya, seolah-olah ada sesuatu yang tidak kena.

Temeva che la calamità stesse per arrivare, o che fosse già arrivata.

Dia takut malapetaka akan datang—atau sudah datang.

Superò l'ultima cresta ed entrò nella valle sottostante.

Dia menyeberangi rabung terakhir dan memasuki lembah di bawah.

Si muoveva più lentamente, attento e cauto a ogni passo.

Dia bergerak lebih perlahan, berjaga-jaga dan berhati-hati dengan setiap langkah.

Dopo tre miglia trovò una pista fresca che lo fece irrigidire.

Tiga batu keluar dia menemui jejak baru yang membuatnya kaku.

I peli sul collo si rizzarono e si rizzarono in segno di allarme.

Rambut di lehernya beralun dan berbulu kerana cemas.

Il sentiero portava dritto all'accampamento dove Thornton aspettava.

Laluan itu terus menuju ke kem tempat Thornton menunggu.

Buck ora si muoveva più velocemente, con passi silenziosi e rapidi.

Buck bergerak lebih pantas sekarang, langkahnya senyap dan pantas.

I suoi nervi si irrigidirono mentre leggeva segnali che altri
non avrebbero notato.

Sarafnya menjadi tegang apabila dia membaca tanda-tanda
orang lain akan terlepas.

Ogni dettaglio del percorso raccontava una storia, tranne
l'ultimo pezzo.

Setiap butiran dalam denai menceritakan kisah—kecuali
bahagian akhir.

Il suo naso gli raccontò della vita che aveva trascorso lì.

Hidungnya memberitahunya tentang kehidupan yang telah
berlalu dengan cara ini.

L'odore gli fornì un'immagine mutevole mentre lo seguiva
da vicino.

Bau itu memberinya gambaran yang berubah-ubah sambil
mengekori dari belakang.

Ma la foresta stessa era diventata silenziosa, innaturalmente
immobile.

Tetapi hutan itu sendiri telah menjadi sunyi; masih tidak
wajar.

Gli uccelli erano scomparsi, gli scoiattoli erano nascosti,
silenziosi e immobili.

Burung telah hilang, tupai tersembunyi, diam dan diam.

Vide solo uno scoiattolo grigio, sdraiato su un albero morto.

Dia melihat hanya seekor tupai kelabu, rata di atas pokok
mati.

Lo scoiattolo si mimetizzava, rigido e immobile come una
parte della foresta.

Tupai bercampur, kaku dan tidak bergerak seperti sebahagian
daripada hutan.

Buck si muoveva come un'ombra, silenzioso e sicuro tra gli
alberi.

Buck bergerak seperti bayang-bayang, senyap dan pasti
melalui pepohonan.

Il suo naso si mosse di lato come se fosse stato tirato da una
mano invisibile.

Hidungnya tersentak ke tepi seperti ditarik oleh tangan ghaib.

Si voltò e seguì il nuovo odore nel profondo di un boschetto.

Dia berpaling dan mengikuti bau baru itu jauh ke dalam belukar.

Lì trovò Nig, steso morto, trafitto da una freccia.

Di sana dia mendapati Nig, terbaring mati, tertusuk anak panah.

La freccia gli attraversò il corpo, lasciando ancora visibili le piume.

Batang itu melepasi badannya, bulu masih kelihatan.

Nig si era trascinato fin lì, ma era morto prima di riuscire a raggiungere i soccorsi.

Nig telah mengheret dirinya ke sana, tetapi meninggal dunia sebelum mendapatkan bantuan.

Cento metri più avanti, Buck trovò un altro cane da slitta.

Seratus ela lebih jauh, Buck menemui seekor lagi anjing kereta luncur.

Era un cane che Thornton aveva comprato a Dawson City.

Ia adalah seekor anjing yang dibeli semula oleh Thornton di Bandar Dawson.

Il cane lottava con tutte le sue forze, dimenandosi violentemente sul sentiero.

Anjing itu dalam perjuangan maut, meronta-ronta di atas denai.

Buck gli passò accanto senza fermarsi, con gli occhi fissi davanti a sé.

Buck mengelilinginya, tidak berhenti, mata memandang ke hadapan.

Dalla direzione dell'accampamento proveniva un canto lontano e ritmico.

Dari arah perkhemahan terdengar nyanyian berirama yang jauh.

Le voci si alzavano e si abbassavano con un tono strano, inquietante, cantilenante.

Suara-suara naik dan turun dalam nada nyanyian yang pelik, ngeri dan menyeramkan.

Buck strisciò in silenzio fino al limite della radura.

Buck merangkak ke hadapan ke tepi kawasan lapang dalam senyap.

Lì vide Hans disteso a faccia in giù, trafitto da numerose frecce.

Di sana dia melihat Hans terbaring menghadap ke bawah, tertusuk dengan banyak anak panah.

Il suo corpo sembrava quello di un porcospino, irto di penne.

Badannya kelihatan seperti landak, berbulu dengan batang berbulu.

Nello stesso momento, Buck guardò verso la capanna in rovina.

Pada masa yang sama, Buck memandang ke arah pondok yang musnah.

Quella vista gli fece rizzare i capelli sul collo e sulle spalle.

Pemandangan itu membuatkan rambutnya naik kaku di leher dan bahunya.

Un'ondata di rabbia selvaggia travolse tutto il corpo di Buck.

Ribut kemarahan liar melanda seluruh tubuh Buck.

Ringhiò forte, anche se non ne era consapevole.

Dia menggeram kuat, walaupun dia tidak tahu bahawa dia telah.

Il suono era crudo, pieno di una furia terrificante e selvaggia.

Bunyi itu mentah, dipenuhi dengan kemarahan yang menakutkan dan ganas.

Per l'ultima volta nella sua vita, Buck perse la ragione a causa delle emozioni.

Untuk kali terakhir dalam hidupnya, Buck kehilangan sebab untuk emosi.

Fu l'amore per John Thornton a spezzare il suo attento controllo.

Ia adalah cinta untuk John Thornton yang mematahkan kawalan berhati-hatinya.

Gli Yeehats ballavano attorno alla baita in legno di abete rosso distrutta.

Yeehats sedang menari di sekitar pondok cemara yang rosak.

Poi si udì un ruggito e una bestia sconosciuta si lanciò verso di loro.

Kemudian terdengar raungan—dan seekor binatang yang tidak dikenali menyerang mereka.

Era Buck: una furia in movimento, una tempesta vivente di vendetta.

Ia adalah Buck; kemarahan dalam gerakan; ribut dendam yang hidup.

Si gettò in mezzo a loro, folle di voglia di uccidere.

Dia melemparkan dirinya ke tengah-tengah mereka, gila dengan keperluan untuk membunuh.

Si lanciò contro il primo uomo, il capo Yeehat, e colpì nel segno.

Dia melompat ke arah lelaki pertama, ketua Yeehat, dan benar.

La sua gola era squarciata e il sangue schizzava a fiotti.

Kerongkongnya tercabut, dan darah memancut dalam aliran.

Buck non si fermò, ma con un balzo squarciò la gola dell'uomo successivo.

Buck tidak berhenti, tetapi mengoyakkan kerongkong lelaki seterusnya dengan satu lompatan.

Era inarrestabile: squarciava, tagliava, non si fermava mai a riposare.

Dia tidak dapat dihalang—mencabik, menetak, tidak pernah berhenti untuk berehat.

Si lanciò e balzò così velocemente che le loro frecce non riuscirono a toccarlo.

Dia melesat dan melompat begitu pantas anak panah mereka tidak dapat menyentuhnya.

Gli Yeehats erano in preda al panico e alla confusione.

Yeehats terperangkap dalam panik dan kekeliruan mereka sendiri.

Le loro frecce non colpirono Buck e si colpirono tra loro.

Anak panah mereka terlepas Buck dan menyerang satu sama lain sebaliknya.

Un giovane scagliò una lancia contro Buck e colpì un altro uomo.

Seorang pemuda merejam lembing ke arah Buck dan terkena lelaki lain.

La lancia gli trapassò il petto e la punta gli trafisse la schiena.

Lembing itu menembusi dadanya, mata itu menumbuk belakangnya.

Il terrore travolse gli Yeehats, che si diedero alla ritirata.

Keganasan melanda Yeehats, dan mereka berundur sepenuhnya.

Urlarono allo Spirito Maligno e fuggirono nelle ombre della foresta.

Mereka menjerit tentang Roh Jahat dan melarikan diri ke dalam bayang-bayang hutan.

Buck era davvero come un demone mentre inseguiva gli Yeehats.

Sungguh, Buck seperti syaitan ketika dia mengejar Yeehats.

Li inseguì attraverso la foresta, abbattendoli come cervi.

Dia merobek mereka melalui hutan, menjatuhkan mereka seperti rusa.

Divenne un giorno di destino e terrore per gli spaventati Yeehats.

Ia menjadi hari nasib dan ketakutan bagi Yeehats yang ketakutan.

Si dispersero sul territorio, fuggendo in ogni direzione.

Mereka bertebaran di seluruh negeri, melarikan diri jauh ke setiap arah.

Passò un'intera settimana prima che gli ultimi sopravvissuti si incontrassero in una valle.

Seminggu penuh berlalu sebelum mangsa terakhir yang terselamat bertemu di sebuah lembah.

Solo allora contarono le perdite e raccontarono quanto accaduto.

Selepas itu barulah mereka mengira kerugian mereka dan bercakap tentang apa yang berlaku.

Buck, stanco dell'inseguimento, ritornò all'accampamento in rovina.

Buck, selepas penat mengejar, kembali ke kem yang hancur.

Trovò Pete, ancora avvolto nelle coperte, ucciso nel primo attacco.

Dia mendapati Pete, masih dalam selimutnya, terbunuh dalam serangan pertama.

I segni dell'ultima lotta di Thornton erano visibili nella terra lì vicino.

Tanda-tanda perjuangan terakhir Thornton ditandakan di tanah berhampiran.

Buck seguì ogni traccia, annusando ogni segno fino al punto finale.

Buck mengikuti setiap jejak, menghidu setiap tanda ke titik akhir.

Sul bordo di una profonda pozza trovò il fedele Skeet, immobile.

Di tepi kolam yang dalam, dia mendapati Skeet yang setia, terbaring diam.

La testa e le zampe anteriori di Skeet erano nell'acqua, immobili nella morte.

Kepala dan kaki depan Skeet berada di dalam air, tidak bergerak dalam kematian.

La piscina era fangosa e contaminata dai liquidi di scarico delle chiuse.

Kolam itu berlumpur dan dicemari dengan air larian dari kotak air.

La sua superficie torbida nascondeva ciò che si trovava sotto, ma Buck conosceva la verità.

Permukaannya yang mendung menyembunyikan apa yang ada di bawahnya, tetapi Buck tahu kebenarannya.

Seguì l'odore di Thornton nella piscina, ma non lo portò da nessun'altra parte.

Dia menjejaki bau Thornton ke dalam kolam—tetapi bau itu tidak membawa ke mana-mana lagi.

Non c'era alcun odore che provenisse, solo il silenzio dell'acqua profonda.

Tiada bau yang keluar—hanya kesunyian air dalam.

Buck rimase tutto il giorno vicino alla piscina, camminando avanti e indietro per l'accampamento, addolorato.

Sepanjang hari Buck tinggal berhampiran kolam renang, mundar-mandir kem dalam kesedihan.

Vagava irrequieto o sedeva immobile, immerso nei suoi pensieri.

Dia mengembara gelisah atau duduk diam, hilang dalam pemikiran yang berat.

Conosceva la morte, la fine della vita, la scomparsa di ogni movimento.

Dia tahu kematian; pengakhiran hidup; lenyapnya semua gerakan.

Capì che John Thornton se n'era andato e non sarebbe mai più tornato.

Dia faham bahawa John Thornton telah tiada, tidak akan kembali.

La perdita lasciò in lui un vuoto che pulsava come la fame.

Kehilangan itu meninggalkan ruang kosong dalam dirinya yang berdebar-debar seperti kelaparan.

Ma questa era una fame che il cibo non riusciva a placare, non importava quanto ne mangiasse.

Tetapi ini adalah makanan kelaparan yang tidak dapat diredakan, tidak kira berapa banyak yang dia makan.

A volte, mentre guardava i cadaveri di Yeehats, il dolore si attenuava.

Ada kalanya, ketika dia melihat Yeehats yang telah mati, rasa sakitnya hilang.

E poi dentro di lui nacque uno strano orgoglio, feroce e totale.

Dan kemudian kebanggaan aneh timbul dalam dirinya, garang dan lengkap.

Aveva ucciso l'uomo, la preda più alta e pericolosa di tutte.

Dia telah membunuh manusia, permainan yang paling tinggi dan paling berbahaya.

Aveva ucciso in violazione dell'antica legge del bastone e della zanna.

Dia telah membunuh kerana melanggar undang-undang kuno kelab dan taring.

Buck annusò i loro corpi senza vita, curioso e pensieroso.

Buck menghidu badan mereka yang tidak bermaya, ingin tahu dan berfikir.

Erano morti così facilmente, molto più facilmente di un husky in combattimento.

Mereka telah mati dengan mudah—lebih mudah daripada seekor husky dalam pergaduhan.

Senza le armi non avrebbero avuto vera forza né avrebbero rappresentato una minaccia.

Tanpa senjata mereka, mereka tidak mempunyai kekuatan atau ancaman sebenar.

Buck non avrebbe più avuto paura di loro, a meno che non fossero stati armati.

Buck tidak akan takut kepada mereka lagi, melainkan mereka bersenjata.

Stava attento solo quando portavano clave, lance o frecce.

Hanya apabila mereka membawa kayu, lembing, atau anak panah dia akan berhati-hati.

Calò la notte e la luna piena spuntò alta sopra le cime degli alberi.

Malam tiba, dan bulan purnama naik tinggi di atas puncak pokok.

La pallida luce della luna avvolgeva la terra in un tenue e spettrale chiarore, come se fosse giorno.

Cahaya pucat bulan membasahi bumi dalam cahaya yang lembut seperti siang.

Mentre la notte avanzava, Buck continuava a piangere presso la pozza silenziosa.

Apabila malam semakin mendalam, Buck masih berkabung di tepi kolam yang sunyi.

Poi si accorse di un diverso movimento nella foresta.

Kemudian dia menyedari kacau yang berbeza di dalam hutan.

L'agitazione non proveniva dagli Yeehats, ma da qualcosa di più antico e profondo.

Kacau itu bukan dari Yeehats, tetapi dari sesuatu yang lebih tua dan lebih dalam.

Si alzò in piedi, drizzò le orecchie e tastò con attenzione la brezza con il naso.

Dia berdiri, telinga diangkat, hidung menguji angin dengan berhati-hati.

Da lontano giunse un debole e acuto grido che squarciò il silenzio.

Dari jauh terdengar jeritan samar dan tajam yang menembusi kesunyian.

Poi un coro di grida simili seguì subito dopo il primo.

Kemudian paduan suara tangisan yang serupa mengikuti dekat di belakang yang pertama.

Il suono si avvicinava sempre di più, diventando sempre più forte con il passare dei minuti.

Bunyi itu semakin dekat, semakin kuat setiap saat.

Buck conosceva quel grido: proveniva da quell'altro mondo nella sua memoria.

Buck tahu seruan ini—ia datang dari dunia lain dalam ingatannya.

Si recò al centro dello spazio aperto e ascoltò attentamente.

Dia berjalan ke tengah-tengah kawasan lapang dan mendengar dengan teliti.

L'appello risuonò più forte che mai, più sentito e più potente che mai.

Panggilan itu berbunyi, ramai-ramai dan lebih berkuasa daripada sebelumnya.

E ora, più che mai, Buck era pronto a rispondere alla sua chiamata.

Dan kini, lebih daripada sebelumnya, Buck bersedia untuk menjawab panggilannya.

John Thornton era morto e in lui non era rimasto alcun legame con l'uomo.

John Thornton telah mati, dan tiada ikatan dengan manusia kekal dalam dirinya.

L'uomo e tutte le pretese umane erano svaniti: era finalmente libero.

Manusia dan semua tuntutan manusia telah hilang—akhirnya dia bebas.

Il branco di lupi era a caccia di carne, proprio come un tempo avevano fatto gli Yeehats.

Kumpulan serigala itu mengejar daging seperti yang dilakukan oleh Yeehats suatu ketika dahulu.

Avevano seguito le alci mentre scendevano dalle terre boscose.

Mereka telah mengikuti rusa jantan turun dari tanah berkayu.

Ora, selvaggi e affamati di prede, attraversarono la sua valle.

Sekarang, liar dan lapar akan mangsa, mereka menyeberang ke lembahnya.

Giunsero nella radura illuminata dalla luna, scorrendo come acqua argentata.

Mereka datang ke dalam terang bulan, mengalir seperti air perak.

Buck rimase immobile al centro, in attesa.

Buck berdiri diam di tengah, tidak bergerak dan menunggu mereka.

La sua presenza calma e imponente lasciò il branco senza parole, tanto da farlo restare per un breve periodo in silenzio.

Kehadirannya yang tenang dan besar membuatkan kumpulan itu terdiam seketika.

Allora il lupo più audace gli saltò addosso senza esitazione.

Kemudian serigala yang paling berani melompat terus ke arahnya tanpa teragak-agak.

Buck colpì rapidamente e spezzò il collo del lupo con un solo colpo.

Buck menyerang dengan pantas dan mematahkan leher serigala itu dalam satu pukulan.

Rimase di nuovo immobile mentre il lupo morente si contorceva dietro di lui.

Dia berdiri tidak bergerak lagi apabila serigala yang hampir mati itu berpusing di belakangnya.

Altri tre lupi attaccarono rapidamente, uno dopo l'altro.

Tiga lagi serigala menyerang dengan pantas, satu demi satu.

Ognuno di loro si ritrasse sanguinante, con la gola o le spalle tagliate.

Masing-masing berundur pendarahan, tekak atau bahu mereka dikelar.

Ciò fu sufficiente a scatenare una carica selvaggia da parte dell'intero branco.

Itu sudah cukup untuk mencetuskan seluruh pek menjadi caj liar.

Si precipitarono tutti insieme, troppo impazienti e troppo ammassati per colpire bene.

Mereka bergegas masuk bersama-sama, terlalu bersemangat dan sesak untuk menyerang dengan baik.

La velocità e l'abilità di Buck gli permisero di anticipare l'attacco.

Kepantasan dan kemahiran Buck membolehkannya terus mendahului serangan.

Girò sulle zampe posteriori, schioccando i denti e colpendo in tutte le direzioni.

Dia berpusing pada kaki belakangnya, menyentap dan menyerang ke semua arah.

Ai lupi sembrò che la sua difesa non si fosse mai aperta o avesse vacillato.

Bagi serigala, ini seolah-olah pertahanannya tidak pernah terbuka atau goyah.

Si voltò e colpì così velocemente che non riuscirono a raggiungerlo alle spalle.

Dia berpaling dan menetak dengan pantas sehingga mereka tidak dapat berada di belakangnya.

Ciononostante, il loro numero lo costrinse a cedere terreno e a ritirarsi.

Namun begitu, bilangan mereka memaksa dia untuk berputus asa dan berundur.

Superò la piscina e scese nel letto roccioso del torrente.

Dia bergerak melepasi kolam dan turun ke katil anak sungai yang berbatu.

Lì si imbatté in un ripido pendio di ghiaia e terra.

Di sana dia bertemu dengan tebing kerikil dan tanah yang curam.

Si è infilato in un angolo scavato durante i vecchi scavi dei minatori.

Dia tersungkur di sudut semasa penggalian lama pelombong.

Ora, protetto su tre lati, Buck si trovava di fronte solo al lupo frontale.

Kini, dilindungi di tiga sisi, Buck hanya berhadapan dengan serigala hadapan.

Lì rimase in attesa, pronto per la successiva ondata di assalto.

Di sana, dia berdiri di teluk, bersedia untuk gelombang serangan seterusnya.

Buck mantenne la posizione con tanta ferocia che i lupi indietreggiarono.

Buck berpegang teguh pada pendiriannya sehingga serigala berundur.

Dopo mezz'ora erano sfiniti e visibilmente sconfitti.

Selepas setengah jam, mereka letih dan kelihatan kalah.

Le loro lingue pendevano fuori e le loro zanne bianche brillavano alla luce della luna.

Lidah mereka kelu, taring putih mereka berkilauan di bawah cahaya bulan.

Alcuni lupi si sdraiano, con la testa alzata e le orecchie dritte verso Buck.

Beberapa serigala berbaring, kepala terangkat, telinga dicucuk ke arah Buck.

Altri rimasero immobili, attenti e osservarono ogni suo movimento.

Yang lain berdiri diam, berjaga-jaga dan memerhati setiap gerak-gerinya.

Qualcuno si avvicinò alla piscina e bevve l'acqua fredda.

Beberapa orang merayau ke kolam dan menjilat air sejuk.

Poi un lupo grigio, lungo e magro, si fece avanti furtivamente, con passo gentile.

Kemudian seekor serigala kelabu yang panjang dan kurus merayap ke hadapan dengan cara yang lembut.

Buck lo riconobbe: era il fratello selvaggio di prima.

Buck mengenalinya-ia adalah abang liar sebelum ini.

Il lupo grigio uggiolò dolcemente e Buck rispose con un guaito.

Serigala kelabu merengek perlahan, dan Buck membalas dengan rengek.

Si toccarono il naso, silenziosamente, senza timore o minaccia.

Mereka menyentuh hidung, secara senyap dan tanpa ancaman atau ketakutan.

Poi venne un lupo più anziano, scarno e segnato dalle numerose battaglie.

Seterusnya datang seekor serigala yang lebih tua, kurus dan berparut dari banyak pertempuran.

Buck cominciò a ringhiare, ma si fermò e annusò il naso del vecchio lupo.

Buck mula merengus, tetapi berhenti sebentar dan menghidu hidung serigala tua itu.

Il vecchio si sedette, alzò il naso e ululò alla luna.

Orang tua itu duduk, mengangkat hidungnya, dan melolong pada bulan.

Il resto del branco si sedette e si unì al lungo ululato.

Pek yang lain duduk dan ikut melolong panjang.

E ora la chiamata giunse a Buck, inequivocabile e forte.

Dan kini panggilan itu datang kepada Buck, tidak dapat disangkal dan kuat.

Si sedette, alzò la testa e ululò insieme agli altri.

Dia duduk, mengangkat kepalanya, dan melolong dengan yang lain.

Quando l'ululato cessò, Buck uscì dal suo riparo roccioso.

Apabila lolongan itu berakhir, Buck melangkah keluar dari tempat perlindungannya yang berbatu.

Il branco si strinse attorno a lui, annusando con gentilezza e cautela.

Pek itu menutup sekelilingnya, menghidu baik dan berhati-hati.

Allora i capi lanciarono un grido e si precipitarono nella foresta.

Kemudian para pemimpin menjerit dan berlari ke dalam hutan.

Gli altri lupi li seguirono, guaendo in coro, selvaggi e veloci nella notte.

Serigala-serigala lain mengikuti, menjerit dalam paduan suara, liar dan pantas pada waktu malam.

Buck corse con loro, accanto al suo selvaggio fratello, ululando mentre correva.

Buck berlari dengan mereka, di sebelah abang liarnya, melolong sambil berlari.

Qui la storia di Buck giunge al termine.

Di sini, kisah Buck akan sampai ke penghujungnya.

Negli anni a seguire, gli Yeehats notarono degli strani lupi.

Pada tahun-tahun berikutnya, Yeehats melihat serigala aneh.

Alcuni avevano la testa e il muso marroni e il petto bianco.

Ada yang coklat di kepala dan muncung, putih di dada.

Ma ancora di più temevano la presenza di una figura spettrale tra i lupi.

Tetapi lebih-lebih lagi, mereka takutkan sosok hantu di kalangan serigala.

Parlavano a bassa voce del Cane Fantasma, il capo del branco.

Mereka bercakap dalam bisikan tentang Anjing Hantu, ketua kumpulan itu.

Questo Ghost Dog era più astuto del più audace cacciatore di Yeehat.

Anjing Hantu ini mempunyai lebih licik daripada pemburu Yeehat yang paling berani.

Il cane fantasma rubava dagli accampamenti nel cuore dell'inverno e faceva a pezzi le loro trappole.

Anjing hantu itu mencuri dari kem pada musim sejuk yang mendalam dan mengoyakkan perangkap mereka.

Il cane fantasma uccise i loro cani e sfuggì alle loro frecce senza lasciare traccia.

Anjing hantu membunuh anjing mereka dan melarikan anak panah mereka tanpa jejak.

Perfino i guerrieri più coraggiosi avevano paura di affrontare questo spirito selvaggio.

Malah pahlawan mereka yang paling berani takut
menghadapi roh liar ini.

**No, la storia diventa ancora più oscura con il passare degli
anni trascorsi nella natura selvaggia.**

Tidak, kisah itu semakin gelap, apabila tahun berlalu di alam
liar.

**Alcuni cacciatori scompaiono e non fanno più ritorno ai loro
accampamenti lontani.**

Sesetengah pemburu lenyap dan tidak pernah kembali ke kem
mereka yang jauh.

**Altri vengono trovati con la gola squarciata, uccisi nella
neve.**

Yang lain ditemui dengan kerongkong mereka terbuka,
terbunuh dalam salji.

**Intorno ai loro corpi ci sono delle impronte più grandi di
quelle che un lupo potrebbe mai lasciare.**

Di sekeliling badan mereka terdapat jejak—lebih besar
daripada yang boleh dibuat oleh serigala.

Ogni autunno, gli Yeehats seguono le tracce dell'alce.

Setiap musim luruh, Yeehats mengikuti jejak moose.

**Ma evitano una valle perché la paura è scolpita nel profondo
del loro cuore.**

Tetapi mereka mengelakkan satu lembah dengan ketakutan
yang terukir jauh ke dalam hati mereka.

**Si dice che la valle sia stata scelta dallo Spirito Maligno
come sua dimora.**

Mereka mengatakan lembah itu dipilih oleh Roh Jahat untuk
rumahnya.

**E quando la storia viene raccontata, alcune donne piangono
accanto al fuoco.**

Dan apabila kisah itu diceritakan, beberapa wanita menangis
di sebelah api.

**Ma d'estate, c'è un visitatore che giunge in quella valle sacra
e silenziosa.**

Tetapi pada musim panas, seorang pelawat datang ke lembah
yang tenang dan suci itu.

Gli Yeehats non lo conoscono e non potrebbero capirlo.

Yeehats tidak mengenalinya, dan mereka juga tidak dapat memahaminya.

Il lupo è un animale grandioso, ricoperto di gloria, come nessun altro della sua specie.

Serigala adalah seekor yang hebat, disalut dengan kemuliaan, tidak seperti yang lain dari jenisnya.

Lui solo attraversa il bosco verde ed entra nella radura della foresta.

Dia sendirian menyeberang dari kayu hijau dan memasuki padang rumput hutan.

Lì, la polvere dorata contenuta nei sacchi di pelle d'alce si infiltra nel terreno.

Di sana, debu emas dari karung kulit moose meresap ke dalam tanah.

L'erba e le foglie vecchie hanno nascosto il giallo del sole.

Rumput dan daun tua telah menyembunyikan kuning dari matahari.

Qui il lupo resta in silenzio, pensando e ricordando.

Di sini, serigala berdiri dalam diam, berfikir dan mengingati.

Urla una volta sola, a lungo e lugubremente, prima di girarsi e andarsene.

Dia melolong sekali—lama dan sedih—sebelum dia berpaling untuk pergi.

Ma non è sempre solo nella terra del freddo e della neve.

Namun dia tidak selalu bersendirian di tanah sejuk dan salji.

Quando le lunghe notti invernali scendono sulle valli più basse.

Apabila malam musim sejuk yang panjang turun di lembah yang lebih rendah.

Quando i lupi seguono la selvaggina attraverso il chiaro di luna e il gelo.

Apabila serigala mengikuti permainan melalui cahaya bulan dan fros.

Poi corre in testa al gruppo, saltando in alto e in modo selvaggio.

Kemudian dia berlari di kepala pek, melompat tinggi dan liar.

La sua figura svetta sulle altre, la sua gola risuona di canto.

Bentuknya menjulang di atas yang lain, tekaknya hidup
dengan nyanyian.
È il canto del mondo più giovane, la voce del branco.
Ia adalah lagu dunia muda, suara kumpulan.
Canta mentre corre: forte, libero e per sempre selvaggio.
Dia menyanyi sambil berlari—kuat, bebas, dan selamanya liar.